Carl Schell
Wir waren vier

Tuschzeichnung der fünfzehnjährigen Tochter
Caroline Schell, 1999

Carl Schell
Wir waren vier

Erinnerungen

Mit 86 Fotos

LANGEN MÜLLER

Abbildungen auf der Vorderseite des Schutzumschlags:
Oben: Margarethe Schell von Noé mit ihren Kindern (v.l.n.r.) Immy, Carl, Maria und
Maximilian, Zürich 1940. – Unten: Familie Schell trifft sich anläßlich einer Premiere
in München, 1977. Im Bild (v.l.n.r.) Stella Mooney, Maria, Carl und Margarethe Schell,
Maximilian Schell mit Dagmar Hirtz, Immy Schell mit Walter Kohut

Bildnachweis

Archiv des Autors: 1–15; 16, 17; 18 (Foto: Lipnitzki, Paris); 19–28; 29 (Foto: Friedrich
Rauch, München); 30; 31 (Foto: Erich Natter, Basel); 32 (Foto Pierluigi, Rom); 33 (Foto
Felicitas, München); 34 (Foto: Willi Klar, Frankfurt/Main); 35 (Foto: Bruno Waske,
Frankfurt/Main); 36, 37; 38 (Foto: Pierluigi); 39 (Foto: Comet, Zürich); 40 (Foto:
Robert Zumbrunn/eclipse, Zürich); 41 (Foto: Heidemann); 42 und 43 (Fotos: Leslie
Roberts, Worthing); 44–57; 58 (Foto: Walter Fischer); 59–61; 62 (Foto: Garry Margolis,
Los Angeles); 63–65; 66 (Phot'Art Pierre Androuin, Saint-Brieuc); 67, 68; 69 (Foto:
Bergmann); 70; 71 (Foto: Zielbild Henriette Zinkand-Thiel, Gau-Bischofsheim); 72
(Foto: Georges Winter, Birsfelden); 73 (Foto: Fritz Lang, Vach/Fürth); 74; 75 und 76
(Fotos: Heinz Völkel, München); 77; 78 (Foto: Lamberto Londi, Arcisate/Va); 79 (Foto:
Friedhelm Schulz, Bonn); 80; 81 (Foto: Walter A. Stämpfli, Locarno); 82 (Foto: Fried-
helm Schulz); 83–86

Der Verlag konnte in einzelnen Fällen die Inhaber der Rechte an den reproduzierten
Fotos nicht ausfindig machen. Er bittet, ihm bestehende Ansprüche mitzuteilen.

Wir danken für die Genehmigung des Abdrucks:

Bernd Dost, »Ein alter Mann geht durch die Stadt«,
Verlag Die Abendzeitung GmbH & Co. KG, München

Redaktion und Lektorat:
Literatur-Agentur Axel Poldner
in Zusammenarbeit mit Gabriele Auensen-Borgelt

© 1999 by Langen Müller
in der F. A. Herbig Verlagsbuchhandlung GmbH, München
Alle Rechte vorbehalten
Schutzumschlaggestaltung: Wolfgang Heinzel
unter Verwendung zweier Fotos
von Archiv Dr. Karkosch, Gilching bei München (oben),
und Heinz Völkel, München (unten)
Satz: Filmsatz Schröter GmbH, München
Gesetzt aus 10.5/12 Punkt New Caledonia auf Apple Macintosh
Druck und Binden: Graphischer Großbetrieb Pößneck
Printed in Germany
ISBN: 3-7844-2722-7

*Dieses Buch widme ich
meiner Mutter
und meiner Frau
... sie wissen schon, warum.*

Inhalt

Hollywood ruft

Wie beginnen?
Bescheiden oder unbescheiden?
Am besten mit einem Triumph! Den habe ich gerade bitter nötig, ich, ganze zwanzig Jahre jung, auf einem Schweizer Lasten-Fahrrad voller Päckchen und Pakete auf dem Weg durch Zürich. Wir schreiben das Jahr 1947.
Am altehrwürdigen Hotel Baur au lac springe ich vom Rad und lehne es an einen Laternenpfahl. Ich eile die Stufen hinauf zum Empfang, um dem Rezeptionisten das Paket zu überreichen und mein Trinkgeld in Empfang zu nehmen. Eine ganz normale Tätigkeit für mich – und an einem strahlenden Sommertag wie diesem sogar eine lustvolle –, aber heute ist alles anders.
Ich bin nervös, weil ich erfahren habe, daß der berühmte Hollywood-Regisseur William Dieterle mit seiner Frau für ein paar Tage in Zürich weilt. Er logiert im Baur au lac! Hollywood in der Schweiz, welch einmalige Gelegenheit, ihn auf mich und meine schauspielerischen Qualitäten aufmerksam zu machen.
Ich, Carl Hermann Schell, geboren am 14. November 1927 als zweites Kind der Schauspielerin Margarethe Noé und ihres Mannes, des Schriftstellers Hermann Ferdinand Schell, älterer Bruder von Maximilian und Immy, jüngerer Bruder von Maria Schell. Ich bin gelernter Schauspieler und verdiene mir lediglich ein paar Franken dazu, indem ich Päckchen austrage.
Eigentlich gehöre ich zur Zeit gar nicht hierher, sondern nach Italien an die Küste bei Livorno, wo ein halbfertig gedrehter Film auf mich wartet. *L' eterna canzone* wird er heißen, *Das ewige Lied*. Ich spiele einen deutschen Offizier, der nach Kriegsende seine Truppen aus Italien abziehen muß.

9

Entdeckt hat mich der italienische Filmregisseur Franco Cancellieri für diesen Streifen, nachdem ich so kurz nach Kriegsende mit großer Mühe ein Einreisevisum nach Italien hatte arrangieren können, um meinen Hunger nach Abenteuern zu stillen. »Herr Schell«, sagte er in klangvollem Italienisch, »Sie sind genau der richtige Typ für meinen Film. Hellblond und teutonisch.«

Ich schluckte. Aber ich bin nun mal frischgebackener Schauspieler. Und wild darauf, filmen zu dürfen ...

Ich schwinge mich aufs Rad. Mein Herz hämmert bis zum Hals: Zwei Päckchen habe ich noch zuzustellen, am anderen Ende der Stadt. Beim Radeln überkommt mich das Gefühl, daß ich im Hotel etwas vergessen habe. Natürlich! Mein Trinkgeld.

Schweißnaß komme ich zu Hause an. Ich ziehe meine beste Hose unter der Matratze hervor und springe hinein. Fast reißt mir ein Knopf ab. Mein einziges frischgebügeltes Hemd sitzt perfekt, und während ich mir vor dem Spiegel die Krawatte binde, übe ich: »Grüß Gott, Herr Dieterle, how do you do. Aber Sie sprechen ja Deutsch. Äh ... mein Name ist Carl Schell. Ich hätte gern ... ich würde gern ... also am liebsten ...« Das ist zweifellos meine bisher schwierigste Rolle.

Wenig später blicke ich im Empfang des Hotels demselben Portier in die Augen, dem ich kurz zuvor meine Paketsendung überliefert habe, und sage fest, während ich innerlich bete, daß er mich – so elegant gekleidet – nicht wiedererkennen möge: »Grüß Gott, mein Name ist Carl Schell. Ich muß Herrn Dieterle in einer äußerst wichtigen Angelegenheit sofort dringend sprechen.«

Der Mann mustert mich. Huscht da ein Lächeln über sein Gesicht? »Haben Sie eine Karte?« fragt er forschend und hält seine Hand auf. Natürlich nicht. Ich besitze gar keine.

»Sind Sie angemeldet?« fragt er streng und läßt seine Hand wieder sinken.

»Nein.«

Der Portier runzelt die Stirn.

Endlich die Erlösung: Der Mann weist mit dem Daumen auf eine Tür mit der Aufschrift »Direktion«. »Lassen Sie sich von der Telefonistin bei Herrn Dieterle anmelden. Er logiert im Appartement Nr. 342.«

»Danke!« Ich könnte ihn küssen.

»Moment«, ruft er mich zurück.

Ich drehe mich um.

Er wühlt mit seinen Händen in den Hosentaschen und zieht ein paar Münzen hervor. »Ihr Trinkgeld«, sagt er freundlich. »Sie haben es vorhin in der Eile vergessen.«

»N-nicht nötig«, stammle ich verlegen und bin schon wieder ein paar Meter weiter weg, »vielen Dank.«

Mein Gesicht ist rot angelaufen.

»Dieterle …« Seine Stimme klingt angenehm.

Mir steckt ein Kloß im Hals. »Schell hier – Carl Schell«, stottere ich in den Hörer.

»Ja, Herr Schell«, antwortet Dieterle professionell, »was kann ich für Sie tun?«

Kaum zwei Minuten später befinde ich mich in seiner Suite.

Dieterle ist ein Mann in den besten Jahren mit einem sensiblen Händedruck – und dennoch ein Baum von einem Kerl. Neben ihm fühle ich mich mit meinen ein Meter achtundsiebzig wie ein Gnom. Glücklicherweise setzen wir uns schnell.

Regisseur und Schauspieler in einer Person, hat Dieterle mich schon als Kind in dem Episoden-Stummfilm Das *Wachsfigurenkabinett* beeindruckt, den der berühmte expressionistische Maler, Filmarchitekt und Regisseur Paul Leni 1924 drehte. Dieterle spielte damals neben Größen wie Emil Jannings, Conrad Veidt und Werner Krauß drei Rollen: den Bäcker, den Dichter und den Bräutigam. Die Braut an seiner Seite, die schöne Tochter des Kalifen Harun al Rashid (Jannings) war Olga Belajeff, die große Stummfilm-Darstellerin, der später der Sprung in den Tonfilm nicht mehr gelang. Das war fünf Jahre bevor Dieterle nach Hollywood ging, um dort deutschsprachige Fassungen amerikanischer Filme – Tonfilme – zu drehen. Er machte sich in den folgenden Jahren einen Namen als »Schöpfer des Biographiefilms«, indem er Louis Pasteur (*The Story of L. P.*, 1936) und Emile

Zola (*The Life of E. Z.*, 1937) porträtierte. Sein beim Publikum erfolgreichster Film wurde jedoch *Die Heilige und ihr Narr*, den er schon 1928, noch in Deutschland, gedreht hatte und in dem er auch die männliche Hauptrolle spielte neben Lien Deyers, die, wie Dieterle, später ebenfalls nach Amerika übersiedelte.

In Amerika hat Dieterle auch mit dem großen Max Reinhardt gemeinsam Regie geführt – beim Shakespeareschen *Sommernachtstraum* (*A Midsummer Night's Dream*, 1935).

Knapp acht Jahre ist es jetzt her, daß Dieterle den *Glöckner von Notre-Dame* (*The Hunchback of Notre Dame*, 1939) verfilmte, mit dem grandiosen Charles Laughton in der Titelrolle und Maureen O'Hara als Esmeralda, diese so ungewöhnliche ergreifende Liebesgeschichte. Dieterle, der Romantiker, Dieterle, der Melancholiker.

Mein Schutzengel formuliert für mich die Worte, denn die Hochachtung vor dem Mann von Welt verschlägt mir die Stimme.

Dieterle erhebt sich, hält mir lächelnd seine Visitenkarte entgegen und sagt: »Schicken Sie mir Probeaufnahmen nach Amerika.«

Meine Knie zittern, als er mir die Hand reicht und mich zur Tür begleitet. Zum Abschied klopft er mir auf die Schulter: »Männer wie Sie braucht der internationale Film. Sie schaffen es, Carl!«

Wie in Trance radle ich nach Hause.

Erschöpft werfe ich mich aufs Bett. Glücklich flüstere ich meinem Kopfkissen zu: »Sie schaffen es, Carl – Sie schaffen es!«

Ein paar Tage später tausche ich die Schweizer Botenbekleidung wieder mit der Uniform des nazideutschen Offiziers: Die Dreharbeiten in Viareggio, dem kleinen Küstenort am Golf von Genua, gehen weiter.

»Was war los?« frage ich Paolo, den Aufnahmeleiter. Der hebt nur abwehrend die Hände und zieht den Kopf zwischen die Schultern. Wir werden den Grund der Unterbrechung nie erfahren. Mysteriös.

Wirklichkeit und Fiktion fließen bei diesem Dreh ohnehin ineinander. Hier, im »Tombolo«, dem Küstengebiet um Livorno, sind jetzt, nach Kriegsende, noch etliche deutsche desertierte Soldaten versteckt. Aber auch amerikanische GIs, die mit ihren Truppen von Süden heraufgekommen waren und sich abgesetzt hatten, weil sie nicht mehr bereit waren, sich in diesem Krieg sinnlos niedermetzeln zu lassen, ziehen hungrig durch die zerschossenen Dörfer.

In unserem Film spielen wir deutsche Soldaten auf der Flucht. Dröhnend brausen wir in alten deutschen Wehrmachtswagen durch zerstörte Ortschaften – Originalschauplätze natürlich. Als Mitglieder der deutschen Armee werden wir beschossen, aus amerikanischen Pistolen und Gewehren.

Moment mal … Wir ducken uns erschrocken: War das echt?

Es ist purer Ernst. Man hat uns für Deserteure gehalten. Sorry!

Die amerikanische Patrouille entfernt sich; gemächlich schaukelt der Jeep im unwegsamen Gelände davon, bis er, in eine Staubwolke eingehüllt, am Horizont verschwindet.

Sorry …

Wir blicken fassungslos hinterher. In den Händen halten wir Kaugummi-Päckchen.

Abends mischen wir uns in Viareggio unters Volk. Ich darf wieder Carl sein und Schweizer, kein nazideutscher Bösewicht. Paolo zieht mich in jede Bar; man kennt uns schon. Die Signorinas tanzen und werfen uns feurige Blicke zu. Die lauwarmen Nächte an den Stränden, der Sternenhimmel, die Musik der Mandolinen in den Hafenrestaurants und die melancholischen Gesänge – all das ruft meine Sehnsüchte nach Annemaria hervor. Doch Annemaria – ich suche den nachtblauen Himmel ab – befindet sich in diesem Augenblick irgendwo über den Wolken. Sie ist Stewardeß der LAI (Linee Aeree Italiane), was Vorteile – ich bekomme durch sie günstige Flugtickets – und Nachteile hat: Wenn ich mich nach ihr sehne, ist sie meist nicht da.

Das nächste Lokal ist überfüllt. Das macht uns neugierig – was ist hier los?

»Miß Viareggio wird gekürt!« ruft uns ein Straßenjunge zu, bevor er sich wie der Blitz davonmacht, weil ein schimpfender Signor ihn verfolgt: Der Junge hat etwas aus der Küche gestohlen.

Wir treten ein. Bahnen uns einen Weg durch die Menschenmenge. Auf einer Bühne, an der Seite, eine Handvoll bildhübscher junger

Mädchen, eine attraktiver als die andere. Sie stehen da, ein wenig scheu und doch stolz, siegesbewußt. Alle haben tiefschwarzes Haar, und nur eine ist blond, wasserstoffsuperoxyd-blond: Dodoletta.

Was soll ich sagen? Dodoletta wird Miß Viareggio.

Und meine Geliebte.

Was für ein Gefühl, Hand in Hand mit ihr am Strand von Viareggio entlang zu spazieren! Alle Augen sind auf uns gerichtet. Paolo scheint ein wenig neidisch zu sein. »Und Annemaria?« fragt er mich. »Was ist mit Annemaria?«

Ich deute mit dem Finger in die Luft.

»Annemaria wird dir ein Donnerwetter machen!« prophezeit Paolo.

Sie wird es nie erfahren. Die Liaison mit Dodoletta dauert genauso lange wie die Dreharbeiten. Dann muß ich sie verlassen. Wir sind beide traurig. Aber wir wissen auch: Sie gehört hier an die italienische Küste, und ich fühle mich noch nicht reif genug, mich ernsthaft zu binden.

Ciao, Miß Viareggio.

Ciao, Dodoletta.

Ciao – Italia.

Zurück in der Schweiz, erreicht mich in Bern ein Telegramm.

DAS Telegramm.

»Habe für Sie ein definitives Hollywood-Angebot. Telegraphieren Sie bitte umgehend Ihre Telefonnummer an mich. Jenia Reissar.«

Dieterle hat mich also nicht vergessen!

Ich laufe im Zimmer hin und her wie ein aufgescheuchtes Kaninchen.

Hollywood ruft mich, und ich habe kein Telefon!

Ich überlege fieberhaft: Wer könnte … wer hätte …?

Da fällt mir das Café an der Ecke ein. Mein Stammcafé!

Ich schwinge mich aufs Rad und brause in halsbrecherischer Fahrt den Abhang hinunter zum Posthaus.

Zum ersten Mal in meinem Leben telegraphiere ich nach Amerika.

Ich schicke Jenia Reissar die Telefonnummer meines Cafés.

Dann das Schlimmste: warten.

Ich sitze in meinem Stammcafé, blicke aus dem Fenster und warte.
Bei einem Espresso.
Erster Fehler!
Warte nie bei einem Espresso! Wie schnell sind kleine Täßchen leergetrunken.
»Ursli – einen großen Braunen bitte!«
Wenn nun das Telegramm nicht durchgekommen ist, der Sturm über dem Ozean zu groß, das Wasser zu tief, der Telegraphenbeamte betrunken – was weiß ich?
»Ursli – einen Aperitif!« – »Ursli, einen Kaffee!« – »Ursli – einen schwarzen Tee!«
Zweiter Fehler! Trinke nicht zu viel, wenn du auf einen Anruf wartest.
Als das Telefon endlich läutet, bin ich alkoholisiert, hyperaktiv und gerade auf der Toilette.
»Carl! Hollywood!« brüllt Urs durch das ganze Café bis in die Toilettenräume hinein.
Das gleichmäßige Gemurmel der Gäste an den kleinen Cafétischen verstummt. Alle Augen sind auf mich gerichtet, der umgehend wie eine Rakete aus dem Hintertürchen an die Bar geschossen kommt.
Ich ergreife den Hörer, den Urs mir entgegenstreckt. Ich zittere.
»Hello?« Ich versuche professionell zu klingen.
Von der anderen Seite her ein Rauschen, als wolle der Atlantische Ozean durch die Hörmuschel herüberschwappen.
Eine weibliche Stimme fragt mich, ob ich Filmstreifen von mir habe.
»Äh … No.«
Ich höre das Echo meiner Stimme in der Leitung: »No.«
»No?« fragt die Stimme auf der anderen Seite der Weltkugel.
»No. Sorry. No.«
Jetzt wird es wohl nichts mit Hollywood, fürchte ich. Aber ich nehme meine restlichen Englischkenntnisse zusammen und stammle etwas von »Quality« und »I am convinced that …«
Rauschen.
Ob ich damit einverstanden sei, daß wir uns in Zürich treffen, bricht sich die Stimme durch das Kabel auf dem Boden des Meeres Bahn.

15

»Zürich, next week?«

»Yes, of course«, rufe ich aus, »yes, yes, yes!«

Jetzt erst sehe ich, wie der Kellner Urs mit mir mitfiebert. Seine Augen glänzen, als ich zum vierten Mal strahlend »Yes« sage.

Die Stimme nennt mir ein Hotel in Zürich und einen Zeitpunkt. Ich ahne nicht, daß ich mit der international bekannten Filmagentin Elli Silman gesprochen habe.

Als ich den Hörer wieder auf die Gabel lege, mit weichen Knien, ist mir, als müßten alle Gäste ringsum aufspringen und von mir Autogramme verlangen.

Immerhin werfen sie mir neugierige Blicke zu.

Und dann sitze ich ihr gegenüber, der großen, erfolgreichen Dame des Filmmanagements, Elli Silman.

Eine kleine, energische Person mit schwarzem Haar und Bubikopf-Frisur, die mich höchst aufmerksam taxiert.

Wilhelm Dieterle – der sich in Amerika William nennt – hat Wort gehalten. Ich fühle eine tiefe Dankbarkeit, als Elli Silman mir seine Grüße überbringt. Ihre Stimme ist tief, warm und ein wenig rauh.

Sie steckt sich eine Zigarette an, die sie aus einem eleganten Etui hervorgeholt hat. »Tun Sie was für den jungen Mann«, hatte Dieterle zu ihr gesagt. »Geben Sie ihm eine Chance.«

Es soll schwer sein, in Hollywood ausländische Schauspieler unterzubringen. Aber was die Silman in die Hand nimmt, so heißt es, wird ein Erfolg.

Filmstreifen besitze ich nicht; ich lege ihr meine Fotos vor.

Bilder von meinen Engagements am Stadttheater Bern, wo ich im Frühjahr dieses Jahres unter der Regie von Hans Lietzau in Carl Zuckmayers *Des Teufels General* spielte und in Shakespeares *Viel Lärm um nichts*. Fotos von der italienischen Produktion *Das ewige Lied*, die ja gerade eben erst beendet wurde. Und natürlich Fotos von *Aschenbrödel* mit meiner Schwester Maria als Partnerin.

Aufmerksam betrachtet Elli Silman jedes einzelne Bild. Ich betrachte derweil ihre Hände mit den kurzen, festen Fingern, an denen wunderschöne Ringe funkeln.

Sie lehnt sich zurück und blickt mir in die Augen. Dabei nimmt sie einen tiefen Zug aus ihrer Zigarette und schürzt ihre fülligen Lippen. Ich halte die Luft an.

Sie bläst, mit einer Seitendrehung des Kopfes, den Rauch in den Raum. »Very good. Gute Fotos.«

Ich atme auf. Mehr noch. Ich schlage innerlich Purzelbaum.

»Ich werde mit Selznick sprechen. Wegen Probeaufnahmen.«

Einige Wochen später sitze ich im Schnellzug nach Paris. Der französische Regisseur Claude Autant-Lara erwartet mich, um mit mir zu drehen. Im Auftrag des berühmten amerikanischen Produzenten David O. Selznick. Probeaufnahmen für Hollywood!

Mein Ticket ist für die erste Klasse bestimmt. Mir ist, als führe die Bahn auf weicheren Schienen als in der dritten, als zögen draußen hellere Wolken vorbei. Ich gehe nicht, ich schwebe, als ich in Paris ankomme und feststelle, daß ich in einem Firstclass-Hotel untergebracht worden bin. »Schaut her, ich bin's, Carl Schell, ihr werdet noch von mir hören!«

Ist das Leben nicht schön?

In meinem Hotelzimmer arbeite ich wie besessen an meiner Rolle. Abends spaziere ich über die spätsommerlichen Champs-Elysées. Ich schlendere an den Kinos vorbei mit den großen Filmplakaten. Meine Phantasie geht mit mir durch: »Sie sehen Carl Schell in ...«

Der Regisseur ist zufrieden mit mir.

Zurück in der Schweiz, erreicht mich sehr schnell die ersehnte Nachricht: David O. Selznick will mit mir einen Siebenjahres-Vertrag abschließen.

Selznick, der Mann, dessen Filme auch bei uns Kassenrenner wurden: *A Star Is Born / Ein Stern geht auf*, 1937, *Gone with the Wind / Vom Winde verweht*, 1939, *Duel in the Sun / Duell in der Sonne*, 1946 ...

Urs ist der erste, der mir gratuliert. Er hat das Gefühl, daß er selbst etwas zu meinem Erfolg beigetragen hat – womit ich ihm recht geben muß: Denn ohne das Telefon in seinem Café hätte mich Hollywood niemals erreichen können.

Ich bin ein gemachter Mann!
Und erst zwanzig!
Was kostet die Welt?

Wie heißt das Sprichwort? Wer hoch fliegt, kann um so tiefer fallen ...
Vier Wochen später ist alles aus.
Hollywood ist, scheinbar über Nacht, in eine Finanzkrise geraten.
Hunderte von Schauspielern, Technikern und Arbeitern werden entlassen. Mit ausländischen Nachwuchskräften – das versteht sich nun von selbst – werden keine Verträge mehr abgeschlossen.

Ich sitze bei Urs an einem Ecktischchen und halte mich an einem Espresso fest.

Ein Baby für Maria

»Es ist zwecklos, über Dinge nachzugrübeln, wie sie wären, wenn sie anders wären.«
Dieser Ausspruch des deutschen Bühnenautors, Regisseurs und Schauspielers Curt Goetz wird mir, Wochen später, über meine abgrundtiefe Enttäuschung allmählich hinweghelfen. Hollywood war in eine tiefe Krise gestürzt. Da konnten meine Probeaufnahmen, die sehr gut geworden waren, auch nichts ausrichten. Wenn Probleme entstehen, neigt man dazu, über seine Kindheit nachzudenken. Man hofft, dort den Schlüssel zum Verständnis des eigenen Lebens zu finden.
Ich habe mich oft gefragt, warum die Dinge so waren, wie sie waren. Ich will von Anfang an erzählen.

Österreich im Jahr 1927. Am Koralpengebirgszug in den Kärntner Bergen, in der Gegend um Preitenegg bei Wolfsberg, schneit es schon seit Stunden dichte, weiche Flocken.
Es ist Montag, der 14. November, ein eiskalter Wintermorgen.
Ganz oben, wo der Himmel die Erde zu berühren scheint, hat in einer Almhütte die ganze Nacht hindurch Licht gebrannt. Mein Vater, der Schriftsteller Hermann Ferdinand Schell, der hier mit seiner Frau Margarethe und seiner knapp zweijährigen Tochter Gritli den Sommer verbracht hat, ist nervös. Er bereitet alles vor, um seine Frau ins Spital nach Wolfsberg zu bringen, denn sie erwartet ihr zweites Kind, und die Wehen haben bereits eingesetzt.
Ich, Carl, soll auf die Welt kommen.
Später wird Mutti, deren Schwangerschaft ruhig und harmonisch verlaufen war, behaupten, sie habe »alle Kinder auf einmal« bekommen. Obwohl Maximilian, mein jüngerer Bruder, erst 1930, und Immy,

19

meine kleine Schwester, sogar erst 1934, sieben Jahre nach mir, geboren werden.
Und obwohl die Entbindung von mir für meine Eltern ein Alptraum gewesen sein muß.

Mein Vater, sonst ein ruhiger, gefaßter Denker, war unfähig, sich zu entspannen. Gritli schlief noch, und das war gut so, denn Vaters Unruhe in der Nacht zuvor hatte sich auf das Kind übertragen.
»Giti nicht heia gehn«, hatte sie immer wieder gerufen.
Sie mochte nicht einschlafen, außer wenn der Papa ihr eine Gute-Nacht-Geschichte erzählte.
Mein Vater erzählte ihr von einer Familie, deren Mittelpunkt ein liebes, kleines Mädchen war. Zu der eines Tages der Klapperstorch kommt und fragt: »Ich habe hier ein Baby. Wollt ihr das haben, oder soll ich es ein paar Häuser weitertragen?«
Gritli, die eigentlich Margarethe heißt – nach der Mutter –, setzte sich im Bettchen auf, streckte ihre Arme weit aus und lachte: »Giti will Baby haben!«
Der Vater lächelte. »Ich spreche mal mit dem Storch. Du bleibst aber im Bettchen und machst schön heia, nicht wahr, Prinzessin?«
Gritli nickte. Und als der Vater sich mit einem Kuß von ihr verabschiedete, war sie schon eingeschlafen.

Was würde ich werden – ein Junge? Ein Mädchen?
Vater wollte einen Stammhalter. Obwohl – wäre ich ein Mädchen geworden, wäre es für ihn auch in Ordnung gewesen, jedenfalls jetzt, in diesen bangen Minuten unmittelbar vor der Entbindung. Seine Freunde allerdings hatten ihn schon seit geraumer Zeit gehänselt. Als das erste Kind – Gritli, die spätere Maria Schell – geboren wurde, hatte es geheißen: »Ach je, bloß a Madl!«
Und er hatte sich immer wieder anhören müssen: »Streng dich halt mehr an. Ja, ja, zu einem Buben gehört eben mehr.«
Mein Vater hatte sich sogar bei einem befreundeten Arzt Rat geholt. Doch dieser hatte mit dem Finger nach oben gezeigt und gesagt: »Das läßt sich der liebe Gott nicht aus der Hand nehmen,

Hermann Ferdinand. Und in die Karten schauen läßt er sich auch nicht.«

Als er dann meinen Vater so geknickt vor sich stehen sah, fügte er noch ein tröstendes Wort hinzu: »Du bekommst schon deinen Stammhalter. Falte einfach einmal die Hände und klage ihm dein Leid. Du bist ein braver Mann, er wird dich hören, Hermann. Sollst sehen!«

Ob Gott ihn nun erhört hatte?

Der Pferdeschlitten steht vor der Tür, und Vater hilft Mutti beim Einsteigen. Gritlis Schlaf wird von einer Freundin aus dem Dorf bewacht.

Während im Spital der Doktor meine Mutter untersucht, wartet Vater im Zimmer nebenan. Durch die Tür hört er das Stöhnen seiner Frau und die ruhige Stimme des Arztes. Er ist zu nervös, um sich setzen zu können, geht im Raum hin und her. Vor einem Wandkalender bleibt er stehen und starrt auf das Bild mit der Überschrift »Juli«. Es fällt ihm nicht auf, daß seit vier Monaten nicht abgerissen wurde. Das Bild zeigt eine Reproduktion des Gemäldes »Der arme Poet« von Carl Spitzweg; er betrachtet den Dichter, wie er in seinem Bett liegt und schreibt, allerdings unter einem aufgespannten Regenschirm, weil das Dach undicht ist und er kein Geld hat, es reparieren zu lassen.

Schlagartig kommt ihm zu Bewußtsein, was er sieht.

Ein glückloser Kollege, denkt er.

Vater dichtete ebenfalls. Und nicht nur das. Er schrieb Essays, Geschichten, Romane. Der inzwischen Siebenundzwanzigjährige träumte vom ganz großen Durchbruch als Schriftsteller. Aus irgendeinem Grund, den er nicht begriff, ließ der Erfolg auf sich warten. In Deutschland, in München, hatte sich mein in der Schweiz gebürtiger Vater an der Universität zum Schriftsteller ausbilden wollen – sofern dies an Universitäten überhaupt möglich ist. Und dort, an der Uni München, verdiente er sich sein täglich Brot unter anderem mit Lesungen. So auch in den theaterwissenschaftlichen Seminaren des

Professor Artur Kutscher, zu deren Hörerinnen eine gerade achtzehnjährige, bildhübsche österreichische Schauspielerin zählte namens Margarethe Noé von Nordberg.

Eine kritische, dennoch idealistische Person, die aufgrund des frisch abgeschlossenen Vertrags für die Münchner Kammerspiele in ihrer Tasche alle Chancen auf eine glänzende Karriere vor sich hatte.

Während sie dem Vortrag meines Vaters mit wachen Augen lauschte, verliebte er sich in sie.

Eine Woche nach der Lesung – so haben es mir meine Eltern später erzählt – trafen sich die beiden »zufällig« am Hauseingang zu Margarethes Wohnung.

Mein Vater hatte ihr aufgelauert.

Lange hatte er warten müssen, und nun, da sie eilig aus der Tür heraustrat, stellte er sich ihr in den Weg.

Er kam gerade so weit, daß er seinen Namen stotterte.

Das Mädchen mit den rehbraunen Augen machte einen höflichen Knicks und antwortete: »Gretl Noé von Nordberg. Sie entschuldigen bitte, ich muß zur Probe. Ich darf nicht zu spät kommen.«

Mein Vater schluckte. Er versuchte, sich seine Enttäuschung nicht anmerken zu lassen und nahm wieder all seinen Mut zusammen, um sie wenigstens doch noch ein wenig aufhalten zu können.

»Haben Sie nicht einen Augenblick Zeit? So fünf Minuten vielleicht?« Er spürte, wie ihm die Röte ins Gesicht stieg. Es ließ sich nicht verhindern.

»Jetzt leider nicht«, hauchte sie und blickte, ebenfalls errötend, zu Boden.

Fast wollte er verzweifeln, da entfuhr ihr ein: »Geht es nicht morgen?«

Ungeduldig blickte mein Vater sie an.

»Da habe ich nämlich nach dem Mittagessen ein wenig Zeit«, fügte sie erklärend hinzu. »Kann Ihr Problem nicht bis morgen warten?«

»Ich … ich wollte nur etwas fragen«, stammelte er, »Sie brauchen nur ja oder nein zu sagen!«

»Aber bitte schnell«, drängelte sie, »ich muß zur Probe.«

Mein Vater holte tief Luft. »Ich wollte nur fragen«, stieß er hervor, »ich wollte fragen, ob Sie nicht meine Frau werden wollen ...?« Und er setzte nach: »Ich meine das ernst, sehr ernst.«

Sie blickte ihn an. Er konnte nicht erkennen, was sie fühlte.

»Das hat doch bestimmt bis morgen mittag Zeit?« entgegnete sie, als habe er sie um das Ausleihen eines Buches gebeten. »Ich bin so sehr in Eile. Ich war vorhin schon verspätet.« Sie hatte sich umgedreht und wollte davongehen.

Meinem Vater schien es die Brust zu zerreißen. Er wußte nicht, was er zuerst empfinden sollte: Schmerz über die scheinbare Mißachtung seines so tief empfundenen Antrags oder Wut über den selbstbewußt-schnippischen Tonfall, den er in Margarethes Stimme zu hören glaubte.

Da drehte sie sich noch einmal um.

Kam, ganz langsam, noch einmal zurück.

Sah ihm tief in die Augen und sagte: »Ja, ich will!«

Hermann Ferdinand war dem Zusammenbruch nahe. Sie dagegen schien sehr gefaßt. Er streckte ihr jetzt wortlos ein Papier entgegen, das er die ganze Zeit schon in der Hand gehalten hatte.

Es war ein Gedicht, das er für sie gemacht und in Schönschrift für sie aufgeschrieben hatte, so oft, bis es fehlerlos dastand:

> Liebst du den Reichtum, dann liebe nicht mich,
> Denn es gibt viele Männer, die sind reicher als ich.
> Liebst du die Schönheit, dann liebe nicht mich,
> Denn es gibt viele Männer, die sind schöner als ich.
> Liebst du die Größe, dann liebe nicht mich,
> Denn es gibt viele Männer, die sind größer als ich.
> Doch liebst du die Liebe, dann bitte, liebe mich,
> Denn es gibt keinen Mann, der Dich so liebt wie ich Dich,
> Hermann Ferdinand Schell.

Sie würdigte das Blatt keines Blickes. Aber sie nahm es an sich. Und sie sagte beiläufig: »Das ist sicher für mich, nicht wahr. Danke schön!«

Dann lief sie davon, bevor er etwas antworten konnte.

Er stand noch lange da, fassungslos, aber glücklich, bevor er, ganz langsam, nach Hause ging.

Es ist fast zehn Uhr, als der Arzt die Tür zum Wartezimmer öffnet.

»Herr Schell, kommen Sie bitte einen Augenblick zu mir.«

Sein Ton ist ernst. Mein Vater tritt nur zögernd ein.

»Herr Schell«, beginnt der Arzt vorsichtig, »wir haben ein kleines Problem. Es wird Komplikationen geben. Ich möchte Sie bitten, bei der Geburt anwesend zu sein, damit Sie Ihrer Frau moralisch helfen können.«

Mein Vater nickt. Er ahnt noch nicht, was auf ihn zukommen wird. Die Vorstellung, bei einer Geburt dabeizusein, hatte ihn immer mit Grausen erfüllt. Und nun wird von ihm verlangt, sich selbst zu überwinden und nur für seine Frau dazusein.

Bis zu dem Augenblick, als die Hebamme endlich dem erschöpften und verstörten Vater zuruft: »Es ist ein Bub! Herzlichen Glückwunsch, Herr Schell!«, vergehen Stunden, die sich zu Ewigkeiten hinziehen.

Mein Vater, so erzählt er später, habe um seine Frau gezittert, geweint, gebetet.

»Und was für ein strammer Bub«, lobt die Hebamme, »ganz der Vater.«

Aber Hermann hat nur Augen für seine Margarethe. Sie hat die Tortur überstanden, liegt bewußtlos da. Mein Vater hält ihre kühle, bleiche Hand.

»Ihre Frau muß einen starken Schutzengel haben«, sagt der Arzt zu ihm ein paar Tage später. »Kaum zu glauben, daß sie eine so schwere Geburt überlebt hat.«

Mein Vater kann sich von dem Anblick seiner zu Tode entkräfteten Frau nicht lösen. Immer wieder beugt er sich zu ihr und flüstert in ihr Ohr: »Es gibt keinen Mann, der dich so liebt wie ich.« Er schluckt, dann fährt er leise fort: »Du hast uns einen Stammhalter zur Welt gebracht. Aber so habe ich es nicht gewollt. Verzeih mir bitte. Es tut mir so leid.«

Mein Vater hatte einen Schock. Die Schreie seiner Frau, das Blut, die Instrumente des Arztes – er meinte, seine Margarethe würde in Stücke gerissen.

Und nun war ich da.

Stammhalter.

Ich glaube heute, daß mein Vater seine aufgewühlten Gefühle mir anlastete. In seinen Augen war ich schuldig. Ich war der Grund, weshalb seine Frau so hat leiden müssen. Den Gedanken, daß es ja eigentlich seine »Schuld« war, ließ er einfach nicht zu.

Sein Leben lang hat er mich dies spüren lassen. Ich fühlte mich von ihm abgelehnt. Ich, Carl, sein ältester Sohn und Stammhalter, erinnerte ihn an das schrecklichste Erlebnis seines Lebens.

Ich war froh, daß Mutti mich rundum akzeptierte. Mehr noch: Mutti liebte mich. Und so wurde die tiefe Bindung zu ihr meine emotionale Lebensrettung.

Als meine Schwester Gritli am nächsten Morgen in ihrem Bettchen erwacht und erfährt, daß der Storch mich bei der Mutter im Krankenhaus gelassen hat, juchzt sie vor Freude. Sie will sofort loslaufen und sich das Baby holen.

Als sie mich dann zum ersten Mal sieht, ist sie ganz stumm und betrachtet mich strahlend. »Das gehört jetzt uns?« fragt sie.

Der Vater nickt. »Es gehört der Mami, mir und ein wenig der Gritli«, sagt er zu ihr. »Wenn er groß ist, wird er dich beschützen – Gott gebe es.«

Ich hing an Muttis Lippen, wenn sie uns Geschichten von früher erzählte. Ich liebte es zu hören, was für ein süßer Bub ich gewesen sei. Als einmal der Nikolaus kam und alle sich ängstlich vor ihm versteckten, soll ich mich breitbeinig vor ihn gestellt und gesungen haben:

>»Heute kommt der Nikolaus,
>mit allen seinen Gaben.
>Auch wenn ich noch nicht beten kann,
>So will ich doch was haben!«

Oder die kleine Geschichte aus der Zeit, bevor ich richtig sprechen konnte. Die Sommer verbrachten wir ja immer auf der Almhütte in Kärnten, am Großen Speikogel. Wenn unsere Mutter über die Wiesen oder durch die Wälder ging, um Beeren zu pflücken, dann sprang Gritli – Maria – manchmal um sie herum und bettelte: »Bitte, Mutti, Butterbroti haben, ja?«

Und ich, der ich unbedingt das gleiche wollte, krähte hinterher: » Itti, Utti, Uterotti ham, ja?«

Oder wie ich eines Tages in die Hütte hineingelaufen kam und schrie: »Du Mutti, Mutti, Schindlers Kuh ist ein Stier worden.«

Da korrigierte mich meine schon so viel klügere Schwester: »Aber nein, du bist dumm, Burli, die ist zum Stier gefahren!«

»Warum ist die zum Stier gefahren?«

»Damit sie ein Kalb kriegt!«

»Blödsinn«, soll ich dann gesagt haben, »wir sind aus der Mutti ihrem Bauch gekommen, nicht aus dem Papi seinem.«

Und dann sollen wir auf unsere Mutter eingeschrien haben:

»Gell, Mutti, es braucht keinen Papi.«

»Gell, Mutti, es braucht einen Papi.«

Aber schließlich sollen wir uns geeinigt haben:

»Es braucht beide, gell, Mutti?«

Eine Geschichte liebte ich sehr, da sie aus einer noch früheren Zeit stammte, einer Zeit, bevor ich auf der Welt war. Mutti erzählte von ihrem Leben als Schülerin in Wien. Sie war nach der Grundschule aufs Lyzeum gekommen – einem Gymnasium für Mädchen –, um ihr Abitur zu machen. Acht Jahre dauerte ihre Ausbildung an dieser von katholischen Nonnen recht streng geleiteten Schule.

Mutti stammte aus gutem Hause; ihr Vater, unser Opa, war ein erfolgreicher Arzt und Psychiater – sozusagen ein Kollege Sigmund Freuds. So war es nicht verwunderlich, daß meine Mutter mit der Kronprinzessin des österreichischen Kaisers gemeinsam die Schulbank drückte – genauer gesagt, ein und dieselbe Schulbank! Ja, meine Mutter saß direkt neben der Kronprinzessin. Aber niemand in der Klasse durfte wissen, wer dieses Mädchen wirklich war.

Außer meiner Mutter.

Die Prinzessin selbst plauderte es aus: Sie vertraute sich meiner Mutter an, nahm ihr aber gleichzeitig das Versprechen ab, es niemand weiterzuerzählen.

Was für ein Geheimnis! Mutti war stolz.

Das Besondere aber an dieser Geschichte ist, daß Mutti und die Kronprinzessin ihre Schulbrote miteinander tauschten. Die Kronprinzessin war diejenige, die damit anfing. Eines Tages hatte sie – meine Mutter war gerade dabei, genüßlich in ihr Pausenbrot hineinzubeißen – mit neugierigem Blick auf das Brot meine Mutter gefragt, ob sie nicht einmal davon kosten dürfe.

Mutti erfüllte ihr den Wunsch, und schon am nächsten Tag hieß es: »Tauschen wir heute wieder? Dein Brot schmeckt so wundervoll.«

Meine Mutter gab ihr das Pausenbrot, das mit Schweinefett bestrichen war. Dafür erhielt sie die Butterbrote der Kronprinzessin.

Mutti war großzügig. Wenn jemand sie um etwas bat – und er litt Not –, dann half sie ohne viel Aufhebens. Natürlich litt die Kronprinzessin sicher nicht Not, aber dennoch ist die Geschichte typisch für meine Mutter. Sie war immer bereit, andere zu unterstützen. Ihre tiefe Religiosität gebot es ihr.

Als ich später die Familie verließ, gab sie mir den Rat: »Carl, vergiß nie, von jedem verdienten Geld einen Teil für einen armen Menschen abzugeben.«

Dabei waren wir zunächst selbst ziemlich arm. Meine Mutter hatte nun mal einen brotlosen Dichter geheiratet. Von dem Verkauf seiner Werke konnten wir nicht leben. Die jüngeren Kinder bekamen immer die Kleidung, aus denen der jeweils ältere gerade herausgewachsen war. Für meine Mutter blieb so wenig übrig, daß sie sich oft nicht mal neue Schuhe kaufen konnte. Wenn wir im Sommer in Kärnten auf der Alm waren, ging sie täglich in den Wald und suchte Beeren, Waldfrüchte und Pilze, verkaufte sie im Dorf und versorgte so die Familie mit Lebensmitteln, die sie für den Erlös einkaufte. In Wien, wo wir die restliche Zeit des Jahres lebten, brachte Mutti uns dank ihrer Theater-Engagements durch.

Zu dieser Zeit mußten viele Menschen um ihr Überleben kämpfen; die Folgen des Ersten Weltkriegs belasteten Europa schwer.

Dennoch – wir Kinder waren glücklich, besonders dann, wenn es Sommer wurde und wir wieder hoch oben auf der Alm waren. Wie oft haben wir einfach im Gras gelegen und in den Himmel geschaut. Ich erinnere mich noch an einen Weidenkorb, in dem ich gerne schlief, unter jenen drei großen Fichten, die unsere Hütte umgaben. Ich lag dort und betrachtete den Himmel, die vorüberziehenden Wolken mit ihren immer verschiedenen Formen und Farben, und die Vögel, die ganz hoch über mir hin- und herzogen.

Erinnerungen an eine tiefempfundene Ruhe, die mir bis heute immer wieder Kraft geben.

Die Flucht aus Wien

Als ich 1933 in Wien in die Volksschule kam, hörte man tagtäglich von Terrorakten in der Stadt.
Österreich hatte in den letzten Jahren den kometenhaften Aufschwung der nationalsozialistischen Bewegung erlebt und befand sich in einer innenpolitischen Krise. Im Juni 1933 verbot Bundeskanzler Dollfuß die NSDAP in Österreich, aber die Spannungen sowohl innerhalb der Regierung als auch zwischen den Österreichern und dem Deutschen Reich wurden nur noch größer.
Die verbotenen Nazis setzten ihre Tätigkeit einfach illegal fort.
Wir lebten in Wien am Kardinal-Nagel-Platz. Meine Eltern verachteten Adolf Hitler, wofür ich ihnen heute noch dankbar bin. Meinem Vater war schon damals bewußt, daß Hitler die Welt in den Abgrund führen würde.
Im September 1933 wurde die »Vaterländische Front« gegründet, in der die christlich-soziale Partei aufging. Es verging keine Nacht mehr, an der nicht Nazi-Anhänger polternd oder lärmend durch die Straßen zogen.

Anfang Februar 1934 lag unsere Mutter im Krankenhaus und erwartete unsere jüngste Schwester Immy. Eines Tages kam unser Vater nervöser als sonst nach Hause. Wir hatten uns gerade zu Tisch gesetzt, als auf der Straße Schüsse fielen.
»Das sind die Braunen!«
Mein Vater sprang vom Tisch auf. Gritli, die gerade einen Apfel aß, verschluckte sich fast. Sie hustete und hustete. Vater riß zwei Koffer vom Schrank, raffte alles, was wir brauchen würden, zusammen und verstaute es in den Koffern.
Draußen fielen wieder Schüsse.

Vater und wir drei Kinder – Gritli, Maximilian, drei Jahre alt, und ich – eilten so schnell wir konnten die Treppe hinunter. Vor dem Haus stand ein Taxi, das Vater gerufen hatte.

Jetzt erst sah ich, daß die Straße voller Autos und Menschen war. Bewaffnete in Uniform lagen auf den Dächern.

»Papa schau«, rief ich, »Gewehre und so viele Soldaten. Was wollen die denn hier?«

Vater antwortete irgend etwas, aber ich begriff es nicht. Wir sprangen in das Taxi und fuhren los.

Wieder Schüsse.

Es knallte, daß wir zusammenzuckten.

Ein Schuß hatte das Taxi getroffen.

Maximilian fing an zu weinen.

»Ruhe bitte, Gritli, Carl!« rief Vater uns zu. »Kümmert euch gefälligst um euren kleinen Bruder!«

Es kam mir vor, als führen wir durch eine Kriegsfront. Allmählich wurde es ruhiger, je weiter wir uns entfernten.

Das Taxi brachte uns zu unserem Großvater nach Inzersdorf. Er war dort Medizinalrat im Sanatorium.

Dann stürzte Vater zurück ins Taxi, um zu unserer Mutter ins Krankenhaus zu fahren. Aber der Taxichauffeur schüttelte den Kopf. Er wolle nicht sein Leben riskieren, der Aufruhr habe sich in der ganzen Stadt ausgebreitet. Vater winkte mit einem dicken Trinkgeld, und das Auto fuhr los.

Plötzlich eine Straßensperre. Bewaffnete Männer steckten ihre Köpfe in den Wagen und befahlen meinem Vater auszusteigen. Sie durchsuchten das ganze Auto nach Waffen. Jemand entriß meinem Vater das Paket, das er in den Händen hielt, und fragte, was darin sei.

»Windeln«, sagte mein Vater. »Meine Frau bekommt ein Kind.«

Ein Wunder, daß sie meinen Vater passieren ließen. Als er im Krankenhaus ankam, war das Baby schon auf der Welt.

Meine Eltern nannten die Kleine Immaculata, für uns Kinder unaussprechlich, und so wurde sie fortan nur Immy genannt.

Wir blieben so lange beim Großvater, bis sich die Unruhen gelegt hatten. Später erfuhr ich, daß die Aufrührer – Angehörige und Sympathisanten des Republikanischen Schutzbundes – gegen die Nazis keine Chance gehabt hatten. Es war viel, zu viel Blut geflossen an jenem Tag in Wien. Die Sozialdemokratische Partei wurde daraufhin aufgelöst, die Wiener Stadtverwaltung beseitigt, und drei Monate später übernahm die »Vaterländische Front« die Regierungsmacht.

Mutti kam mit Immy wohlbehalten nach Hause, und mich, Carl, schickte man für ein gutes halbes Jahr zur Großmutter väterlicherseits nach Basel in die Schweiz, vermutlich, um zu Hause etwas Entlastung zu haben. In Basel ging ich auf die Primarschule.
Als ich nach Wien zurückkam, hatten sich die politischen Verhältnisse nicht gebessert. Ex-Bundeskanzler Dollfuß war erschossen worden; Österreich taumelte zwischen Nazi-Begeisterung und verzweifeltem Widerstand hin und her.

Meine Familie war in die Wallnergasse Nummer 3 gezogen, eine ruhigere Gegend in Wien. Die kleine Immy war nun fast ein Jahr alt, ein zartes Wesen, das jetzt immer »Beeli« genannt wurde. Wir alle hatten unsere Kosenamen. Maria wurde »Mörele« gerufen, Maximilian »Widiwuz«, und ich, Carl, war das »Burli«.
Eine Schauspielerfreundin meiner Mutter hat mir einmal erzählt, wie sehr sie Muttis Umgangsformen am Theater geschätzt habe, gerade zu der Zeit, als mehr und mehr gegen jüdische Mitbürger gehetzt wurde.
Für radikale politische Gegner gab es die noch unter Dollfuß eingerichteten sogenannten Anhaltelager; es wurde von Tag zu Tag gefährlicher, frei und offen seine Meinung zu sagen. Im März 1938 waren deutsche Truppen nach Österreich eingerückt, und am 13. 3. hatte sich die österreichische Regierung für den Anschluß des Landes an das Deutsche Reich ausgesprochen.
Als immer wieder Künstler und Künstlerinnen vom Theater weg verhaftet und deportiert worden waren – so erzählte mir Muttis Freundin –, versammelten sich Angehörige des Theaters, auch Mutti und sie, vor dem Stephansdom in Wien zu einer großen Kundgebung. Mit selbstgemalten Plakaten zogen die Kolleginnen gemeinsam in einem

Protestmarsch durch die Stadt. Und gemeinsam erfuhren sie die neue Staatswillkür: Sie wurden von Polizisten zu Boden gestoßen, verhaftet, abgeführt.

»Wir mußten die schmerzliche Erfahrung machen, daß wir plötzlich nicht mehr die gefeierten Künstlerinnen waren, sondern Stachel in der Pfote eines Ungeheuers, das außer Kontrolle geraten war …«

Sie wurden wieder freigelassen.

Aber meinem Vater teilte man mit, daß er innerhalb von vierundzwanzig Stunden die deutsche Staatsbürgerschaft zu beantragen habe.

Meine Eltern überlegten, ob sie in die Schweiz umsiedeln sollten. Vater war ja Schweizer, er liebte sein Land, aber Mutti als Österreicherin hing verständlicherweise an ihrem Land und an ihrer Geburtsstadt Wien. Freunde, Kollegen und Bekannte versuchten, meinen Vater von dem Gedanken eines Umzugs abzubringen. Vergebens.

Wir fragten unseren Vater, wer denn in der Schweiz der »Führer« sei. Vater versuchte, uns das System der Schweizer Demokratie zu erklären; daß man dort jedes Jahr einen Präsidenten aus dem Regierungskollektiv wählte.

Damals war Giuseppe Motta der erste Mann des Staates. Also stellten sich Maximilian und ich auf die Straße und brüllten: »Heil Motta! Heil Motta!«

Unser Vater war nicht so recht einverstanden damit. »Wir gehen dahin, wo Recht und Würde des Menschen garantiert sind«, sagte er.

Wir übersiedelten in die Schweiz.

Zwanzig Franken pro erwachsene Person durfte man mitnehmen – das übrige Vermögen mußte im Land verbleiben. Meine Mutter stand zu der Entscheidung ihres Mannes.

Aber sie weinte so viele Tränen wie in ihrem ganzen späteren Leben nicht mehr, als sie ihr geliebtes Land verlassen mußte.

Vierzig Franken in der Tasche und ein paar Koffer – so kamen meine Eltern mit uns vier Kindern in der Schweiz an.

Eine Wohnung für alle fand sich zunächst nicht. Das Land war über-

füllt mit Flüchtlingen aus Deutschland. Meine Eltern wurden von Bekannten in der Rämistraße in Zürich aufgenommen.
Wir Kinder kamen in Internate.
Maximilian und ich wurden in einem Knabeninternat in Basel untergebracht. Dort besuchte ich die Knaben-Realschule. Wir lebten in einem Wohnheim, dem »Vincentianum«, benannt nach dem selig gesprochenen Vincenz Pallotti. In einem traurigen Brief schrieb ich meiner Mutter damals: »Weißt Du, Mutti, das ist ja kein Daheim, das ist ja nur ein Übernachten.«
Unsere älteste Schwester Maria mußte in eine Klosterschule nach Colmar ins Elsaß. Sogar Immy konnte nicht bei den Eltern bleiben. Die Vierjährige kam in ein Kinderheim nach Brunnen.
Zwei ganze lange Jahre blieben wir Kinder von den Eltern getrennt.

Vater fand in der Zwischenzeit einen wahrhaft stattlichen Platz für uns zum Leben: Er hatte einen gewissen Oberst Rieter gebeten, ihm den Diensttrakt seiner Villa Wesendonck in der Gablerstraße 15 in Zürich zu überlassen.
Die Villa Wesendonck war nicht irgendeine Villa.
Hier hatte Richard Wagner gewohnt.
Siebenunddreißigjährig war Wagner nach Zürich geflohen und hatte auf Wesendonck Unterschlupf gefunden, wo er während der gesamten Zeit seines Exils – acht Jahre – lebte und arbeitete. Wagner hatte 1848 in Dresden am Maiaufstand teilgenommen und war, nachdem der Aufstand niedergeschlagen worden war, gezwungen gewesen, das Land zu verlassen.
Auf Wesendonck schrieb Wagner den Text zu *Tristan und Isolde* und komponierte *Das Rheingold*.
Mathilde Wesendonck, geborene Luckemeyer, die einstige Hausherrin der Villa, war Schriftstellerin und Dichterin und mit Wagner eng befreundet. Sie, die aus Wuppertal-Elberfeld stammte und mit dem Kaufmann Otto Wesendonck aus Düsseldorf verheiratet war, kam mit ihrem Mann 1851 nach Zürich. Fünf ihrer Gedichte hat Wagner vertont. In ihrem herrschaftlichen Haus schrieb sie Märchen und Schauspiele.

33

Kein Wunder, daß mein Vater sich von dem Flair dieser Villa angezogen fühlte.

»Auf dem Boden, den die Muse geküßt hat, wächst die blaue Blume«, soll er damals gesagt haben. Vater schwebte oft in Sphären, die uns Kindern nicht erreichbar schienen.

Vaters Bemühungen wurden belohnt: Er durfte einen Teil der Villa mieten.

Von da an konnten wir in den Ferien zu unseren Eltern zurückkommen.

Die Villa Wesendonck liegt inmitten eines märchenhaften, riesengroßen Parks. Genau das Richtige für uns Kinder, die die Freiheit der Kärntner Berge kannten.

Die Decken in unserer Wohnung waren ungewöhnlich hoch. Wir tobten im Garten herum, genossen es, zu Hause zu sein. Später – viel später – wurde der Park vom Zürcher Schauspielhaus als Freilichtbühne genutzt.

Das, was viele vorausgeahnt hatten, traf ein: 1939 brach der Zweite Weltkrieg aus.

Noch mehr Flüchtlinge drängten in die Schweiz. Wir wußten nicht, ob der Krieg uns auch erreichen würde. Wir Kinder bekamen lediglich schreckliche Geschichten über den Krieg zu hören – verspürten aber glücklicherweise nicht direkt, was Krieg eigentlich bedeutete. Erst als im Jahr 1944 ein alliierter Kampfflieger seine Bombenlast versehentlich auf die Schweiz abgeworfen hatte und Schaffhausen und die umliegenden Ortschaften zerstört worden waren, drang ein wenig von dem Gefühl des unfaßbar Grausamen auch an uns Kinder heran.

Vater wurde zum schweizerischen Militär einberufen und war fortan kaum noch zu Hause. Dennoch bemühte er sich darum, die Erziehung seiner Kinder zu kontrollieren.

Maria kehrte bei Kriegsbeginn aus dem Internat in Colmar nach Hause zurück, um in Zürich eine kaufmännische Schule zu besuchen. Sie wollte Schauspielerin werden, mit jeder Faser ihres Wesens, aber Vater bestand darauf, daß sie »etwas Ordentliches« lernen sollte. Maximilian und Immy durften auch auf Wesendonck bleiben, weil sie die Jüngsten waren und noch die Volksschule besuchten.

Ich mußte meine Familie wieder verlassen. Vater wollte mich unbedingt auf dem Collegium »Maria Hilf« in Schwyz ausbilden lassen, einer Schule, auf der er selbst früher gewesen war. Ich sollte einmal »etwas Besonderes« erreichen. Meine Eltern setzten ihre ganze Hoffnung auf mich.

Ich kam mir abgeschoben vor.

Freunde hatte ich nur wenige. Wenn die Jungen miteinander rauften, konnte ich das nicht ertragen. Ich haßte jede Form von Gewalt, weil sie mich an Vaters Strenge zu Hause erinnerte.

Meine schulischen Leistungen ließen nach. Ich litt an Heimweh nach meiner Mutter und unter mangelnder Geborgenheit. Schließlich weigerte ich mich, weiterhin auf das Internat zu gehen und kehrte 1943 zu meiner Familie in die Villa Wesendonck zurück. Von da an besuchte ich in Zürich eine ganz normale Schule.

Vater, der seinen Beitrag zur Landesverteidigung leistete, war, wie gesagt, selten daheim. Und wenn, dann entglitt ihm allmählich die Führungsrolle. Das gefiel ihm nicht, und er versuchte, wie auch früher schon, mit Strafen und sinnlosem Druck die Familie wieder »in den Griff« zu bekommen. Ich litt unsäglich unter seiner Strenge, seinen Drohungen, seinen Tritten.

Gleichzeitig liebte und brauchte Vater die Einsamkeit; stundenlang saß er an seinem Arbeitstisch und machte sich Notizen für eines seiner Gedichte oder Theaterstücke. Seine Arbeiten – besonders die Gedichte – waren voll tiefempfundener Gefühle; niemand, der sie las, mochte glauben, wie hart Vater außerhalb seines Arbeitszimmers sein konnte. Sicher quälte ihn die Tatsache, daß er wenig Erfolg hatte; seine Gedichte wurden manchmal gedruckt, aber davon konnte man keine Familie ernähren, und das schlechte Gewissen und vielleicht auch eine Art Minderwertigkeitsgefühl müssen mitunter an ihm genagt haben.

In folgendem Text – den er Jahre später schrieb – ist ein wenig von Vaters Zerrissenheit zwischen den Anforderungen des Alltags und dem Leben eines Poeten, so wie er es sich erträumte, zu spüren:

TAG OHNE LIED

Heut' schuf ich keines Verses Kraft,
Die Poesie schien ausgestorben.
Und war sie da, ich sah sie nicht.
Der Alltag hatte mich verdorben.
Nicht ein Bekenntnis bracht' ich auf,
Nicht einer Sehnsucht sanftes Tauen:
Die Not gab keine Elegie.
Kein Szenenbild das öde Grauen.
Es war ein Tag ganz ohne Lied,
Die Poesie schien ausgestorben,
Und war sie nah, ich sah sie nicht,
Der Alltag hatte mich verdorben.

Es war schwer, zu Vater vorzudringen, denn Mutti unterstützte ihn so
gut sie konnte und schirmte ihn vor uns Kindern und allen anderen
Problemen des Alltags ab. »Vati muß arbeiten!« hieß es dann, und der
Zeigefinger wurde einem auf den Mund gelegt: »Pssst!«
Gelang es meinen jüngeren Geschwistern doch einmal, zu ihm hin-
einzuschlüpfen, dann verhielt er sich bei der Jüngsten noch mild,
beim Max schon ein wenig knurrig, und kam ich dann noch hinzu, der
älteste Bub, von dem schon so viel Mannhaftigkeit erwartet wurde,
dann platzte Vater der Kragen, und er begann zu brüllen.
Mutti sagte einmal: »Carl kommt immer zur ungelegenen Zeit.« Und
Vater antwortete darauf: »Ja. Wie er das nur immer macht.«
Ich fühlte mich wie das fünfte Rad am Wagen.
Vater begriff nicht, was er mir mit seinem Verhalten antat, mit seiner
Erziehung, deren Härte an Grausamkeit grenzte. Er wollte mich
»zum Menschen ausbilden«, wie er betonte. Ich sollte der Kopf der
Familie werden. So wurde ich geschliffen. Je älter ich wurde, desto
schärfer und gewaltsamer wurde Vaters Erziehung.
Ich meldete mich freiwillig zum Militär und bestand auch die Vor-
prüfung an der Rekrutenschule. Ich war fünfzehn Jahre alt.

Zu dieser Zeit verliebte ich mich zum ersten Mal.

Hand in Hand spazierte ich mit meiner neuen Freundin durch die abendlichen Straßen. Wir blieben immer wieder stehen und schmusten miteinander. Ihre Haut duftete nach Pfirsich. Ich war stolz, glücklich und schrecklich aufgeregt zugleich.

Aber ich hatte auch Angst.

Immer wieder hatte ich Angst, mein Vater könnte mich mit einem Mädchen sehen oder davon hören.

An jenem Abend, als ich mit meiner ersten Freundin durch den Abend spazierte, hatte Vater mir befohlen, pünktlich zu Hause zu sein.

Vier Minuten nach der Zeit stand ich vor der Tür.

Vater tobte.

Ich wollte mich verteidigen – das machte seinen Zorn nur schlimmer.

Wie blind schlug Vater auf mich ein.

Ich lag schon am Boden.

Mutti versuchte, uns auseinander zu bringen, mich vor Vaters Schlägen zu schützen. Es gelang ihr nicht.

Da faßte ich den Entschluß, von zu Hause fortzulaufen.

Ich packte ein paar Dinge zusammen, nur wenig, und schlich mich am nächsten Tag unbemerkt aus dem Haus.

Die Tür fiel hinter mir ins Schloß.

Ich lief den Weg hinunter bis zum Tor. Ich blickte mich nicht um. Ich sehnte mich schon jetzt nach meiner Mutter. Aber ich wußte, daß ich diesen hohen Preis für meine Freiheit zahlen mußte.

Eine Bekannte nahm mich heimlich bei sich im Hause ihrer Eltern auf. Dort konnte ich ein paar Tage bleiben. Aber Neugier und Sehnsucht trieben mich täglich zurück nach Wesendonck. Ich versteckte mich und wartete so lange, bis meine Mutter das Haus verließ und ich sie ansprechen konnte. Zwei Tage mußte ich mich gedulden, denn Mutti verließ zunächst das Haus nicht. Ich sah sie nur von weitem, einmal.

Dann, an einem neblig-trüben Nachmittag, kam sie an meinem Versteck vorbei.

Ich konnte erkennen, daß sie verweint und übernächtigt aussah, als sie mit ihrer Tasche ganz nah an mir vorbei zum Einkaufen ging. Mir war entsetzlich elend bei ihrem Anblick.

Ich sog den Duft ein, der von ihr ausging; wie ich diesen Duft liebte. Ich wollte den Arm ausstrecken und sie berühren. Einen Augenblick zögerte ich. Dann rief ich leise: »Mutti!«

Wie vom Blitz getroffen blieb sie stehen.

Ich kam aus dem Versteck hervor. Sie starrte in mein ungewaschenes Gesicht.

Wir lagen uns in den Armen.

»Ach Carl«, sagte sie, unendlich liebevoll und schmerzlich, »was tust du mir an.« Sie umschlang mich und drückte mich fest an sich.

In diesem Augenblick fühlte ich mich nicht so, wie mein Vater es mich mit seinen Aussprüchen wie »Ein Mann weint nicht« zu lehren versucht hatte. Ich war wieder Mamas Bub. Die Tränen liefen mir über das Gesicht. Ich war schmutzig, übernächtigt, verfroren und hungrig.

Obwohl Mutti mich bat, nach Hause zurückzukehren und ich mich so sehr nach warmer Geborgenheit sehnte, tat ich es nicht. Ich hatte panische Angst vor meinem Vater und seinem Zorn.

»Versprich mir, daß du zurückkommst, wenn du auf größere Schwierigkeiten stößt«, sagte sie zu mir.

Ich versprach es.

Aber ich löste das Versprechen niemals ein.

Ich nahm mir ein Zimmer.

Um die Miete und mein Essen zu bezahlen, suchte ich mir eine Lehrstelle. Ein Import-Export-Unternehmen stellte mich ein, aber die Bezahlung war so schlecht, daß ich davon nicht leben konnte.

Ich gab die Lehrstelle wieder auf und meldete mich in einem landwirtschaftlichen Lager, in dem junge Leute arbeiten, essen und schlafen konnten. Das, was ich dort verdiente, konnte ich sparen. Als ich mich eingelebt hatte, ließ ich mich für härtere Landarbeit, Holzschlagen, einteilen und konnte so mehr Geld zurücklegen.

Hin und wieder traf ich mich mit Mutti; manchmal ließ ich mich sogar wieder zu Hause blicken.

Aber nur Mutti wußte, wo ich wohnte und wo sie mich erreichen konnte.
Obwohl ich all die Trennungsschritte von meiner Familie selbst unternommen hatte, fühlte ich mich schrecklich allein gelassen.

Später, in der Rekrutenschule, mußte ich mich trotzdem mit einem »Vaterbild« auseinandersetzen: Unser Major quälte mich, wo er nur konnte. Er hatte festgestellt, daß ich für Amerika schwärmte, während er selbst wohl eher nationalsozialistischem Gedankengut anhing. Vater war ja beileibe kein Nazi, aber es ging hier um das Thema Unterwerfung. Die angespannte, demütigende Situation setzte mich dermaßen unter Druck, daß ich grippekrank wurde und für Wochen ins Krankenzimmer mußte – wo ich mich im übrigen psychisch sehr erholte. Den Abschluß mußte ich im darauffolgenden Jahr nachholen.
Ich war inzwischen achtzehn geworden.

Maria hatte, nach Rollen am »Bernhard-Theater« in Zürich 1943, in der Saison 1944/45 ihr erstes Jahresengagement am Städtebund-Theater in Biel-Solothurn. Sie hatte sich gegen Vaters Blockaden zu Hause durchgesetzt und war auf dem Weg, eine richtige Schauspielerin zu werden. Ich wollte sie unbedingt auf der Bühne sehen – als Emely in *Unsere kleine Stadt* von Thornton Wilder.
Das Publikum war von Maria hingerissen.
Ich war stolz auf meine zwei Jahre ältere Schwester.
Ich selbst fühlte, daß ich noch nicht so weit war. Gerade hatte ich – wie Maria ein paar Jahre zuvor – eine kaufmännische Lehre durchgemacht und nun erst begonnen, in Abendkursen die Schauspielschule zu besuchen, das Konservatorium in Bern, an dem auch meine Mutter unterrichtete. Die Ausbildung war keine Selbstverständlichkeit für mich, denn das Geld dazu mußte verdient werden. Ich trug tagsüber Pakete aus, schrieb Zeitungsartikel und trat bei familiären Veranstaltungen als Sänger auf.
Ja, ich hatte eine schöne Stimme, die auch den Stimmbruch gut überstanden hatte. Wären wir nicht in die Schweiz übergesiedelt und hätte Hitler nicht Österreich für sich vereinnahmt, wäre aus mir als

kleiner Junge ein Wiener Sängerknabe geworden; die Aufnahmeprüfung hatte ich schon bestanden. Ich war Adolf Hitler persönlich böse, daß mir diese Chance durch seine Politik entgangen war.

Das Publikum im Städtebund-Theater Biel-Solothurn klatschte begeistert meiner Schwester zu, und mich überfiel eine Mischung aus Stolz und Bangnis.

Würde ich je so erfolgreich sein wie Maria?

Ich, der »von Familienrechts wegen« dazu verpflichtet war?

Daß ich Schauspieler werden wollte, stand nie außer Zweifel. Und Maria, die damals meine Lieblingsschwester war, ermunterte mich immer wieder dazu, diesen Weg zu gehen.

Es gab jedoch noch eine andere, vielleicht sogar stärkere Leidenschaft in mir: die Liebe zur Musik. Mutti pflegte immer stolz zu berichten, daß ich schon als kleiner Bub in Wien quasi das absolute Gehör hatte. Auf dem häuslichen Klavier konnte ich mit ziemlicher Leichtigkeit auch schwierige Stücke auswendig nachspielen. Ich sah mich schon als Pianist durch die Welt ziehen. Aber als wir in die Schweiz emigrierten, gab es keine Gelegenheit mehr, mein Talent zu schulen: Wir besaßen lange Zeit kein Klavier in der Villa Wesendonck, und im Internat konnte nicht die Rede davon sein, daß ich mich der Musik widmete – zu sehr war ich von Heimweh geplagt, um den Wunsch zu verspüren, mich für irgend etwas besonders zu engagieren.

Muttis Beruf übte auf mich großen Reiz aus. Warum sollte ich es ihr nicht nachmachen? Ich bewunderte Muttis künstlerische Fähigkeiten, war beeindruckt, wenn ich sie auf der Bühne erlebte. Ich begriff früh, daß Schauspielerei und Disziplin zusammengehören – Mutti lebte es uns vor.

Maria hatte sich zweifellos für diszipliniertes Arbeiten entschieden und eiferte Mutti nach. Sie war dabei, systematisch an ihrer Karriereleiter zu bauen. Ich aber hatte noch so viele offene Fragen an das Leben. Würde ich meinen Wunsch nach Erfolg auf der Bühne mit meiner Sehnsucht nach Lebenserfahrung, nach Abenteuer, nach dem puren, wilden Leben in Einklang bringen können?

Ich war jung, ich sehnte mich nach Liebe. Ich hatte das Empfinden, daß in mir ein großes, leeres Loch war, das mit Liebe gefüllt werden müsse – durch die Strenge des Vaters und durch die vielen Jahre in Internaten, fern der Mutter, war ich im Grunde emotional vollkommen unterernährt.

Die Liebe kam prompt – in Gestalt einer fast gleichaltrigen Schauspielerin namens Hilde Reber. Ich lernte Hilde durch meine Mutter kennen, die für den schweizerischen Film *Matura Reise* engagiert war und die ich – zwischen Ausbildung und Tagesjobs – an ihren Drehorten überall in der Schweiz besuchte. Ich war himmelhochjauchzend verliebt und wäre Hilde bis nach Amerika hinterhergefahren, wenn die Dreharbeiten es geboten hätten.

Aber merkwürdig, wie schnell Liebe vergehen kann. Zu viel spukte mir im Kopf herum, als daß ich mich über längere Zeit auf eine einzige Beziehung konzentrieren wollte. Dabei mochte ich Hilde. Ich hatte nichts an ihr auszusetzen.

Aber ich befürchtete, wenn ich mich zu schnell für ein Mädchen entschied, andere Dinge des Lebens zu verpassen …

Die Sommersemester-Ferien verbrachte ich also nicht mit Hilde, sondern reiste allein nach Ascona. Es war meine erste Reise in den Süden.

Die italienische Schweiz mit dem tiefblauen Lago Maggiore und seinem heiligen Berg, dem Monte Verità – all das hatte ich schon lange einmal sehen wollen.

Künstler aus aller Welt trafen sich in Ascona, und nicht nur Künstler, auch Naturfreunde, Sportbegeisterte reisten hierher. Man diskutierte bis in die Nacht, genoß das Flair dieser kleinen, verwinkelten Stadt mit ihren engen Gäßchen, die sommerliche Wärme, den See, der wie ein riesiger Fjord die sonnigen Buchten und steilen Hänge umspült, und den Wein.

»Hier werde ich einmal wohnen«, prophezeite ich meiner Mutter auf einer Ansichtskarte, und ich erfuhr, daß Grundstücke in der Umgebung so an die fünfzig Rappen pro Quadratmeter kosteten. Ich war zu jung, um zuzugreifen, nicht ahnend, daß fünfzig Jahre später die Preise auf achttausend Franken steigen würden.

In romantischen, verqualmten Lokalen konnte man bekannte oder auch nur interessante Gesichter sehen. Man kam leicht ins Gespräch. Ich fühlte mich von dem intensiven, lebensfrohen Ambiente ungeheuer angezogen. Man sprach über alles, was einen interessierte und bedrückte, sei es die aktuelle politische Lage, die katastrophale Situation der geächteten und verfolgten deutschen Künstler, seien es Formen der Kunst und des Ausdrucks in welcher Kunstrichtung auch immer. Man redete und trank, trank und redete, und war man müde vom vielen Reden und Zuhören, ging man ein Lokal weiter und bestellte sich einen Espresso, der einen wieder aufputschte, damit man weiterreden und diskutieren konnte – rund um die Uhr, wenn man es nur körperlich durchhalten konnte.

Und das konnte ich!

Ich lernte Otto Bachmann kennen, den Maler, mit dem mich schnell eine tiefe Freundschaft verband bis zu seinem Tod Mitte der neunziger Jahre, und ich ahnte damals natürlich nicht, daß ich einst seine Grabrede würde halten müssen.

Der aus Deutschland emigrierte Schriftsteller Erich Maria Remarque gehörte zu den Künstlern, die immer und überall Mittelpunkt waren.

Ich hatte Remarques berühmten Antikriegsroman »Im Westen nichts Neues« gelesen, der zur Zeit des Ersten Weltkriegs spielt. Ich erfuhr nun auch von der Tragödie, die sich im Dezember 1930 in Berlin ereignet hatte, als die Romanverfilmung (unter der Regie des Amerikaners Lewis Milestone) im Mozartsaal am Nollendorfplatz Premiere hatte: Von der Loge des Nationalsozialisten Dr. Joseph Goebbels aus angeleitet, warfen SA-Leute unter Sprechchören, die »Dieser Film ist eine Schande für Deutschland!« skandierten, Stinkbomben und weiße Mäuse in den Kinosaal. Panisch stürzten die Menschen ins Freie. Remarque war gezwungen, Deutschland zu verlassen und kam 1932 in die Schweiz. Seit 1939 lebte er in New York, war aber jetzt nach Ascona zurückgekehrt. Ich war überrascht zu erfahren, daß er eigentlich Kramer mit Nachnamen hieß und diesen Namen lediglich ins Französische übertragen hatte – rückwärts. Er liebte Frankreich – aber die Franzosen hatten ihre Ressentiments gegenüber den

Deutschen, und Remarque wollte nicht auf den ersten Blick als Deutscher erkannt werden.

Die Wochen in Ascona habe ich als eine Zeit intensivsten Lebensgefühls in Erinnerung.

Ich pendelte zwischen Bern und Zürich hin und her. In Bern besuchte ich das Konservatorium und hatte dort mein Zimmer, und in Zürich war ich am Theater engagiert – mit meiner Mutter und den Geschwistern zusammen. Wir spielten verschiedene Rollen in den *Tell*-Aufführungen des Schauspielhauses. Ein Kritiker fand die Pointe: »… das war Schells Geschoß«.

In Bern – wo ich mich übrigens mit Liselotte Pulver befreundete, die ebenfalls am Konservatorium bei Mutti studierte – hatte ich inzwischen eine Theatergruppe aufgebaut, die aus Schauspielschülern wie mir bestand. Die Jugendbühne Bern spielte unter meiner Leitung die verschiedensten Stücke – mit Erfolg.

Wenig später, in der Spielzeit 1946/47, stand ich gemeinsam mit Maria im Stadttheater Bern auf der Bühne. Draußen schneite es, Weihnachten nahte, und wir als Schauspieler trugen mit dem wunderschönen *Aschenbrödel* nach dem Märchen der Gebrüder Grimm zur festlich-erwartungsvollen Stimmung der Familien bei, die mit Kind und Kegel, Großmama und Tante da unten saßen und sich vom Spiel auf der Bühne verzaubern ließen. Maria spielte die weibliche Hauptrolle, und ich war Prinz Florian.

Die Zusammenarbeit mit meiner Schwester war für mich hochinteressant. Vor jeder Vorstellung stand sie mindestens eine Stunde hinter der Bühne und stimmte sich auf ihren Auftritt ein. Sie war nicht ansprechbar, niemand durfte sie unterbrechen. Während ich noch hier und da ein Witzchen machte, zum einen wohl, um mein Lampenfieber zu bekämpfen, zum anderen vielleicht auch deswegen, weil ich nicht alles so bierernst nehmen wollte, war Maria die Konzentration in Person. Sie hatte die erstaunliche Fähigkeit, sich so in ihre Rolle hineinzusteigern, daß sie in ihr lebte, daß die Rolle für sie zur Wirklichkeit wurde. Als sie schließlich Aschenbrödels bösen Stiefschwestern auf der Bühne gegenüberstand, weinte Maria echte Tränen.

43

Pikant wurde es wenig später, als sie mich traf – den Prinzen. Sie vergaß, daß ich im wirklichen Leben ihr Bruder war. Ich spürte, daß sie in mich verliebt war!

Ich habe noch oft darüber nachgedacht. Hinter dieser großen Begabung meiner Schwester steckt auch ein Fluch: Wenn die Welten ineinander fließen, Traum und Wirklichkeit nicht mehr zu unterscheiden sind, dann wird das Leben kompliziert. Nur so kann ich mir vieles, was ich später in Marias Leben nicht mehr verstanden habe, erklären: Ihr mangelt es an der Fähigkeit, sich gegenüber einer Rolle, die sie zu spielen hat, abzugrenzen.

Ich bin der Meinung, daß ein Schauspieler kein schlechterer Darsteller sein muß, wenn er zwischen seiner Rolle und dem wirklichen Leben sehr wohl unterscheiden kann. Die Fähigkeit, mit beiden Beinen auf der Erde zu stehen, ist auch für einen Künstler lebenswichtig.

Gegen eine andere »Unart« vieler Schauspieler war jedoch auch ich nicht gefeit: Eitelkeit. Ich gebe es zu, daß mich folgende Geschichte, die ich im Zusammenhang mit *Aschenbrödel* erlebte, doch ins Grübeln brachte.

Vierzig Jahre nach der Zeit am Stadttheater trat in der Berner Innenstadt eine ältere Dame an mich heran und sagte strahlend: »Der Prinz Florian, nein, wirklich, er ist es, der Prinz Florian!«

Ich war für einen Augenblick wie versteinert. Seit wann schwärmen ältere Damen für so fesche Prinzen wie mich? Dann mußte ich schmunzeln. Ich war mir selbst, meiner eigenen Eitelkeit, auf den Leim gegangen. Vierzig Jahre war es her, daß ich der Prinz des Aschenbrödel gewesen war, und damals war jene freundliche ältere Dame vierzig Jahre jünger als heute. Und nicht nur sie! Auch ich! Ja, mein Lieber, hämmerte ich mir in den Schädel, auch du wirst älter! Und auch du schaust heute anders aus als damals, nämlich genau um vierzig Jahre älter …

Manchmal haben sogar flüchtige Begegnungen etwas Heilsames.

Curt Goetz und Bertolt Brecht

Im Sommer zieht es mich wieder nach Ascona.
Ich bin – zwanzigjährig – auf der Suche nach intensiven Erlebnissen, nach anregenden Gesprächen, ich will lernen, Erfahrungen machen …
Aber Ascona hat sich verändert. Nun, der Lago Maggiore ist noch derselbe, aber schimmert er nicht matter als sonst? Sicher, ich bilde mir das ein. Aber eins ist gewiß: Die Atmosphäre ist anders geworden. Die Freunde sind nicht mehr da oder haben sich anderen Interessen zugewendet. Die Verbindung zwischen uns fehlt. Ich spüre, daß ich woanders suchen muß.
Ich reise nach Italien. Über Genua ziehe ich die Küste entlang nach Viareggio.
Ich spüre, wie das Reisen in meinem Leben mehr und mehr an Bedeutung gewinnt. Das Gefühl, weit weg von allem Bekannten sich in fremden Verhältnissen zurechtfinden zu müssen, die Spontaneität des Augenblicks voll auszukosten – diese Lebensweise beginnt einen ungeheuren Sog auf mich auszuüben.
An der Eingangstür eines Strandrestaurants finde ich eine Notiz, aus der hervorgeht, daß man Musiker und Entertainer sucht.
Ich trete ein. Stelle mich vor.
»Können Sie singen?«
»Natürlich.«
Am selben Abend noch stehe ich auf der Bühne eines leidlich gefüllten Restaurants und gebe Schlager zum besten. Deutsche Schlager, französische, italienische … Eine kleine Band begleitet mich. Wir haben einen Riesenspaß.
Die Mädchen himmeln uns an. Was will man mehr?
Für einen Augenblick vergesse ich, wer ich sonst noch bin, nämlich

Carl Schell, ältester Sohn des Schriftstellers Hermann Ferdinand Schell und seiner Ehefrau Margarethe, Schauspielerin und Schauspiellehrerin, dafür auserkoren, etwas ganz Besonderes zu leisten – und daß meine Schwester Maria bereits auf dem besten Wege ist, statt meiner Karriere zu machen …
Ich fühle mich so frei, so leicht.
Ich genieße das Leben. Vielleicht zum ersten Mal.

Dann eines Tages das Angebot, in einem Film mitzuspielen. Der italienische Filmregisseur Franco Cancellieri entdeckt mich.
Ich erwähnte, daß die Dreharbeiten zu diesem Film unbegründeterweise unterbrochen wurden, daß ich in jener Zeit William Dieterle aus Hollywood kennenlernte – und daß mein großer kalifornischer Traum wegen der damaligen Krise in Hollywood geplatzt war.
Und das gibt mir das Gefühl, daß eine Welt zusammengebrochen ist.
Ich schlafe nicht mehr.
Hadere mit meinem Schicksal.
Zum Greifen nah war die Gelegenheit – warum hat man mir den Boden unter den Füßen weggezogen?
Warum ausgerechnet mir?

Ich muß mich neu orientieren. Meine Ansprüche zurückschrauben.
Okay. Statt Hollywood: Chur.
Kleinlaut bewerbe mich um eine Vakanz am Stadttheater Chur. Mit Erfolg. Für die Spielzeit 1947/48 erhalte ich einen Vertrag.
In die Schweiz kommen in diesen Jahren immer mehr Künstler aus dem völlig zerstörten Deutschland. Sie sind glücklich, hier leben und arbeiten zu können.
So auch Curt Goetz, der, wie zuvor in der Spielzeit 1946/47 auch Brigitte Horney, ans Stadttheater Chur verpflichtet wird. Wir erarbeiten und spielen seine Komödie *Das Haus in Montevideo*. Regie und Hauptdarsteller: Curt Goetz.
Ich lerne einen großartigen Menschen kennen.
Mir wird die Rolle des ältesten Sohnes der vierzehnköpfigen Familie (zwölf Kinder) übertragen, des Parsifal. Goetz spielt natürlich den

46

Familienvater höchstpersönlich, den Professor Dr. Traugott Hermann Nägler, und Goetz' wunderbare Ehefrau Valérie von Martens spielt Marianne, seine Frau. Mein Vater muß mir im Laufe des ersten Aktes eine Ohrfeige geben, und ich habe mich dafür zu bedanken. Die Rolle ist klein. Mit schwerem Herzen denke ich an meine verlorene Chance, nach Hollywood zu gehen.

Curt Goetz spürt, daß ich mich mit schmerzlichen Gedanken herumschlage. Es gelingt ihm, in mir ein Bewußtsein der Dankbarkeit zu wecken dafür, daß ich überhaupt wieder spielen kann – und daß ich in der Lage bin, mir meinen Lebensunterhalt zu verdienen.

In vielen Gesprächen, die wir während jener Zeit am Theater miteinander führen, lehrt er mich, daß in jeder scheinbaren Niederlage schon wieder der Keim für den zukünftigen Erfolg vorhanden ist.

Er weiß, wovon er spricht. »Niemals aufgeben!« rät mir der Mann mit dem verschmitzten Lächeln, der sowohl sein Publikum im Theatersaal als auch seine Schauspieler bei den Proben permanent zum Lachen zu bringen vermag.

Und das will was heißen!

Später einmal – viele, viele Jahre danach, als Curt Goetz schon nicht mehr lebte – wollte ich seine Komödie *Ingeborg* inszenieren – mit Brigitte Bardot in der Titelrolle. Die Bardot, so hatte ich erfahren, wollte plötzlich Theater spielen und war auf der Suche nach einer entsprechenden Rolle. Leider gestattete mir Curt Goetz' Witwe Valérie von Martens nicht, meine, wie ich fand, sehr originelle Idee in dem Stück ihres Mannes umzusetzen: Ich wollte die Rolle des Peter Peter, der seine ehemalige Freundin Ingeborg besucht und damit deren Eheleben durcheinanderbringt, auf französisch mit Schweizer Akzent sprechen lassen, was die rührende Hilflosigkeit der Figur noch einmal unterstrichen hätte.

Und so wurde nichts aus meiner Inszenierung mit Brigitte Bardot, dem Kultstar des westeuropäischen Kinos der fünfziger und sechziger Jahre. Schade!

Die zweite Begegnung mit einem weltbekannten Künstler, die ich der Absage Hollywoods zu verdanken habe, ist die mit Bertolt Brecht.

Und damit sei bewiesen, daß Curt Goetz mit seiner Lebensphilosophie recht behielt.

Bertolt Brecht hatte eine Odyssee hinter sich. Zu Kriegsbeginn war der damals Einundvierzigährige zunächst über Schweden nach Finnland und dann, 1941, über Moskau und Wladiwostok nach Kalifornien geflohen. Er hatte in einem enormen Schaffensdrang Stücke wie *Das Verhör des Lukullus, Mutter Courage und ihre Kinder, Der aufhaltsame Aufstieg des Arturo Ui, Leben des Galilei, Der gute Mensch von Sezuan, Schweyk im Zweiten Weltkrieg* und *Furcht und Elend des Dritten Reiches* geschrieben und war 1947, ein Jahr, bevor ich ihn kennenlernte, in die Schweiz, nach Zürich, gekommen, um hier Theaterarbeit zu machen.

Die Schweizer Bühnen waren überlaufen, und so war er froh, in Chur sein neues Projekt realisieren zu können. Er bearbeitete derzeit die Sophokleische *Antigone* in der Fassung Hölderlins. Zusammen mit Caspar Neher, der auch das Bühnenbild schuf, inszenierte Brecht das Stück hier im Stadttheater, bei dem ich ja gerade unter Vertrag stand.

Brechts Ehefrau Helene Weigel spielte die Antigone und Hans Gaugler den Kreon. Mir wurde der Schlachtbote zugeteilt. Eine äußerst schwierige Rolle; der Bote schildert König Kreon den unglücklichen Ausgang der Schlacht und stirbt dann, verletzt, auf der Bühne. In der Brechtschen Inszenierung saßen alle Schauspieler von Anfang an in einem Halbkreis auf der Spielfläche, und das eigentliche Geschehen spielte sich, abgesteckt durch vier Pfähle, in der Bühnenmitte ab.

Die Proben hatten monatelang gedauert, und das Stück wurde anschließend auch im Schauspielhaus Zürich gespielt, vor internationaler Presse, deren Kritiken sehr unterschiedlich ausfielen.

Ich bin heute stolz, daß ich mit dabeisein durfte, gerade auch im Schauspielhaus, an dem nur die Elite der deutschsprachigen Schauspieler engagiert war.

Brecht gab der Inszenierung Modellcharakter; seine Mitarbeiterin Ruth Berlau fotografierte uns für eine Dokumentation, die kurz darauf im Ostberliner Henschel Verlag erschien: Viel Rummel um eine Aufführung.

Ich konnte das nicht ganz nachvollziehen; denn ich fand das Stück zunächst zwar interessant, aber doch nicht außergewöhnlich. Später, je öfter wir es spielten, empfand ich es sogar als langweilig. Wo hatte Brecht das Hölderlinsche Stück eigentlich wesentlich verbessert? fragte ich mich. Er hatte weit bessere Werke geschrieben.

Wie er auf mich persönlich gewirkt hat? Man möge mir verzeihen, wenn ich ehrlich antworte.

Zweifellos war Brecht eine Persönlichkeit. Aber er war nicht der Typ des dynamischen Regisseurs; er inszenierte auf eine sehr korrekte, eher zugeknöpfte, trockene und erstaunlich leidenschaftslose Art und Weise. Er und Caspar Neher brachten eine Stimmung ins Ensemble, die bar jeden Humors und fern von Fröhlichkeit war.

Brecht trug einen eintönigen Arbeitsanzug und gab sich eher wie ein Oberlehrer als ein Mann des Theaters; er wirkte kühl und nüchtern, besaß wenig Ausstrahlung.

War er ein gehemmter Mensch? Scheu? Derlei Fragen stellte ich mir nicht. Ich empfand lediglich seinen Mangel an Charisma und konnte mir kaum vorstellen, wie dieser Mann mit einer so leidenschaftlichen Frau wie Helene Weigel in einer Ehe lebte oder eher, wie sie mit ihm lebte …

Die Weigel aber faszinierte mich. Kraftvoll und intensiv, brachte sie ihre Rolle und das Anliegen des gesamten Stückes meisterhaft zum Ausdruck. Daß sie später als Mutter Courage weltweite Erfolge feiern sollte, wundert mich nicht. Ich habe viel von ihr lernen können.

Jahre später traf ich Helene Weigel in Berlin wieder und konnte mich in gewisser Weise bei ihr dafür bedanken. Doch davon später mehr.

Ich lernte auch von Brecht viel während der Arbeit zu *Antigone des Sophokles*. In einem Punkt allerdings hatte ich – einundzwanzigjährig – den starken Drang, mich des Meisters Anweisungen zu widersetzen: bei der Maske. Ich konnte und wollte mich nicht dem fügen, was er anordnete. Die Brechtschen Masken waren alle weiß und schlicht, während ich der Meinung war, daß man dem Schlachtboten auch äußerlich ansehen sollte, daß er soeben ein blutiges

49

Gemetzel mit dem Feind hinter sich gebracht hatte – schließlich war er verletzt!

Bei der Premiere wagte ich es, mir meine eigene Version der Maske zu schminken. Ich malte mir stilisierte Blutspuren ins Gesicht.

Brecht war sauer auf mich. Während draußen, auf der Bühne, die Aufführung konzentriert ablief, fiel hinter dem Vorhang das Stimmungsbarometer auf Null. Brecht drohte, mich ablösen zu lassen. Aber es war keine Zeit mehr, weder den zweiten Mann für meine Rolle zu rufen, noch mich umzuschminken, und so trat ich – zorniger junger Mann – mit der von mir selbst verantworteten Maske auf.

Nach der Vorstellung bekam ich großen Applaus. Ich fühlte mich bestätigt. Die »Neue Zürcher Zeitung« schrieb: »Das Spiel hatte einige Höhepunkte, der Bericht des Schlachtboten Hermann (Carl) Schell, der dem geschlagenen Heer vorauseilt, war außerordentlich eindrucksvoll, erschütternd dann gerade durch die Einfachheit …«

Und das Erstaunliche geschah: Bert Brecht reichte mir die Hand und sagte: »Gratuliere! Aber das nächste Mal tun Sie, was *ich* Ihnen gesagt habe.«

Während dieses einen Jahres in Chur spielte ich u. a. auch in *Lady Windermeres Fächer* von Oscar Wilde und den Kosinski in Schillers *Die Räuber*. In *Steinbruch* von A. J. Welti war ich Partner des bekannten Charakterdarstellers Heinrich Gretler; die Aufführung kam beim Publikum großartig an.

Anfang der vierziger Jahre war das Stück für den Film bearbeitet und mit meiner damals sechzehnjährigen Schwester Maria verfilmt worden. So war sie 1942 zum ersten Mal auf der Leinwand zu sehen gewesen.

Für mich ging die Spielzeit in Chur dem Ende zu. Was tun? Ich hatte Lust, etwas Neues kennenzulernen, und so veranstaltete ich in den großen Kurorten der Schweiz wie Davos und St. Moritz literarische Abende.

Italien rief nach mir, und ich war glücklich darüber, denn der Film *L' eterna canzone* war ein Erfolg geworden – und das bedeutete für mich ein neues Rollenangebot bei der gleichen Produktionsfirma. Wir drehten in Rom, und ich genoß es, quasi aus dem Koffer zu leben, unterwegs zu sein.

Zum Urlaub zog es mich nach Capri, einer Insel wie ein Traum. Und hier, auf Capri, erreichte mich die Nachricht, daß ich zu den ersten Internationalen Filmfestspielen nach Cannes eingeladen war.

Ein Gewinn? Nein, ein Sieg!

Meine Mühen am Theater und beim Film begannen, sich bezahlt zu machen.

Ich fuhr nicht, wie alle anderen, auf normalem Wege nach Cannes. Nein! Ich fuhr per Yacht. Und das kam so:

Eines Abends lerne ich in einer von Capris zauberhaften Strandcafés eine feurige Schönheit kennen. Ein Blick ergibt den anderen, das übliche Ritual, und schon frage ich sie, ob ich sie zu einem Glas Wein einladen darf.

»Warum nicht?« sagt sie mit dunkler, ein wenig rauchiger Stimme und schenkt mir ein Lächeln, das mich erröten läßt.

Sie ist nicht von hier. Keine Italienerin, keine Französin.

Wir plaudern über dies und jenes, und ich versuche, aufgrund ihres Akzents ihre Herkunft zu erraten, ohne daß sie mir dabei hilft. Es ist ein Spiel.

Ich spüre, wie diese Frau mich mit ihren Blicken schon bei lebendigem Leibe zu verspeisen beginnt. Ich fühle mich geschmeichelt, bin von ihrer Attraktivität geblendet.

»Stimmt fast«, sagt sie, als ich auf »ungefähr Lateinamerika« tippe. »Ich komme aus Argentinien.«

Wie gut, daß ich etwas habe, womit ich Eindruck machen kann: Ich erzähle ihr, daß ich Schauspieler und nach Cannes eingeladen bin.

»So?«

Nichts Besonderes für sie? Laufen hier so viele gutaussehende blonde Schauspieler herum, daß ich quasi nur einer von vielen bin?

Wieder ihr abschätzender Blick, ihr spöttisches Lächeln. »Ich heiße Betty«, sagt sie und fügt in einem fast mütterlichen Ton hinzu: »Wenn du willst, bringe ich dich hin zu deinem Festival.«

Ich fülle ihr Glas nach. Überlege, welcher Autotyp wohl zu ihr paßt. Ob im Hafen von Neapel ein kleines schnelles, cremeweißes Cabriolet auf sie wartet, mit dem wir dann in halsbrecherischer Fahrt und engumschlungen die Küstenstraße hinauf in Richtung Frankreich reisen würden …?

»Mit meiner Yacht«, unterbricht Betty meinen Gedankenfluß.

»Du besitzt eine Yacht?« frage ich überrascht.

»Ja, Dummerchen, eine Yacht«, antwortet sie, als äffe sie mich nach. Dann bricht sie sich etwas von dem Weißbrot ab, das in einem handgeflochtenen Körbchen auf unserem Tisch steht, und quetscht es zwischen ihren krallenartigen, dunkelrot lackierten Nägeln zusammen wie ein nasses Schwämmchen. »Mein Mann Alberto ist der größte Schiffseigner Argentiniens.«

»Dein Mann?« Ich blicke nach dem Kellner, möchte zahlen.

Sie schmunzelt, als sie meine Absicht bemerkt. »Mein Mann ist in Argentinien«, haucht sie mir über den Tisch zu. Und schiebt mir das Brotstückchen verheißungsvoll zwischen die Lippen.

Und das mir, der das Meer so liebt!

Nun ja, die Frau ist auch nicht zu verachten. Dodero heißt sie mit Nachnamen, und als ich eine Stunde später an Bord der riesigen Yacht gehe, kann ich mich davon überzeugen, daß sich außer ein paar Mann Personal kein Ehemann namens Alberto auf dem Schiff befindet.

»Wir leben nur noch pro forma zusammen«, versichert Betty mir. Dann reicht sie mir ein Glas Whisky on the rocks, und ich fühle mich wie der Kapitän des Schiffes, mehr noch, wie sein millionenschwerer Besitzer.

Wir stechen in See.

Eine Reise wie ein Traum beginnt. Betty tut alles, um mich zu verwöhnen.

Das Personal verhält sich diskret.

Wie von Geisterhand geführt, segelt die Yacht durch die ruhige, weite See.

Nur Möwen umkreisen uns neugierig.

Wir passieren Ischia und schippern durch den Golfo di Gaeta. Tagsüber an Deck mit Whisky Soda, das Meer himmelblau, und nachts on the rocks und der Himmel ein Sternenmeer. Zeit und Raum verschwimmen. Was war gestern? Was wird morgen sein? Nichts ist wichtig. Nur wir beide und das ewige Wiegenlied der Wellen, die an die Außenwand des Bootes schlagen.

Am Horizont zeichnet sich die römische Küstenlinie ab. Betty verlangt es nach neuen Sandaletten. Überhaupt will sie einmal wieder festen Boden unter den Füßen spüren. Und das ausgerechnet in Rom …

Wir legen an; ein Taxi bringt uns in die Stadt. Betty verschwindet in einem der zahlreichen Geschäfte, und ich bestelle mir einen Cappuccino in einer kleinen Straßenbar. Gegen Nachmittag wollen wir uns wieder auf der Yacht treffen.

Irre ich mich? Sitzt dort nicht Alan Curtis, der berühmte Hollywood-Schauspieler? Ich hatte ihn mal kennengelernt, diesen blendend aussehenden, muskulösen, hochgewachsenen Mann mit den strahlend weißen Zähnen wie aus der Zahnpasta-Werbung. Dreht er gerade in Rom?

Ja, es ist Alan Curtis.

Er bietet mir einen Platz an seinem Tischchen an.

Er will auch nach Cannes.

Wir fachsimpeln miteinander.

Ein sympathischer Kerl.

Ich schaue auf meine Armbanduhr, muß los. Da kommt mir eine Idee. »Wollen Sie nicht mit uns zusammen reisen, auf unserer Yacht?« frage ich Curtis. »Meine Freundin und ich würden uns freuen …«

»Oh«, sagt Curtis überrascht, »ich möchte aber nicht stören.« Er zwinkert mir mit einem Auge zu.

Selbstbewußt werfe ich den Kopf in den Nacken und schüttle weltmännisch mein Haar. »Keine Sorge, die Yacht ist groß genug.« Und ich setze mit einem ähnlichen Augenzwinkern nach: »Das Boot ist einmalig, und die Frau ist es auch. Ich würde mich freuen …«

Ich fühle mich, als gehörten Frau und Boot bereits mir.

Curtis hat schon gezahlt. Ein Taxi bringt uns zum Yachthafen außerhalb von Rom. Betty erwartet mich.

Als sie Alan Curtis erblickt, verändern sich ihre Gesichtszüge schlagartig. »Du – hier?« haucht sie ihm entgegen.

»I … I didn't know …«, stammelt er.

Sie blicken einander tief in die Augen.

Ich schaue abwechselnd von einem zum anderen.

Wir legen ab.

Der Küstenstreifen wird immer schmaler.

Betty und Alan, so stellt sich für mich schnell heraus, haben einmal eine Affäre miteinander gehabt. Alberto sei ihnen auf die Schliche gekommen und habe natürlich eine Szene gemacht. Das ist lange her. Damals hatte Curtis auch in Rom gedreht. Alberto hatte seine Frau gepackt und war umgehend mit ihr nach Hause gereist, wo sie in ihrem argentinischen Palast in Ruhe und Abgeschiedenheit über alles nachdenken sollte.

Sie hatte sich nach Alan verzehrt, aber nie wieder etwas von ihm gehört.

Ich fühle mich überflüssig.

Einen Tag lang versucht es Betty mit Diplomatie. Dann bricht ihre Leidenschaftlichkeit durch, und sie sperrt mich schlicht und einfach aus ihrer Kabine aus.

Die Yacht hat noch andere Schlafplätze – ich brauche nicht an Deck zu übernachten.

Zu gütig, Signora Dodero.

Nur Whisky enthält sie mir nicht vor, weder mit Soda noch on the rocks. Jetzt schmeckt er mir allerdings nicht mehr.

Nachts ist es kühl, und die Sterne blinken nicht für mich.

Gelegentlich essen wir gemeinsam – wenn Betty und Alan, was selten geschieht, für kurze Zeit aus ihrer Kabine kommen.

Ich stehe an Deck, lasse den Wind durch mein Haar streichen und blicke zu den Möwen hoch, die kreischend nach Futter verlangen.

Was geht ihr mich an?

Einer der Bediensteten holt mich zum Essen ab.

Betty hebt eine Augenbraue, als ich mich an den gedeckten Tisch setze.

»Du hast da was«, sagt sie angeekelt und deutet mit dem Finger auf meine Schulter.

Alan grinst. »It means good luck«, sagt er und beginnt, sein blutiges Steak zu schneiden.

Trotz meiner Tierliebe habe ich jetzt eine Wut auf Möwen.

Als wir bei azurblauem Himmel und einer leichten, sommerlichen Brise in den malerischen Yachthafen von Cannes einlaufen, schwöre ich mir, mich nie wieder in meinem ganzen Leben einem Mann gegenüber wegen einer schönen Frau zu brüsten!

Filmfestspiele in Cannes – unvergleichlich. Es wimmelte nur so von Menschen; Touristen, filminteressiertes Publikum, Einheimische – die Stadt lebte und feierte. Mich erinnerte das Treiben an meine Zeit in Ascona, an die ich immer so sehnsüchtig zurückdachte, weil sie mir vergangen schien; aber hier, in Cannes, lebte es wieder auf, das Diskutieren, das Nächtelang-über-Ideen-Grübeln, das Locker-Plaudern beim Wein und Einander-Kennenlernen, das Filme-Angucken natürlich und das großartige Feste-Feiern mit dem Bedürfnis, große Stars zu sehen und selbst gesehen zu werden.

Und ich sah sie! Tyrone Power, Errol Flynn, Jean Pierre Aumont, Fernand Gravey, um nur einige zu nennen.

Und ich vergaß sie schnell, die Signora Betty Dodero samt ihrer Luxusyacht, ihrem Whisky und ihrer rauchigen Stimme. Alan Curtis sah ich noch einmal, in einem der Kinos, nur von weitem. Er winkte mir zu. Eine unbekannte Blondine hing in seinem Arm.

Irgendwann zwischendurch schlief ich auch, wenige Stunden nur. Und in meinen wilden Träumen tummelten sich Sprachfetzen, Bilder aus Festival-Filmen, Gefühle, die spontane Begegnungen mit Fremden ausgelöst hatten und die Geräusche der Straßencafés, die an meinen Nerven zerrten.

Und dann geschah es auch, was zu derlei Anlässen geschehen soll: Man macht eine entscheidende Bekanntschaft.

Ich lernte Helmut Käutner kennen, den deutschen Film- und Theaterregisseur. Eher zufällig allerdings, denn ich kam ihm mit meinen Französischkenntnissen zu Hilfe.

Er stellte mich der deutschen Filmdelegation vor, und ich machte ihn mit meinen französischen Kollegen bekannt, und ehe ich mich versah, nahm er mich beiseite und fragte: »Haben Sie nicht Lust, nach Deutschland zu kommen, Herr Schell?«
Und als ich ein wenig zögerte, fügte er aufmunternd hinzu: »Ihr Typ ist in Deutschland sehr gefragt!«

Reich in Deutschland – arm in Paris,
aber unsterblich verliebt

Als ich im Sommer 1949 in München am Hauptbahnhof ankam, empfing mich eine geschundene Stadt. Jedes zweite Haus, so schien es mir, war zerstört, zerbombt, zerfallen.

Busse und Straßenbahnen fuhren jedoch, und so löste ich ein Ticket nach Geiselgasteig, dort, wo die Filme gedreht wurden. Außer der magischen Aufforderung Helmut Käutners im Kopf, die mich innerlich hierher geleitet hatte, besaß ich immerhin eine Empfehlung der Pariser Künstleragentur Betty Stern, die in München ein Büro hatte und mit der ich mich bei den wenigen Filmproduzenten, die ich vorfand, vorstellte.

Ich hatte Glück.

Ich klopfte am Büro der Interlux-Filmproduktion an, trat ein – und kam mit einem Filmangebot wieder heraus.

»Möchten Sie Partner von Gardy Granass sein?« hatte Produktionsleiter Helmut Beck mich gefragt, nachdem ich ihm in aller Ausführlichkeit mein bisheriges Leben geschildert hatte.

Natürlich sagte ich nicht nein.

Übrigens hatte auch meine Schwester Maria bisher noch nicht in Deutschland gearbeitet. Sie begann die Dreharbeiten für ihren ersten deutschen Film *Es kommt ein Tag* unter der Regie von Rudolf Jugert und als Partnerin von Dieter Borsche in Göttingen erst kurz nach meinem Filmdebut in einem deutschen Atelier.

Kein Engel ist so rein war der Titel des Schwarzweißfilms, für den man Altstars wie Fita Benkhoff, Olga Tschechowa, Paul Kemp, Hubert von Meyerinck und Paul Dahlke zusammengebracht hatte. Für junge Leute wie Walter Giller und mich dagegen war es die erste Rolle beim deutschen Film. Helmut Weiss führte Regie bei dem

Ehelustspiel, das im Gesellschafts- und Jazzmusiker-Milieu spielte; die Musik war von Adolf Steimel. Die erfolgreiche Premiere war am 24. März 1950.

Gardy Granass, neunzehn Jahre alt, deren zweiter Film dies war und die sonst am Staatstheater Wiesbaden fest engagiert war, bekam ein Jahr später, also 1951, als beste deutsche Nachwuchsschauspielerin den Bundesfilmpreis (der erstmals 1950 vergeben wurde).

Die Dreharbeiten in den Studios von Geiselgasteig hatten viel Spaß gemacht, wenn es auch noch ein bißchen steif zuging im Deutschland der Nachkriegsjahre.

Wir lebten bescheiden; die Menschen hatten die Währungsreform hinter sich und mußten mit einem Kopfgeld von vierzig Mark pro Person mehrere Monate lang auskommen. Brötchen kosteten damals zwei Pfennige das Stück, ein Kilo Brot achtundzwanzig Pfennige.

Nach Beendigung der Dreharbeiten war ich Millionär.

Jedenfalls fühlte ich mich so. Meine Gage hatte mehrere tausend Mark betragen.

Was tut ein junger Mann, wenn er zum ersten Mal so viel Geld in der Hand hat?

Er kauft sich ein Auto und denkt nicht darüber nach, daß er gar keinen Führerschein besitzt.

Aber er kauft sich nicht irgendein Auto.

Er kauft sich ein Cabriolet.

Mein erstes Auto kostete zweihundertfünfzig Mark, nannte sich »Adler Trumpf Junior Cabriolet« und war ein Schmuckstück. Sicher wurde ich glühend beneidet.

Natürlich fahre ich mit dem funkelnagelneuen Flitzer in der Stadt herum. Sehen und gesehen werden! So ein Wagen fällt auf. So ein Wagen macht Hoffnung. Die Hoffnung, daß es aufwärts geht nach den langen Jahren der Kriegswirren und materieller Entbehrungen.

Verzückt genieße ich das Spiel zwischen Kupplung und Gaspedal. Jetzt Zwischengas! Manchmal kracht es noch im Getriebe – aber ich lerne, lerne.

Wen beobachte ich denn da schon seit geraumer Zeit in meinem frischgeputzten Rückspiegel?

Eine amerikanische Militärpatrouille verfolgt mich.

Was habe ich angestellt? Ich bin vorschriftsmäßig gefahren, habe nichts zu befürchten, außer daß vielleicht ...

Jetzt überholt mich der Jeep und gibt mir ein Zeichen, daß ich rechts heranfahren soll, um anzuhalten.

O je!

Zwei finster dreinschauende Militärpolizisten schlendern kaugummikauend auf mich zu.

Einer beugt sich zu mir herunter und nuschelt etwas auf amerikanisch, von dem ich nur zwei Wörter verstehe, nämlich »passport« und »driver licence«. Aber diese beiden Wörter genügen, um mich in Angstschweiß ausbrechen zu lassen.

Ich gebe vor, kein Englisch zu sprechen und lege dem Ami meinen Schweizer Paß auf die breite Handfläche, die er mir schon fordernd entgegengestreckt hat.

»This passport and driver licence«, behaupte ich radebrechend. Mein Herz klopft bis zum Hals.

Er blickt mich an, mustert meinen Wagen – und läßt mich weiterfahren.

Gas! Die Tachonadel schnellt hoch bis auf dreißig Stundenkilometer. An der nächsten Straßenecke bin ich mit Hilfe einer eleganten Rechtskurve verschwunden.

Meine Aufenthaltserlaubnis, die nur für die Zeit der Dreharbeiten galt, lief ab. Ich hätte sie erneuern können, aber ich hatte erlebt, wie schwer das Leben in Deutschland noch war, diesem vom Krieg völlig ausgezehrten Land.

Andererseits hatte ich jetzt alle Chancen, mir in der Bundesrepublik einen Namen als Filmschauspieler zu machen.

Was tun? In Deutschland bleiben?

Die Vorstellung, mich, wie meine Schwester Maria, zielgerichtet auf den schrittweisen Aufbau meiner Karriere zu konzentrieren, reizte mich nicht so recht. Das Bedürfnis zu reisen, die Welt kennenzulernen, war stärker.

59

Ich fuhr zurück in die Schweiz, nach Zürich. Dort wurde mir eine Hauptrolle in dem Stück *Die Zeit wird kommen* von Romain Rolland angeboten – eine Freilichtaufführung unter der Regie von Beate von Molo. Einer meiner Partner war Veit Relin, der etwa zwanzig Jahre später meine Schwester Maria heiraten sollte.

Sachen gibt's …

Sobald die Aufführungsserie beendet war, hielt mich nichts mehr in der Schweiz. Ich zählte schon die Tage, an denen ich endlich reisen würde.

Ich hatte ja schon recht gut verdient und war der Meinung, daß ich mir einen richtigen Urlaub gönnen durfte. Ich buchte kurzerhand ein Zimmer in dem Nobelhotel Negresco bei Cannes an der Côte d'Azur, aber nur, um mich auf meinen eigentlichen großen Trip vorzubereiten: die Reise nach Afrika.

Afrika und Lateinamerika, das waren seit jeher magische Anziehungspunkte für mich. Mit Afrika wollte ich anfangen.

Das Flugticket nach Tunis kostete mich denn auch fast den Rest meiner Ersparnisse, obwohl meine Freundin Annemaria schon dafür gesorgt hatte, daß ich eines der preisgünstigeren Tickets bekam.

Danke, Annemaria!

Ich verbrachte, das Ticket in der Tasche, einige herrlich faule Tage an der Côte d'Azur und freute mich schon unbändig auf Afrika, als eines Tages etwas Unerwartetes geschah.

Beschwingt und gut gelaunt komme ich, mein Badehandtuch um den Hals geschlungen, vom Strand zurück, als ich in der Loggia des Hotels vom Blitz getroffen werde.

Oder soll ich besser sagen, von einem Pfeil?

Da stehe ich und kann mich nicht mehr rühren.

Zwei abgrundtiefe Augen fixieren mich. Ich fühle mich diesen Blicken willenlos ausgeliefert.

Sie heißt France.

Vor kurzem ist sie in Paris zur Miß gekürt worden, zur Pariserin des Jahres 1949.

Ich verliebe mich in sie und nenne sie einfach Miß France.

Nach Miß Viareggio nun Miß France. Arme Annemaria! Aber nein, Annemaria und mich verband eher eine Freundschaft; wir schätzten einander, und sie wußte nur zu gut, daß sie einen Mann wie mich, einen Abenteurer, nicht an einen heimischen Herd hätte fesseln können.

Ich kneife mir in den Arm: Du bist auf dem Weg nach Tunis.

Dein Afrika-Ticket hast du in der Brieftasche.

Das Ticket trägt ein Datum und eine Uhrzeit: morgen früh, 11 Uhr 20.

Was, wo, wie will ich eigentlich? Die makellos schöne France Darly hat mir den Kopf verdreht. Mir schwindelt, und mein Reiseziel beginnt zu verschwimmen.

Sie wird mein Ziel.

Aber das Ticket war teuer. Und Annemaria hat es mir besorgt. Ich beschließe, trotz aller seelischen Erschütterungen nach Tunis zu fliegen.

France zwingt sich zu einem Lächeln, als sie erfährt, daß ich am nächsten Tag schon abreise. Mein Herz verkrampft sich.

Ich rufe Annemaria an, und es gelingt mir ohne Probleme, den Flug um einen Tag zu verschieben.

Um einen Tag und eine Nacht.

Erschöpft sitze ich dann im Flugzeug nach Korsika und bemühe mich darum, in meinem verwirrten Kopf Ordnung zu schaffen. Es ist vielleicht gut, etwas Abstand von allem zu bekommen, rede ich mir ein. Und die neue Welt, die ferne, fremde, verheißungsvolle Welt Afrikas zieht mich bereits in ihren Bann.

Von La Bastia auf Korsika wird meine Maschine nach Tunis starten. Ich lande rechtzeitig, mache meinen Weiterflug ausfindig und gehe an Bord. Kaum habe ich meinen Sitzplatz eingenommen, werde ich über Lautsprecher aufgefordert, mich umgehend bei der Information zu melden.

Erschrocken verlasse ich unter den neugierigen Blicken der Passagiere das Flugzeug und eile zur Information.

»Ihre Braut schwebt in Lebensgefahr«, teilt man mir dort mit besorgten Mienen mit.

Braut?

France! Ist ihr etwas zugestoßen? Wir sind nicht verlobt, aber ich vermute, daß man diesen Ausdruck aus Höflichkeit verwendet. Man rät mir, sofort zurückzufliegen. Mehr erfahre ich nicht.

Ich haste zum nächsten Telefon. Sie nimmt nicht ab. Mein Herz rast – vielleicht ein Unfall?

Endlich. Ihre Stimme.

»Was ist los?« brülle ich in den Hörer.

»Bitte, komm schnell!« haucht meine Angebetete am anderen Ende der Leitung. Dann ein Knacken – die Verbindung ist unterbrochen.

Ich vergesse Tunis, vergesse Afrika, vergesse das teure Flugticket und buche – fest entschlossen, meiner Liebsten zu Hilfe zu eilen – die nächste Maschine nach Cannes.

Ein Alptraum: Ich bleibe auf Korsika sitzen. Aus technischen Gründen wird für zwei Tage keine Maschine abfliegen. Ich sitze wie auf heißen Kohlen und streife ziellos durch die Berge der Insel, deren Schönheit ich nicht wahrzunehmen vermag, weil in meinem Kopf die Frage kreist: Was ist passiert? Was, verdammt noch mal, ist France passiert?

In Marseille angekommen, haste ich zum Bahnhof, als gelte es mein Leben. Im letzten Augenblick erreiche ich den Zug nach Cannes. Der schrille Warnpfiff des Zugabfertigers hallt mir noch in den Ohren, als ich auf den Zug aufspringe, nachdem ich die bereits geschlossene Waggontür kurzerhand wieder geöffnet hatte.

Endlich Cannes! Ein Taxi bringt mich zum Hotel. Ich stürze auf ihr Zimmer.

Sie liegt auf der Terrasse und sonnt sich.

Als sie mich sieht, schiebt sie ihre Sonnenbrille hoch, streckt mir ihre wohlgeformten Arme entgegen und lispelt, während sie mich an sich zu ziehen versucht, kaum hörbar: »Chéri, ich konnte es ohne dich nicht mehr aushalten, ich wäre gestorben …«

Eine unbändige Wut steigt in mir hoch. »Wie kannst du mir einen solchen Schreck einjagen?«

Sie hat mich an der Nase herumgeführt! Das teure Ticket, der große

Traum vom fernen Afrika – das soll nun platzen, nur weil eine verwöhnte Miß Soundso Sehnsucht nach mir hat …?

Aber dann geschieht das Merkwürdige: Kurze Zeit später bin ich lammfromm. Ich finde mich in ihren Armen wieder, liebkose ihre Lippen, ihren Körper.

Sie nennt mich ihren »petit blondin«.

Ich stelle fest, daß ich verhext bin.

Am nächsten Tag muß France zurück nach Paris. Sie hat Verträge einzuhalten: Sie wurde überschüttet mit Fototerminen.

Nicht zu fassen: Sie hatte mich aus dem Flugzeug nach Tunis herausgeholt, nur um eine Nacht mit mir zusammenzusein!

War das nicht unverschämt? Egoistisch?

Ich entscheide mich dafür, es hinreißend zu finden. Beweist es doch nicht zuletzt auch meinen Kurswert als Mann.

Am Morgen nach der Nacht, in der wir keine Sekunde schliefen, der Abschied.

»Au revoir, chéri …«

»Au revoir …«

Wie wir die Sache auch drehen und wenden: Es scheint widernatürlich, sich zu trennen.

Und so fahre ich einfach mit.

Wir mieteten uns ein kleines Hotelzimmer in der Nähe der Champs-Elysées. France verschwand vormittags, um ihre Fotoaufnahmen zu machen, und wenn sie abends zurückkehrte, wurde sie schon von mir sehnsüchtig empfangen. An den Wochenenden genossen wir die Seinestadt in ihrer ganzen Vielfalt – wenn wir nicht gerade im Bett lagen, was wir hauptsächlich taten.

Irgendwann dämmerte mir, daß ich Geld brauchte. Ich lebte von der Hand in den Mund. Ich brauchte Kontakte, Adressen, spürte, daß ich unter Leute gehen mußte. Ich suchte nach Managern, Produzenten. Und siehe da – ein Türchen öffnete sich für mich –, ich bekam eine kleine Rolle in dem Film *Ma pomme / Der Vagabund von Paris* mit Maurice Chevalier.

Ich suchte mir ein eigenes kleines Zimmer, während France wieder bei ihren Eltern wohnte. Meine neue Adresse hieß jetzt: Montmartre. Was soll ich sagen – das Zimmer beschreiben hieße ein Klischee beschreiben: meine Künstlerbude!

Es war ein Dachzimmer, winzig klein, mit einer wunderschönen Aussicht auf den Platz. In der Mitte des Zimmers stand ein schlichter Holztisch, ohne Tischdecke, davor ein Holzstuhl. Ein halbblinder Spiegel an der Wand gab kaum noch etwas frei von demjenigen, der hineinblickte. Unter dem Spiegel eine alte Kommode, schon etwas wacklig, auf die die Wirtin eine runde Porzellanschüssel zum Waschen gestellt hatte. Daneben ein cremefarbener Krug aus Porzellan, der schon etliche Sprünge aufwies.

Im Bett schienen schon Generationen von Menschen übernachtet zu haben. Und die Holzdielen knarrten beleidigt, wenn ich durchs Zimmer zum Dachfenster ging, um auf Paris hinabzublicken. Montmartre! Ich fühlte mich vom Glück verfolgt.

Aber zu essen hatte ich nichts.

Ich schrieb kleine journalistische Berichte und machte alle möglichen Hilfsarbeiten. Natürlich ließ ich mir nach außen nichts von meiner Armut anmerken. Frances Mutter hatte gute Beziehungen und führte mich in die Pariser Gesellschaft ein. Ich lernte interessante Menschen kennen, so auch eines Tages Josephine Baker, die sich kurzfristig in Paris aufhielt. Es imponierte mir zu erfahren, daß die erfolgreiche Frau ihre Gagen dafür verwendete, Waisenkindern ein Zuhause zu geben.

Aber der große Auftrag, das große Rollenangebot kam nicht. Die Tage wurden kürzer; Weihnachten und der Jahreswechsel 1949/50 standen bevor. Ich spürte jetzt zeitweilig eine gewisse Melancholie; ich dachte an meine Kindheit und Jugend zurück und die Schmerzen, die ich, besonders durch meinen Vater, erlitten hatte. Es drängte mich, meine Gedanken niederzuschreiben, sozusagen die Scherben meiner Jugend zusammenzufegen. Daher setzte ich mich an meinen Holztisch und begann zu notieren. Ich hatte Lust, es in eine literarische Form zu bringen, und so wurde ein Roman daraus: »Jeunesse damnée – Verdammte Jugend«.

1/2 Mit meiner Mutter, der Schauspielerin Margarethe Schell von Noé, die mir
einprägte: »Vertraue stets auf dein Glück,
es liegt in deiner Hand.« – Mein Vater, der
Dichter Hermann Ferdinand Schell, 1935

5 Mutti Schell mit uns Kindern in Zürich,
1940: Maximilian und ich (stehend) sowie
Immy und Maria

4 Oben: Mit meiner älteren Schwester
aria, 1932. – Unten: Mit Maria und
aximilian auf der Almwiese, 1935

6–8 Oben: Die Almhütte der Schells in Kärnten ca. 1945. – Mitte: Mit Dodoletta, »Miß Viareggio« in Forte dei Marmi (links) und als Prinz Florian in »Aschenbrödel« mit Schwester Maria in der Titelrolle und Wolfgang Danegger, Stadttheater Bern, beide 1947

9 Als ältester Sohn Parsifal des Professoren-Ehepaars Nägler mit Autor Curt Goetz, seiner Frau Valérie von Martens und den anderen Kindern in »Das Haus in Montevideo«, Stadttheater Chur 1948

Mutti Schell, Zürich 1948
Als Pulcinella hatte ich, ebenfalls in Chur, das
blikum zwischen den Akten von Molières »Der
ngebildete Kranke« zu unterhalten. Regie führte
tore Cella.

11 Bertolt Brecht und Caspar Neher inszenierten
1948 die »Antigone des Sophokles« in Chur. Ich
spielte den Schlachtboten.

13 Urlaub in Ascona 1948

14 Beim ersten Filmfestival in Cannes 1949 traf ich mit Tyrone Power, Thilda Thamar, Jean Pierre Aumont, Paula Valeska und Fernand Gravey zusammen.

15 Im Sommer 1949 drehte ich in München den Film »Kein Engel ist so rein«. Meine Partnerin war Gardy Granass.

Während meines Urlaubs an der Côte d'Azur 949 entstand dieses Foto.

Rechts: Mit »La Parisienne '49«, France Darly. 'ir hatten eine heiße Affäre.

Im Pariser »Théâtre des Champs-Elysées« trat 1950 in Otto Indigs im jüdischen Milieu spielen- Stück »Die Braut von Torozko« auf. Regie führte r deutsche Emigrant Emil Feldmar (1.v.r.).

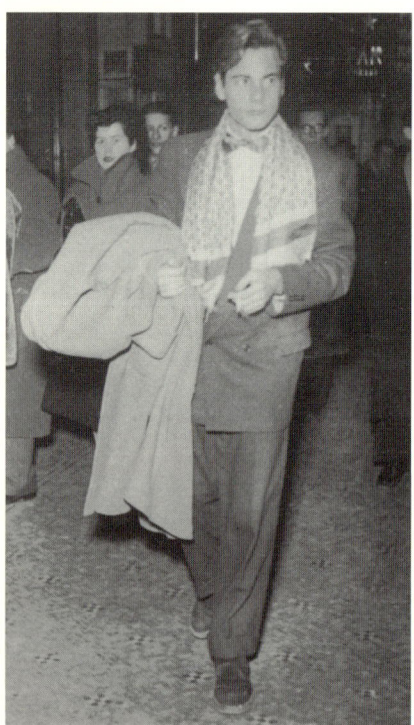

19 Durch France Darly fand ich Zugang zur Pariser Gesellschaft: Festlicher Abend mit Josephine Baker Naila Sultan Pascha und Freddy Rey, 1950

20 Vor der Abreise nach Brasilien in Paris, Januar 1951

21 Erste Station meiner großen Reise nach Südamerika war Rio de Janeiro: Vor dem »Zuckerhut«.

22 In Sao Paulo
gründete ich
1952 eine Schau-
spielschule, leitete
eine Filmproduk-
tonsgesellschaft …

23 … und be-
wohnte ein sehr
schönes Apparte-
ment mit einer
kleinen Bar und
manchmal nettem
Besuch.

24 In Sao Paulo inszenierte ich 1953 mit meinen Akademieschülern Shakespeares »Romeo und Julia« in portugiesischer Sprache und spiel selbst den Romeo

25 Bei Dreharbeiten meines brasilianischen Filmprojekts »Die vier Welten«, 195

Ich hatte das Bedürfnis, meine Mutter anzurufen und ihr ein frohes Fest zu wünschen, aber ich wagte es nicht, da ich gleichzeitig hätte zugeben müssen – sie würde sicher fragen! –, daß es mir finanziell nicht gutging und ich beruflich hier noch nicht recht weitergekommen war. Ich schämte mich ein wenig dafür. Dabei ging es mir doch gut – ich hatte Freunde in Frankreich, ich liebte France und sie liebte mich –, was wollte ich eigentlich mehr?

Durch Betty Stern, die Leiterin einer großen Pariser Künstleragentur, lernte ich den Schauspieler und Regisseur Emil Feldmar kennen. Er war Deutscher jüdischer Abstammung und über Ungarn nach Frankreich emigriert, und er war wie ich auf der Suche nach künstlerischer Betätigung. Wir mochten einander sofort.
In einem der zahlreichen Cafés am Montmartre, nicht weit von meinem Zimmer entfernt, trafen wir uns und tauschten unsere Ideen aus. Wir wollten beide etwas tun, kreativ sein, etwas auf die Beine stellen, Kunst machen.
Wir entschlossen uns, für die vielen jüdischen Emigranten in Paris ein deutschsprachiges Stück auf die Bühne zu bringen: Otto Indigs *Die Braut von Torozko*, ein Stück, das im jüdischen Milieu spielt. Die Aufführungen im »Théâtre des Champs-Elysées« ernteten viel Beifall. Immerhin war es das erste deutschsprachige Stück in Frankreich seit Beendigung des Krieges. Und dazu gehörte schon Mut.
Kurz darauf gab mir das Schicksal einen kleinen Schubs – und ich landete bei Probeaufnahmen für den Film *Juliette ou la clef des songes/Juliette oder Der Schlüssel der Träume*. Der Regisseur Marcel Carné hatte eine Hauptrolle zu besetzen. Gemeinsam mit so namhaften Schauspielern wie Gérard Philipe, Michel Auclair, Jacques Sernas und Daniel Gélin durfte ich mich für die gesuchte Rolle bewerben. Ich machte mir keine großen Hoffnungen, und ich bekam die Rolle letztendlich auch nicht, sondern Gérard Philipe. Aber was genauso zählte, war, daß ich durch die Probeaufnahmen Kontakte zu wichtigen französischen Filmkreisen geknüpft hatte.
Und so bot mir der französische Regisseur Christian-Jaque eine

Hauptrolle an. Der Titel des Films, einer internationalen Coproduktion: *Barbe bleu / Blaubart*. Laut Vertrag sollte ich den Film in zwei Sprachen spielen, auf deutsch und auf französisch. Betty Stern, meine Agentin verhandelte …

Abends fuhr ich immer zu meinen allabendlichen Auftritten ins Théâtre des Champs-Elysées. Das Theater war oft nur mäßig besucht, aber dem Publikum gefiel unser Stück. Eines Abends saßen unter anderen drei elegant gekleidete Herren im Parkett, die mich nach der Vorstellung in meiner Garderobe besuchten. Sie kamen aus Brasilien, und zwei von ihnen rauchten dicke Zigarren. Sie luden mich für den nächsten Mittag zum Essen in eines der benachbarten Speiserestaurants ein.

Die Begegnung mit diesen Herren veränderte mein Leben schlagartig.

Woher sie meinen Namen wußten? Keine Ahnung. »Jemand aus der französischen Filmwelt« habe mich empfohlen, sagten sie mir.

Und dann unterbreiteten sie mir ihren Plan.

In Rio de Janeiro, Brasilien, wolle man ein zweites Hollywood aufziehen. Genauer gesagt, man wolle Hollywood Konkurrenz machen. Rio solle eine Filmmetropole werden.

»Und zwar mit Filmen, die die Welt aufhorchen lassen werden«, betonte Nino, der mir gegenüber saß.

»Wie – aufhorchen?« fragte ich vorsichtig nach.

Nino blies den dicken Qualm seiner Zigarette in die Blätter einer Topfpflanze, die in der Mitte unseres Tisches stand. »Filme, die aufzeigen, wie Menschen ausgebeutet werden«, antwortete er, und die anderen beiden nickten ernst. »Filme, die den Menschen Kraft geben, sich zu wehren.«

Keine schlechte Idee, fand ich. Ich hatte schon immer Solidarität mit den Menschen gefühlt, die in unserer Gesellschaft die Schwächeren waren. Vielleicht ein Ergebnis der Erziehung meiner Mutter, die, streng gläubig, mich immer und immer daran erinnerte, das Teilen nicht zu vergessen. Und was es bedeutete, von stärkeren, autoritären Kräften unterdrückt zu werden, das hatte ich durch meinen Vater erlebt. Gleichzeitig hatte ich aber von beiden Eltern einen kritischen Verstand geerbt, der mir signalisierte, daß jede Politik, die auf Ungleichheit beruht, zum Scheitern verurteilt ist.

Hier saß ich nun mit drei kulturpolitisch engagierten, höchst idealistischen Brasilianern, die in ihrer Heimat etwas vollkommen Neues aufbauen wollten.

»Wir möchten, daß Sie mitmachen«, sagte Nino und blickte mich ernst und erwartungsvoll an. »Ihre und unsere Ziele scheinen die gleichen zu sein. Und Sie haben schon einige Erfahrung gesammelt. Geben Sie sich einen Ruck – helfen Sie uns, aus Brasilien eine begehrte Filmregion zu machen.«

Den Ruck brauchte ich mir nicht mehr zu geben. Ich war schon Feuer und Flamme. Ein größeres Problem war der Film *Blaubart*, für den Betty Stern erfolgreich verhandelt hatte und dessen Dreharbeiten bald beginnen sollten.

Die Produktion gab mir zehn Tage Bedenkzeit.

Südamerika, der Kontinent meiner Träume! Hatte ich einst Afrika wegen France sausen lassen – sollte ich nun die Chance, nach Brasilien zu gehen, so einfach ungenutzt verstreichen lassen?

Apropos France – was würde sie dazu sagen? Würde sie ihren »petit blondin« diesmal so ohne weiteres ziehen lassen?

Nicht so ohne weiteres!

Ich bot ihr an mitzukommen, aber das mochte sie nicht.

Noch acht Tage Bedenkzeit.

France klagte und stampfte mit den Füßen.

»Ich komme ja zurück, ma belle ...«, beschwor ich sie. »Alles wird nur noch schöner für uns, wenn ich wieder dabin ...«

Sie flehte und jammerte: »Soll ich zehn Jahre warten? Oder zwanzig? Du wirst mich vergessen!«

Noch sechs Tage Bedenkzeit.

Sie schmollte wie ein kleines Mädchen.

Aber irgendwann muß wohl auch eine Frau wie France einsehen, daß man einen Dreiundzwanzigjährigen, den das Fernweh gepackt hat, nicht wirklich aufhalten kann.

Ich unterschrieb den Vertrag, den das brasilianische Team mir mitgegeben hatte.

Ich konnte es kaum erwarten, meinen Flugschein zu erhalten.

Täglich fragte ich meine Vermieterin nach Post, und täglich erhielt ich die gleiche Antwort: »Mais non, Monsieur Schell, es sind nur Rechnungen gekommen.«

Was für ein Gefühl, als ich eines Tages nach Hause kam und meine Wirtin mir schon von ihrem Fenster aus zuwinkte: »Monsieur Schell! Monsieur Schell! Der Brief ist da!«

Zu diesem Zeitpunkt hatte ich schon fast die Hoffnung aufgegeben, und ein mulmiges Gefühl, vielleicht belogen worden zu sein, wollte sich gerade in mir breitmachen.

Ich riß den Brief an mich und las den Absender: Pan Air do Brasil … Mein Flugticket nach Rio de Janeiro!

Ganz langsam öffnete ich das Kuvert, als wollte ich sicher sein, nicht einer Halluzination aufzusitzen. Meine Wirtin, eine kleine, neugierige Person, drängte sich eng an mich und schob ihre Nase fast in den Umschlag.

Ich las laut vor: »Nous avons le plaisir, de vous communiquer, que nous avons reçu par notre Bureau Pan Air do Brasil de Rio une ordre en vortre faveur pour un parcours Paris-Rio de Janeiro.«

Die Wirtin blickte mich mit großen Augen an. »Monsieur Schell …«, brachte sie bewundernd hervor.

Ich stürzte zum nächsten Telefon und wählte die Nummer meiner Mutter in der Schweiz.

»Mutti, ich fliege nach Rio!«

Für einen Augenblick schien die Leitung wie tot. Aber Mutti kämpfte nur mit den Tränen.

»Wie schön für dich«, sagte sie leise. »Aber paß auf dich auf, Burli«, fügte sie seufzend hinzu.

»Sei unbesorgt«, beruhigte ich sie, »nur tu mir den Gefallen und sag es niemandem! Du bist die einzige aus der Familie, die es vorläufig wissen soll.«

Sie versprach es mir, schweren Herzens.

»Ich melde mich aus Rio, so schnell ich kann.«

»Ich wünsche dir alles Glück der Welt«, sagte Mutti, jetzt ruhiger.
»Ich kann's gebrauchen, Mutti«, rief ich fröhlich in den Hörer, und als
ich auflegte, war mir, als hätte ich die Nabelschnur zu Europa bereits
durchtrennt.

Im brennenden Flugzeug über Afrika
und als Kunstprofessor in Sao Paulo

Ein eisiger Wintersturm pfiff um die Häuser von Paris, als ich am Morgen des 7. Januar 1951 in ein Taxi stieg.
Der Wagen brachte mich hinaus zum Flughafen Orly.
Ich war noch ein wenig müde vom Abschiedfeiern, die Weihnachtstage und Silvester lagen feucht-fröhlich hinter mir, und France hatte mir die Nacht hindurch natürlich keine Ruhe gelassen.
»Au revoir, chéri …«
»Au revoir …«

Ich hatte gerade mein Gepäck bei der Fluggesellschaft aufgegeben, als ich ein bekanntes Gesicht entdeckte. Ein sehr bekanntes Gesicht: Orson Welles.
Welles hatte vor kurzem in Paris im »Théâtre Edouard VII« das Stück *The Lobster* inszeniert, und ich war in der Pause in seine Loge gestürzt, um ihm meine Begeisterung mitzuteilen.
Ich ging auf ihn zu, und er erkannte mich wieder.
»Where are your going?« fragte mich der große, kräftige Mann freundlich.
Ich bemühte mich, wie ein alter Hase dreinzuschauen und sagte lässig: »Rio de Janeiro, Sir.«
Orson Welles zog eine Augenbraue hoch und lächelte. »Passen Sie gut auf«, sagte er schmunzelnd, »ich habe mir da schon einmal die Finger verbrannt.«
Lag Spott in seiner Stimme?
Mein Stolz verbot mir nachzufragen.
»Brasilien ist ein schönes Land«, fuhr er fort, »aber gefährlich. In jeder Beziehung.«
»Ich werd's schon schaffen«, winkte ich ab.

Die Passagiere für den Flug nach Rom wurden aufgerufen. Es war seine Maschine.

»Bye, bye, Carl«, sagte Orson Welles. »Take care!«

Ich winkte ihm nach.

Ich war hin- und hergerissen zwischen dem schmeichelhaften Gefühl, wie vertraulich der große Schauspieler zu mir gesprochen hatte, und dem, was er zu mir gesagt hatte. War ich womöglich dabei, mich auf eine windige Sache einzulassen?

Wieder ertönte der Gong: »Messieurs les passengers de la Pan Air do Brasil avec la destination de Lisbonne, Dakar, Recife, Rio de Janeiro.«

Meine Maschine.

Ich schüttelte meine Bedenken ab. Brasilien, ich komme!

Vor dem Fliegen hatte ich keine Angst. Ich liebte die Sekunden vor dem Start, wenn die Motoren aufheulten, wenn sich einer der schweren Propeller nach dem anderen zu drehen begann und das ganze Flugzeug vibrierte.

Einem metallenen Vogel gleich hob die viermotorige Turboprop langsam, ganz langsam vom Boden ab. In Minutenschnelle verwandelte sich Paris in eine Spielzeugstadt.

Ich saß im hinteren Teil des Flugzeugs am Fenster und bewunderte französische Gärten aus der Vogelperspektive, symmetrisch angelegte Parks aus früheren Zeiten, sah Fabrikanlagen und Lagerhöfe, kleine Kirchen und Dorfteiche, genoß den Blick auf die silbrig-glänzende Seine, die sich wie ein Wurm durch die Landschaft schlängelte.

Der Eiffelturm winkte mir noch lange nach.

Ich dachte an France und daran, wie traurig sie über meinen Abschied gewesen war. Ich hatte ihr viel zu verdanken, auch ihrer Mutter. Paris ohne sie wäre härter, einsamer gewesen. Aber France würde sich schnell trösten können, davon war ich überzeugt. Sie war nicht der Typ Frau, der lange ohne männliche Begleitung blieb.

Wir flogen über den Wolken, und die Stewardessen begannen, einen Imbiß zu servieren. Die Maschinen dröhnten, und manchmal wackelte und knirschte es, aber die Stewardessen lächelten ihr schönstes Lächeln. Und so versuchte ich mich zu entspannen und mich innerlich auf das vorzubereiten, was vor mir lag.

Die Produktionsgesellschaften hatten Probleme mit der Filmstadt Hollywood. Denn nur die ansässigen Firmen, die dort ein größeres Studio betrieben, profitierten von dem Ruf der Stadt. Wir wollten in Rio eine Alternative gründen, gemeinsam mit einigen Organisationen, wollten, daß viele Firmen in der Stadt produzierten und aus der Millionenstadt Rio eine Filmmetropole machten. Und wir wollten vernünftigere Filme machen. Wie hatte Nino es formuliert? Filme, die aufrütteln.

Was für ein Projekt!

Nun, falls es mir nicht gefiel, blieb mir immer noch die Möglichkeit, zurückzureisen. Denn das hatte ich schon bei Vertragsabschluß mit den Brasilianern ausgehandelt: einen Retourflug!

In Lissabon waren wir zwischengelandet. Jetzt überflogen wir das Meer in Richtung Afrika. Unser nächstes Ziel: Dakar im Senegal.

Ich war eingeschlafen.

Lärm weckt mich. Unruhe in der Maschine, Tumulte im Luftraum. Ein Baby weint. Ich blicke aus dem Fenster. Graue Wolkenschwaden ziehen an uns vorbei. In Flugrichtung türmen sich schwarze Gewitterwolken. Mein Platznachbar sagt mir, daß wir uns kurz vor der Landung in Dakar befinden.

Der Pilot scheint die Wolkenbank umfliegen zu wollen, aber sie bewegt sich zu schnell. Schwarze Wolkentürme versperren uns den Flugweg.

Das Geräusch der Motoren verändert sich: Der Pilot drosselt die Geschwindigkeit und verringert die Flughöhe. Wir fliegen in die schwarze Wolkenbank hinein. Blitze zucken um uns herum.

Wir fliegen direkt in das Gewitter.

Wieder ein Blitz, und das Flugzeug erzittert.

Es schlingert.

Harte Stöße erschüttern die Maschine.

Wir sind angeschnallt. Manche beginnen, erschrocken zu weinen. Kinder schreien. Ich bekomme Angst, wie alle.

Ich blicke aus dem Fenster und sende Stoßgebete nach oben. Krame all meine Physikkenntnisse aus der Schule zusammen und mache mir klar, daß Blitze einem Flugzeug nicht schaden können, da es in diesem Fall wie ein Faradayscher Käfig wirkt. Es besitzt die gleiche Polarität wie die Wolken, die es umgeben.

Hoffentlich weiß das Gewitter das auch!

Da fällt mir auf, daß sich nun, nach stundenlangem Flug, die Klappen für die Kühlung des Außenmotors nicht mehr regelmäßig öffnen und schließen, wie ich es bisher immer beobachtet hatte.

Plötzlich Rauch.

Hinter dem großen Propellermotor auf meiner Seite des Flugzeugs steht eine schwarze Rauchfahne.

Ich versuche, genau hinzuschauen. Vielleicht irre ich mich ja. Vielleicht muß das so sein. Ich kenne mich nicht aus bei Motoren. Erst recht nicht bei Flugzeugmotoren.

Aber ich irre mich nicht.

Schon ruft und schreit alles durcheinander: »Feuer!«

Tatsächlich: Flammen.

Ein Motor brennt. Große Flammen schlagen hinten aus dem Triebwerk heraus.

Der Pilot meldet sich per Sprechanlage. Ein Motor sei zu Schaden gekommen, es bestehe aber keine Gefahr.

Niemand scheint ihm zu glauben, denn jetzt wird es erst richtig unruhig in der Maschine. Menschen beten, zittern, umklammern einander.

Ich kämpfe gegen meine Angst. Es gelingt mir, etwas ruhiger zu werden: Ich habe mich dafür entschieden, dem Piloten zu vertrauen.

Unfaßbar: Jetzt brennt noch ein zweiter Motor!

Ich überlege fieberhaft, wie lange eine Maschine mit zwei brennenden Triebwerken wohl weiterfliegen kann. Nach Dakar sind es nach Mitteilung des Piloten noch an die zweihundert Kilometer.

Ich erinnere mich an den Rummel, den es in Frankreich um die Super Caravelle gegeben hatte. Ingenieure hatten behauptet, diese Maschine würde nie fliegen können. Das Flugzeug konnte nicht nur fliegen, wie sich dann herausstellte, es avancierte später sogar zum Liebling aller Geschäftsreisenden.

Warum sollte nicht auch dieses Flugzeug entgegen aller Befürchtungen heil ans Ziel kommen können?

Ein anderer Gedanke schiebt sich jedoch gleichzeitig durch mein angespanntes Hirn: Was, wenn ein dritter Motor ausfällt?

Dicke weiße Wolken ziehen unter uns vorbei. Die Außenpropeller stehen. Eine leichte, schwarze Rauchfahne hängt hinter den Motoren in der Luft.

Die völlig verängstigten Passagiere starren ohne Ausnahme auf die sich noch drehenden Propeller.

Ein Luftloch reißt uns plötzlich ein paar Meter in die Tiefe.

Ein Aufschrei geht durchs Flugzeug. Mein Nachbar muß sich übergeben. Wir krallen uns an den Armlehnen fest, ohne zu überlegen, daß diese mit uns hinunterfallen, wenn die Maschine abstürzen sollte.

Der Pilot meldet sich erneut. »Meine Damen und Herren, wir werden nun auf dem Flughafen in Dakar notlanden, uns wurde soeben die Landeerlaubnis erteilt. Verlassen Sie bitte das Flugzeug durch die Notausgänge, wenn die Maschinen nach der Landung zum Stillstand gekommen sind.«

In der Flugzeugkabine ist es inzwischen ziemlich still geworden. Jeder Passagier versucht, mit seinen Ängsten alleine fertig zu werden. Nur die Kinder wimmern verstört. Immerhin haben wir eine Landeerlaubnis, man ist auf uns vorbereitet, beruhige ich mich.

Da meldet sich der Pilot erneut: »Verlassen Sie bitte das Flugzeug ohne jede Panik durch die dann geöffneten Kabinentüren.«

Was soll das nun wieder heißen? Ehe wir eine Erklärung finden, meldet sich der Pilot ein drittes Mal durch die Sprechanlage: »Sie erhalten noch genaue Anweisung.«

Ich blicke in bleiche, grünliche, aschfahle Gesichter. Die Maschine setzt zur Landung an. Volle Konzentration im ganzen Flugzeug.

Dann berührt der schwer angeschlagene Vogel die Rollbahn. Wir werden noch einmal durchgeschüttelt, als bestünde die Landebahn aus Schlaglöchern, dann steht das Flugzeug still.

Tosender Beifall für den Piloten und seine Mannschaft.

Als wir aus der lädierten Maschine herausklettern, umarmt mich mein Nachbar. »Glückliche Weiterreise«, wünscht er mir.

Für uns beide keine Floskel.

In Dakar wartet eine neue Maschine auf mich. Am liebsten würde ich dem Fliegen für immer abschwören, aber es hilft nichts: Ich habe das Abenteuer gesucht – und nun ist es da.

Ruhig erhebt sich die viermotorige Turboprop in die Lüfte; die afrikanische Küste liegt schnell hinter uns.

Ich krame meine Sprachbücher aus dem Handgepäck und beginne zu lernen. In Brasilien wird Portugiesisch gesprochen. Das ist dem Spanischen verwandt, aber, so weiß ich, die Brasilianer verstehen so gut wie kein Spanisch. Ihre Sprache ist eine Mischung aus Spanisch und Französisch. Mir ist es immer leichtgefallen, Sprachen zu lernen, und so beginne ich voller Optimismus, mich selbst Vokabeln abzufragen und in der Grammatik zu stöbern.

Hin und wieder kontrolliere ich mit einem Blick durchs Fenster die Kühlungsklappen der Außenmotoren. In beruhigender Regelmäßigkeit öffnen und schließen sie sich.

Erleichtert wende ich mich wieder meinen unregelmäßigen Verben zu.

Der Himmel über Rio de Janeiro ist tiefblau, die Luft weich und warm und erfüllt von Blütenduft. Rund um das Flughafengebäude nur blühende Sträucher und exotische Bäume, deren Namen ich nicht kenne.

Und Palmen!

Palmen haben mich schon immer fasziniert; hier schießen sie aus dem Boden wie Pilze. Ich trete an eine kleine Palmenpflanze heran und streiche mit der Hand über das Blatt.

Tatsächlich, sie ist echt.

Bin ich im Paradies gelandet?

Unser Flugzeug war aufgrund des Zwischenfalls in Dakar verspätet losgeflogen und folglich in Rio verspätet angekommen. Ich blicke mich um, in der Hoffnung, Nino zu sehen oder einen der anderen brasilianischen Filmleute, die versprochen hatten, mich abzuholen. Ich gehe davon aus, daß sie von der Verspätung erfahren haben.

Was für eine Stadt! Die Menschen haben freundliche Gesichter. Bildschöne Mädchen spazieren lachend Arm in Arm vorbei. Für einen Augenblick vergesse ich, daß ich in erster Linie hier bin, um ein Geschäft mit aufzubauen und nicht, um mich zu amüsieren …

Aber halt, leben will ich auch, denke ich, als eine ganz besonders attraktive, dunkelhaarige Dame in meiner unmittelbaren Nähe an einen Kiosk geht und sich eine Zeitung kauft.

Am Horizont der Corcovado, jener berühmte Hügel, auf dessen Spitze eine riesige Jesusstatue thront.

Ich blicke auf meine Uhr. Ob Nino mich vergessen hat?

Nun, man kann nicht erwarten, daß Leute stundenlang auf ein verspätetes Flugzeug warten.

Ein Imperium soll aufgebaut werden, eine Filmmetropole aus der Stadt gemacht werden, da darf keine Zeit verlorengehen.

Ich rufe einen Taxifahrer heran und steige in den Wagen.

Wir fahren auf großangelegten, breiten Straßen an prächtigen Gebäuden und vielen Kirchen vorbei. Ich wende mein eben gelerntes Portugiesisch gleich bei dem Taxifahrer an. Und siehe da, er versteht mich und antwortet mir. Ich bin stolz.

Er erzählt mir, daß die Kathedrale Nossa Senhora da Candelaria die sehenswerteste und größte Kirche Rios sei. Die Brasilianer seien gläubige Christen.

»Was Sie auf der Welt suchen«, erzählt er, während wir durch die Stadt rollen, »hier finden Sie es: Hochschulen, Akademien, Bibliotheken, Museen, Archive …«

Zu dieser Zeit ist Rio Sitz der Bundesregierung und des Erzbischofs. Einst war die Stadt Sitz des brasilianischen Kaisers, nachdem man den portugiesischen König vertrieben hatte.

Der Taxifahrer erzählt, und ich erinnere mich an das, was ich schon im Flugzeug über Rio de Janeiro gelesen habe.

Vierhundertfünfzig Jahre ist es her, seit Portugiesen im Januar 1502 mit ihren Schiffen hier ankamen und an Land gingen. Sie hielten den Strand für den Teil einer Flußmündung und nannten ihn Januarfluß – Rio de Janeiro. Die französischen Calvinisten, die hier bereits lebten, wurden vertrieben, und 1763 dann, über zweihundertfünfzig Jahre später, gründeten die Portugiesen die Stadt Rio.

»Wir sind da«, ruft mir der Taxifahrer zu und hält vor dem Gebäude, dessen Adresse ich ihm auf einem Zettel zugesteckt habe, bevor wir losfuhren. Hier soll sich also die Niederlassung der brasilianischen Filmgesellschaft befinden, aus der wir ein über die Grenzen des Landes hinaus erfolgreiches Unternehmen machen wollen.

Ich zahle und fahre mit dem Lift in die elfte Etage. Der Taxifahrer hilft mir mit meinen Koffern.

Da, an einer Tür, der Name meiner Firma. Einen Klingelknopf gibt es nicht. Ich klopfe an.

Niemand antwortet.

Ich öffne zaghaft die Tür – und blicke in einen fast leeren Raum. Kisten und Kästen stehen auf der einen Seite, in Stapeln, auf dem Boden liegt Papier, ein paar Büroartikel, Filmplakate.

Wo ist Nino?

Zwei Männer sind damit beschäftigt, Ordnung zu machen. Ich spreche sie an, frage, was geschehen ist. Sie blicken mich mitleidig an: Die Firma existiere nicht mehr. Sie sei bankrott.

Eine neue Adresse, eine Telefonnummer?

Die beiden schütteln die Köpfe. Keine Ahnung.

Ich blicke den Taxifahrer an. Der blickt mich an. Zuckt mit den Schultern. Bückt sich, packt meine Koffer bei den Griffen.

Ich trotte ihm hinterher.

Orson Welles fällt mir ein, als der Fahrstuhl wieder hinuntergleitet. Wie sagte ich zu ihm auf dem Flughafen Orly? »Ich werd's schon schaffen …«

Ich bin ein Grünschnabel.

Und nun?

Wie war das mit dem garantierten Rückreiseticket, falls ich unzufrieden sein sollte? O Nino, ich habe euch vertraut!

Aber aus irgendeinem Grund kann ich den Brasilianern nicht böse sein. Das fühle ich bereits, als wir aus dem Haus herauskommen und wieder in das Taxi steigen.

Meine Neugier, das Leben hier näher kennenzulernen, ist geweckt. Ich entschließe mich zu bleiben. Jedenfalls vorläufig.

Ich brauche jetzt ein Bett, und ich brauche Arbeit.

Der Taxifahrer fährt mich zu einem kleinen Hotel direkt am Strand der Copacabana. Ich zahle nochmals und bedanke mich bei ihm. Er winkt mir zu, als er weiterfährt, zu seinem nächsten Kunden.

Der weltberühmte Strand Rio de Janeiros, die Copacabana, breitet sich direkt vor meinem Hotelzimmerfenster aus. Cariocas – so nennt man die Bewohner der Region Rios – und Touristen flanieren vorbei, und von den jungen, fast dunkelhäutigen Mädchen scheint mir eine aufregender zu sein als die andere.

Am Abend spaziere ich am Strand entlang. Das Meer schimmert wie Perlmutt in der Dämmerung.

Dunkeläugige Schönheiten lächeln mir zu.

Musik dringt aus Cafés und Bars.

Überall nur Musik.

»Arbeit in Rio? Fahren Sie nach Sao Paulo«, wurde mir geraten. »In Sao Paulo stehen die Chancen viel besser.«

Schade. Rio ist so schön.

Aber ich mußte überleben und wollte weiterkommen. Also flog ich nach Sao Paulo.

Und siehe da: Ich fand ein preiswertes Zimmer und mit Hilfe des Schweizer Konsulats, bei dem ich vorsprach, auch eine Arbeit.

In dem Schweizer Reisebüro Helbling konnte ich gleich am nächsten Tag anfangen. Jetzt kamen mir meine Sprachkenntnisse zugute und auch die Tatsache, daß ich einst eine kaufmännische Lehre absolviert hatte.

Mein Portugiesisch mußte aber noch verbessert werden, und so meldete ich mich bei der »Uniao Cultural Brasil Estados Unidos« zu einem Sprachkurs an. Nebenbei versuchte ich herauszufinden, was sich hier im Theater- und Filmgeschäft so tat.

Und das war mager.

Das Brasilianisch-Amerikanische Freundschaftsinstitut, das außer dem Sprachkurs noch viele andere Fächer anbot, erwies sich als sehr großzügig, als ich vorschlug, ein amerikanisches Theaterstück zu inszenieren, auf englisch. Ich hatte *Boy meets girl* von Samuel und Bella Spewack ausgesucht, das ich mit einer Gruppe schauspielerisch Begabter einstudierte.

Das Stück war eine moderne Liebesgeschichte, die in Hollywood spielte. Noch während unserer Probenzeit bekam es für mich eine symbolische Bedeutung.

Ich hatte mich nämlich in Cleide verliebt, die Tochter eines reichen brasilianischen Industriellen. Sie war ein natürliches, temperamentvolles Mädchen, das mich sofort bezauberte. Aber ihr Papa sah es ganz und gar nicht gern, daß sie mit mir ausging. Es mag daran gelegen haben, daß ich ihm mit meinen fast vierundzwanzig Jahren zu alt für seine Tochter schien: Cleide war erst sechzehn.

Unser Stück wurde so erfolgreich, daß ich es noch einmal inszenierte – diesmal in Portugiesisch. Gemeinsam mit einem befreundeten Mitschüler der Sprachklasse arbeiteten wir es in nächtelanger Arbeit um. Auch in seiner portugiesischen Version wurde *Boy meets girl* ein Erfolg, so daß die »Academia de Arte de Sao Paulo« mir anbot, bei ihnen Schauspielunterricht zu geben. Ich war von dem Vorschlag begeistert, und nach ein paar Monaten wurde ich dort zum Professor der dramatischen Künste ernannt.

Ich fühlte mich inzwischen sehr, sehr wohl in der Stadt, verdiente kein schlechtes Geld, liebte Cleide und wurde wiedergeliebt. Ich fühlte mich stark und optimistisch genug, in Sao Paulo etwas aufzubauen, obwohl mir Rio de Janeiro als Stadt bei weitem besser gefallen hatte. Rio war einfach schöner, die Copacabana reizvoller.

Aber ich hatte begonnen, mich in Sao Paulo einzuleben. Und wenig später, 1952, gründete ich eine Schauspielschule, mit dem Ziel der Ausbildung und späteren Arbeitsvermittlung junger Schauspieltalente, den »Club internacional de Arte dramatica«, den ich auch leitete. Ich wollte öffentliche Aufführungen machen und Filme drehen.

Gleichzeitig übertrug man mir die künstlerische Leitung einer kleinen Filmproduktion, der »Pan American-Film Ltd. Sao Paulo«. Ich suchte für die Produktion einen Begegnungsraum, um berufliche Kontakte pflegen zu können, und so wurde ein kleines Lokal gemietet.

Hier traf man sich, tauschte Gedanken aus und manchmal auch Adressen, besprach Fragen oder trank einfach eine Cola oder einen Whisky Soda, um sich zu erfrischen.

Bald traf sich bei uns die halbe Stadt. Kunstinteressierte und Theaterfreunde kamen von überall her, um sich bei uns auszutauschen.

Das brachte mich auf die Idee, aus dem Treffpunkt eine kommerzielle Bar zu machen.

Ich mietete das Lokal, nannte es »Folies« – und machte von da an einen prächtigen Umsatz. Ich paßte nun recht gut in die Stadt und zu den »Paulistas«, den Einheimischen, denen man nachsagt, sich in erster Linie fürs Geldverdienen zu interessieren – und für den Fußball natürlich. Und daß das Kulturleben der Stadt mit seinen weltoffenen Bewohnern eine Bereicherung durch meine Schauspielschule erhielt, spürte ich tagtäglich an der Resonanz.

In den Folies ging es hoch her. Zunächst kamen überwiegend Europäer und Amerikaner, um nach einer Theateraufführung oder einem Kinobesuch ihren Caschassa zu trinken. Anfangs griff ich eher zufällig, aus einer Laune heraus, zur Gitarre, um ein paar Lieder zu singen. Das schlug so ein, daß meine Gäste immer wieder danach verlangten. In Erinnerung an meine Zeiten in Italien, als ich mir an der Küste bei Viareggio meine Brötchen als Schlagersänger und Entertainer verdient hatte, schmetterte ich nun wieder die alten und neue Kamellen in mein begeistertes Publikum.

In Windeseile sprach sich herum, was in meiner Bar geboten wurde und welche Stimmung dort allabendlich herrschte. Nun kamen auch die Brasilianer. Ich lernte viel über Drinks und interessante Cocktails, servierte Caipirijnha de Caschassa oder Wodka und mixte so manches Getränk nach selbst ausprobierten Rezepten, deren Geheimnis ich natürlich nie lüftete, auch wenn man mich noch so sehr darum bat.

Eines Abends trat einer meiner Stammkunden an mich heran – ein etwas scheuer Amerikaner aus Alabama – und fragte mich, ob ich ihm nicht einen Drink mixen könne, der ihn bei den Frauen groß ankommen lasse. Ich lachte zunächst und hielt das Ganze für einen Scherz – aber dann inspirierte mich der Gedanke, aphrodisierende Getränke anzubieten, und ich kreierte die verschiedensten Mischungen.

Sie fanden reißenden Absatz!

Das Geld floß nur so hinein in die Bar.

Das weckte in mir den Wunsch, einen eigenen Film zu drehen und ihn durch die Einnahmen der Bar zu finanzieren. Aber da gab es ein Problem: In der Bar mußte ich immer zugegen sein, weil meine Gäste verlangten, mit der Gitarre und europäischen Liedern unterhalten zu werden. Hätte ich mich durch jemand vertreten lassen, hätte sich das Flair der Bar verändert – und die Einnahmen wären zurückgegangen. Also verschob ich meinen Traum.

Statt dessen machte ich mich an die Inszenierung eines zweiten Theaterstücks mit dem gleichen Thema, diesmal von Shakespeare höchstpersönlich geschrieben: *Romeo und Julia.* Ich inszenierte und spielte den Romeo. Wieder bekamen wir viel Beifall.

Was für ein Leben! Ich hatte eine Schule gegründet und eine Bar, verdiente gut und trug dazu bei, daß Menschen weiterkamen und sich wohlfühlten. Ich lebte in einer expandierenden Millionenstadt, von der aus halbstündlich Flugzeuge nach Rio de Janeiro hinüberflogen, so daß ich – nur für ein paar Cruzeiros – an den Wochenenden auf meinen Badespaß am Strand von Ipanema oder an der Copacabana nicht zu verzichten brauchte.

Aber merkwürdig: Von Tag zu Tag wurde ich unzufriedener. Ich hatte das Gefühl, daß die Bar mich auffraß. Meine Gäste verlangten meinen vollen Einsatz. Ich sang und spielte für sie – aber nach einigen Monaten fühlte ich mich erschöpft und ausgelaugt.

Gleichzeitig hatte die Beziehung zu Cleide begonnen, unter immer größeren Spannungen zu leiden. Ihr Vater, der angefangen hatte, uns nachzustellen, hatte uns in meinem Appartement erwischt. Unter lautstarken Beschimpfungen hatte er mir Cleide entrissen und sie gezwungen, mit nach Hause zu kommen.

Ich lag am Strand von Ipanema und war traurig.

Es war sinnlos, sich darum zu bemühen, Cleide wiederzusehen. Ich hätte sie vermutlich heiraten müssen, und zu einem solchen Schritt war ich noch nicht bereit.

Während ich zusah, wie der Sand durch meine Finger rann, ließ ich meine Gedanken schweifen und bemühte mich um ein klareres Bild von der Zukunft. Wie sollte es weitergehen?

Du bist Künstler, sagte ich zu mir, kein Barkeeper.

Ich machte mir klar, daß ich das Schauspielern nicht aus dem Auge verlieren wollte. Und dann war da ja noch der Traum vom eigenen Film. Wie war das mit dem Drehbuchschreiben? Auch das wollte ich lernen. Ich hatte noch nicht einmal eine Idee, was ich schreiben wollte, wovon der Film handeln sollte.

Ich brauchte Zeit.

Als erstes reduzierte ich meine Arbeit in der Bar und unterhielt meine Gäste jetzt nur noch zweimal in der Woche mit europäischen Liedern. Dann setzte ich mich an meinen Schreibtisch und begann, Ideen zu notieren, auszuformulieren. Tatsächlich gingen die Einnahmen der Bar zurück – aber sie brachte noch genug Einnahmen, daß ich davon leben konnte.

Für einen Film jedoch war viel mehr Geld nötig.

Aber das Fieber hatte mich bereits gepackt, und so entschloß ich mich, eine größere Bar zu eröffnen, die dann, so hoffte ich, mehr Geld einbringen würde.

Ich kaufte ein ganzes Haus mit einem noch nicht fertig eingerichteten Lokal in der Avenida Iparanga. Monatelang mußte um- und ausgebaut werden. Dann war es bereit zur Eröffnung.

Ich taufte das Lokal »Feiticio« – der Fetisch.

Die Eröffnung hatte ich bewußt auf den 1. Februar 1954 gelegt. Zur gleichen Zeit fanden nämlich die ersten Filmfestspiele Brasiliens in Sao Paulo statt. Alles, was in der Film- und Kulturwelt Rang und Namen hatte, wurde zur Eröffnung im Feiticio erwartet. Was konnte ich mir Besseres wünschen?

Wenige Stunden bevor ich die Tür meines nagelneuen Etablissements feierlich für meine Gäste öffne, schaue ich mich noch einmal zufrieden um: Alles sieht sehr elegant aus, die Bar wirkt einladend und appetitlich, alle Getränke stehen parat, das frische Obst für die Cocktails liegt in Schalen bereit, für genügend Eis ist gesorgt, auch für Snacks und süße Naschereien.

Auch die Tische sind sauber geputzt, Aschenbecher fehlen nicht. Was aber fehlt, sind die Stühle, die ich extra passend anfertigen ließ, und Alvaro, der Innenarchitekt, bei dem ich sie bestellt habe, hat mir versprochen, daß sie zur Eröffnung rechtzeitig geliefert würden.

Ein Blick auf die Uhr über der Bar – nun, Alvaro hat noch gut drei Stunden Zeit. Ich bleibe also ruhig. Ein Schweizer wäre längst nervös geworden – aber ich bin ja nicht mehr ganz Schweizer, ich bin schon ein ganz klein wenig Brasilianer.

Ich stelle mich hinter den Tresen und mixe mir einen Drink. Es wird ein harter Tag werden, eine anstrengende Nacht, mit vielen, vielen, teils prominenten Gästen, und sie werden vom Feiticio begeistert sein. Während ich die Eiswürfel ins Glas werfe, blicke ich stolz über den Tresen hinweg in den Raum. Ohne Zweifel, die Tanzfläche ist ein gelungenes Stück Arbeit. Große Glasplatten habe ich aneinandersetzen und darunter eine Beleuchtung anbringen lassen. Eine kleine Stufe führt hinauf aufs Tanzparkett.

Ich habe sogar ein Orchester für den Abend engagiert.

Während ich mein Glas leere, sehe ich vor meinem inneren Auge schon die Pärchen vorbeiziehen, eng an eng zur langsamen Musik, in wunderschönen, phantasievollen Kleidern und teuren, eleganten Anzügen oder auch lebhaft die Beine werfend und Kußhände, im Sambarhythmus, auf den die Brasilianer schon in der Wiege eingestellt werden.

Ich sehe die Damen der Gesellschaft und unbekannte Schönheiten vor mir am Tresen, dicht an dicht, auf den Barhockern sitzen und ihre Kavaliere hinter ihnen die Getränke bei mir bestellen. Ich sehe meine Mitarbeiter emsig und lächelnd von Tisch zu Tisch durch den Raum flitzen und mich selbst an der Bar die Cocktails mixen und, spät am Abend, das viele, viele Geld zählen.

Ob ich heute auch, wie im Folies, auf der Gitarre spielen und singen werde, habe ich noch nicht entschieden – vielleicht später, zu vorgerückter Stunde. Ich bin jedenfalls vorbereitet.

Vorbereitet? Ich schrecke aus meinen Träumen hoch und stelle fest, daß der Zeiger der Uhr ruckartig vorgerückt sein muß. Eben war es noch drei Stunden früher!

Wo bleiben die Stühle?

Jetzt werde ich doch nervös. Ganz unbrasilianisch, aber das ist mir, verdammt noch mal, egal. Alvaro, läßt du mich etwa sitzen und meine Gäste heute abend stehen?

Alvaro ist ein Pfundskerl, im Grunde lasse ich nichts auf ihn kommen. Er hat mir die Bar entworfen, hat viele seiner Ideen phantastisch umgesetzt. Und hat mich davon überzeugt, daß zu einem eleganten Etablissement auch elegante Stühle gehören. Am besten ganz in Gold, die Sitze mit Samt überzogen und abgesetzt mit Goldknöpfen. Und – ganz im Sinne Thalias – geschmückt mit je einer handgeschnitzten Maske, um der Muse des Theaters auch nach der Vorstellung genügend Rechnung zu tragen. Der Clou aber – »und damit hätten wir im Feiticio eine Novität!« – sei die besondere Standfestigkeit der Stühle, die Designer Alvaro auf drei Stuhlbeinen für gesicherter hält denn auf allen vieren. Der stabilste Stuhl sei noch immer ein Dreibeiner gewesen, fachsimpelte Alvaro, denn »bedenken Sie die Gesetze der Physik, und schauen Sie sich die Fotostative an«.

Aber kein Alvaro kommt und liefert dreibeinige Stühle in Samt und Gold. Statt dessen treffen meine Mitarbeiter Jorge, Cristina und José ein, pünktlich und feingemacht und voller Vorfreude auf den Abend. Zehn Minuten später erscheinen die Musiker des Tanzorchesters, in schimmernden Anzügen.

Kaum habe ich die Tür geöffnet, drängen schon die ersten Gäste ins Feiticio. Mir bricht der Schweiß aus: Stühle gibt es nicht.

Die Gäste schauen ein wenig irritiert, wissen nicht, wohin sie sich setzen sollen, steuern dann aber zielstrebig die Bar an. Schon drängen die nächsten nach, man ordert Getränke, bewundert das Ambiente.

Nicht zu glauben: Die Stimmung ist bombig, die Menschen fühlen sich wohl wie auf sonst irgendeiner Stehparty.

Immer mehr strömen von der Straße herein, und allmählich begreife ich, daß es vielleicht sogar ein Glück ist, daß die Stühle nicht geliefert wurden: Wir hätten sonst nicht so viel Platz.

Man spricht über die ersten Festival-Filme, die man gesehen hat, man lacht und begrüßt Bekannte und Freunde.

Ich mixe Drinks an der Bar und flirte mit den schönen Damen, die sich zu mir an den Tresen gestellt haben.

Plötzlich tippt mir Jorge, mein Mitarbeiter, auf die Schulter. »Die Stühle kommen!« Ich begreife zuerst gar nicht, was er meint. Aber dann muß ich es begreifen, denn zwei schwitzende Mitarbeiter einer Speditionsfirma bahnen sich, jeder mehrere Goldstühle gleichzeitig schleppend, wortgewaltig einen Weg durch das überfüllte Lokal.

Mir ist die Lage schrecklich peinlich, ich will zu Erklärungen und Entschuldigungen ansetzen – aber mein Publikum nimmt's gelassen.

Doch jetzt beginnt der Run auf die Sitzplätze: Jeder möchte einen der extravaganten Polsterstühle ergattern und ausprobieren – noch dazu einen Dreibeiner!

Den Herren wird der Vorrang gelassen, natürlich, und so schauen die Damen amüsiert zu, wie sich ihre Kavaliere in den eleganten Anzügen hemmungslos brutal um die Stühle reißen, immer darauf bedacht, dabei dennoch eine ritterlich-edle Figur abzugeben. Hat man dann eine Trophäe ergattert, darf die Signorina darauf Platz nehmen, und sie tut es beglückt – jedoch nicht ohne ihren Don Juan dafür mit einem gekonnten Augenaufschlag dankbar zu belohnen.

Plötzlich geht ein Schreien und Kreischen durch den Raum. Ich stelle fest, daß eine Dame nach der anderen unter den Tischen verschwindet und die Herren – indem sie sich zu ihnen helfend herunterbeugen – ebenfalls.

Alles krabbelt auf dem Boden herum.

Was ist los?

Meine hocheleganten, teuren dreibeinigen Stühle sind ein Flop!

Keine der Damen ist in der Lage, auf ihnen auch nur wenige Minuten das Gleichgewicht zu halten. Andere treten hinzu, meinen, es besser zu können, setzen sich drauf und – plumps – kippen seitlich oder gar nach hinten über.

Meine Gäste johlen vor Vergnügen, ich bin schweißgebadet. Die Signorinas liegen kichernd und lachend am Boden, die Röcke bis zu den Oberschenkeln heraufgeschoben, und die Herren der Schöpfung amüsieren sich. Was für ein Anblick.

Schnell räumt Jorge Stuhl für Stuhl in den Keller. »Macht nichts«, ruft man mir zu, »dann stehen wir eben wieder!«

Ich gebe eine Runde aus für alle – sozusagen als Entschädigung.

Ich versuche, die Gäste von der peinlichen Panne abzulenken und rufe zur feierlichen Eröffnung der Tanzfläche auf. Das Orchester spielt einen Tusch, und ein Jubel geht durch den Raum, als es gleich mit einem heißen Samba loslegt. Alles stürzt zur Tanzfläche.

Doch wie heißt das brasilianische Sprichwort? »Fängt ein Tag mit einem Malheur an, dann endet er auch mit einem.«

Wieder Schreien, Kreischen. Das Geräusch von zerbrechenden Gläsern und Geschirr.

Ich halte den Atem an. Was ist nun schon wieder los?

Und ich muß mit ansehen, wie auf dem Weg zur Tanzfläche wieder die Hälfte meiner Gäste zu Boden geht, als hätten sie zu viel getrunken. Alles purzelt übereinander, Kleider zerreißen, Damenabsätze drücken sich in Herrenoberarme, komplizierte Haarfrisuren zerzausen, Lippenstifte verschmieren und zerbrochene Glasscheiben zerschneiden Seidenstrümpfe und darunterliegende Damenbeine.

Die Stufe!

Niemand hat die Stufe zur Tanzfläche wahrgenommen, weil es zu voll ist und vielleicht auch, weil sie nicht sonderlich markiert wurde.

Cristina heftet Kleider provisorisch wieder mit Sicherheitsnadeln zusammen. Jorge und José kehren das zerbrochene Geschirr zusammen, und ich bemühe mich, in ans Menschenunmögliche grenzender Geschwindigkeit Cocktails zu mixen und Getränke einzuschenken – von jetzt an selbstverständlich alles nur »aufs Haus« –, um wenigstens einen Teil der Gäste noch halten zu können.

Schockiert und pikiert verlassen etliche das Lokal – dafür strömen andere herein und bleiben. Das Stimmungsbarometer steigt, die Band läuft zur Höchstleistung auf, ich blicke in glühende, glückliche Gesichter – und bin froh, denn es hätte viel, viel schlimmer ausgehen können.

Dennoch ist und bleibt dies für mich einer der teuersten Abende, die ich je in einem Lokal verbracht habe.

Lehrgeld.

Am nächsten Tag berichtete eine Zeitung von dem »lustigsten Film-festival-Beginn der Welt«. Die Stühle wurden natürlich ausgetauscht. Aber so viel Zustrom wie an jenem Abend hatte ich im Feiticio nie wieder. Statt dessen blieben die Folies weiterhin Anziehungspunkt für viele Künstler und Nachtschwärmer. Mein neues Lokal, das ich mit so viel Aufwand hatte renovieren lassen, verschlang auch weiter-hin durch das größere Aufgebot an Personal und durch das Orchester so viel, daß ich Gefahr lief, Schulden zu machen.

Ich übergab das Feiticio einer Nachmieterin und war froh, daß ich von dem Erlös der Pacht meine offenen Rechnungen begleichen konnte.

Wie heißt das europäische Sprichwort? »Erfahrung macht klug!«

Das mußte ich mir nun – sechsundzwanzigjährig – hinter die Ohren schreiben.

Rauschgift – Faszination und Fluch

Wieder saß ich am Strand von Ipanema und dachte über meine Zukunft nach.

Neben mir lag ein Brief aus Europa. Von Maria, meiner Lieblingsschwester, wie ich immer zu sagen pflegte. Das hieß nicht etwa, daß ich meine jüngere Schwester Immy nicht mochte – aber mit der zwei Jahre älteren Maria, Gritli, Mörele, verbanden mich doch mehr gemeinsame Erinnerungen als mit Immy, die sieben Jahre jünger war als ich.

Maria hatte mir schon oft geschrieben – nachdem der Schleier des Schweigens über meiner Fernreise einmal gelüftet worden war –, öfter noch als meine Mutter. Sie beschwor mich zurückzukommen. Vermißte sie mich?

Ich hatte ihr in meinen Briefen natürlich auch von meinem internationalen Künstlerclub (Club d'arte) erzählt, und nun, in ihrem neuesten Schreiben, machte Maria den Vorschlag, daß sie mir etwas Ähnliches in Europa einrichten wolle, wenn ich nur endlich zurückkehrte. Meine beruflichen Aufstiegschancen seien doch in Europa wesentlich größer, schrieb sie, als auf dem südamerikanischen Kontinent.

Sie selbst dagegen war inzwischen nicht nur in Europa, sondern auch in Amerika bekannt. Ja, ich hatte sogar – sehr zu meiner Überraschung und Freude – in brasilianischen Zeitungen Artikel über den sensationellen künstlerischen Aufstieg meiner Schwester gelesen. Sie hatte gerade, gemeinsam mit Bernhard Wicki und unter der Regie von Helmut Käutner, den Film *Die letzte Brücke* abgedreht, der einer ihrer besten Filme werden sollte – und plante nun, unter Robert Siodmaks Regie in *Die Ratten* die weibliche Hauptrolle zu spielen. Maria war längst eine international anerkannte Schauspielerin und natürlich auch Großverdienerin.

Ich war stolz auf meine Schwester.

Der Vorschlag, in Europa einen Club aufzumachen, beschäftigte mich. Mich faszinierte die Idee, gemeinsam mit Maria etwas aufzubauen. Und nun, da ich gerade einen Mißerfolg erlitten hatte, tat es gut zu wissen, daß die Familie einem unter die Arme greifen würde. Ach was! – korrigierte ich schnell meine eigenen Gedanken – hast du dich jemals von der Unterstützung deiner Familie abhängig gemacht? Nein, du bist sehr wohl in der Lage, dich aus deinem finanziellen Tief selbst wieder herauszuholen.

Aber wenn Maria es doch angeboten hatte?

Warum eigentlich nicht! Hier ging es schließlich nicht um Almosen, sondern um ein außergewöhnliches Projekt, das man auch in Deutschland oder in der Schweiz verwirklichen könnte. In meiner Phantasie arbeitete es schon: Ein Schellsches Kulturzentrum, mit Bar, Bühne und brasilianischer Musik …

Ich holte meinen Umschlag mit dem hauchdünnen Luftpostpapier aus der Tasche, schraubte meinen Füllfederhalter auf und begann, Maria einen Brief zu schreiben.

Während ich so ganz in meine Vorstellungen von einem gemeinsamen Kulturprojekt mit meiner ältesten Schwester hineintauche, streift mein Blick immer wieder die Badenden am Strand, ohne daß ich ihnen jedoch bewußt Beachtung schenke. Plötzlich läuft eine junge, wohlgeformte Dame im dunkelblauen Badeanzug auf mich zu. Es ist Cleide.

Sie springt in meine Arme.

Wochenlang haben wir uns nicht gesehen, nachdem ihr Vater ihr strengstens verboten hatte, mich noch einmal zu treffen.

Lange halten wir uns umschlungen.

Cleide weint. Sie verzehre sich nach mir. Sie bittet, daß wir uns wieder treffen mögen.

Ich bin so überrascht, sie plötzlich wiederzusehen, daß ich heftig für sie entbrenne – als seien wir nie getrennt gewesen. Sie sieht den Brief auf meinen Knien liegen und fragt, was ich meiner Schwester denn gerade schreibe. Ohne nachzudenken, berichte ich ihr von meinem Mißerfolg mit der zweiten Bar und von dem Vorschlag Marias, nach

Europa zurückzukehren und mit ihr gemeinsam ein Lokal aufzumachen, in dem sich, wie im Folies in Sao Paulo, Künstler aus aller Welt zum Gedankenaustausch und zum Realisieren von Projekten treffen könnten.

Jetzt bricht Cleide erst richtig in Tränen aus. Die Vorstellung, mich womöglich nie wiederzusehen, scheint ihr das Herz zu zerreißen.

Ich versuche sie zu trösten. Es sei bisher nur eine Idee, räume ich ein, noch kein genauer Plan.

»Nie, nie wieder darfst du an diese Idee denken«, fleht sie mich an und umschlingt mich erneut mit ihren festen, warmen, duftenden, braungebrannten Armen.

»Sag mal«, fragt sie mich dann schmeichelnd, während sie zärtlich in mein Ohr beißt, »hast du mich denn nicht ein bißchen vermißt?«

Allmählich komme ich wieder zu Bewußtsein. Ich muß gestehen, daß ich Cleide zwar sehr geliebt habe, daß ich aber, als ihr Vater so drohend vor uns gestanden hatte und ich mich nicht in der Lage sah, Cleide vom Fleck weg zu heiraten, den Gedanken an weitere Zusammentreffen schlichtweg aufgegeben hatte.

Bald darauf hatte ich Brigitte kennengelernt.

Eine langbeinige Tänzerin aus Paris.

Sie war mit den »Folies Bergères« nach Südamerika gekommen, um hier in Rio und in Sao Paulo aufzutreten. Die Truppe war – wie sollte es anders sein – in den Folies aufgetaucht, und Brigitte hatte sofort ihre Angel nach mir ausgeworfen.

Ich war zunächst eher zurückhaltend.

Aber die Französin hatte nicht aufgegeben.

Was hätte ich tun sollen?

Sie war anschmiegsam und machte mich vergessen, daß ich mich ohne Cleide sehr allein gefühlt hatte. Und so wurden wir für kurze Zeit ein Paar – jedenfalls bis zu ihrer Abreise einige Wochen zuvor.

Cleide bemerkt nicht, daß neben der Post von Maria ein Brief aus Paris liegt – von Brigitte.

Darin beschwört sie mich, nach Europa zu kommen.

Ich bringe es nicht übers Herz, Cleide die Wahrheit zu sagen. Sie versucht, mir das Versprechen abzunehmen, nie, nie wieder nach Europa zurückzugehen – aber den Gefallen vermag ich ihr nicht zu tun. Ich bin in diesem Punkt schonungslos ehrlich zu ihr; ich fühle, daß ich ihr das schuldig bin. Fast körperlich spüre ich, wie die beiden Frauen mich hin- und herziehen. Mir ist, als hielten sie mich an einer Leine – Cleide zerrt in diese, Brigitte in die andere Richtung.

Sollte ich, ein Mann von fast achtundzwanzig Jahren, nicht in der Lage sein, mich für eine Frau zu entscheiden?

Nein, ich bin es nicht.

Cleide verschwindet so plötzlich, wie sie aufgetaucht ist. Sie hat Verwandte entdeckt, die ebenfalls zum Baden hierhergefahren sind, und es wäre gefährlich, wenn man Cleide mit mir zusammen hier sehen würde.

So bleibt die letzte Erinnerung an meine brasilianische Geliebte ihr kleiner, feuchter Kuß auf meiner Nasenspitze.

Ich hatte einen eigenen Film drehen und ihn mit Einnahmen aus der zweiten Bar finanzieren wollen – und nun war dieser Traum geplatzt. Das viele Geld, das ich in nur wenigen Monaten in den Folies verdient hatte, hatte ich in kürzester Zeit wieder ausgeben müssen.

Was bedeutete diese Niederlage für meinen Traum?

Ich ging mit mir ins Gericht:

Aufgeben? Nein. Das darfst du nicht.

Aber du brauchst ein klareres Ziel.

Was genau willst du denn verfilmen?

Was ist deine Lieblingsidee?

Ich setzte mich an den Schreibtisch und holte meine Aufzeichnungen heraus. Mir wurde klar, daß sie nicht genügten, es waren nur Skizzen. Aufgrund von Skizzen kann man schlecht einen Film drehen, jedenfalls nicht, wenn man noch nie einen Film gemacht hat.

Um wirklich Zeit für die Ausarbeitung meiner Ideen zu haben, verpachtete ich die kleine Bar, so daß sie nun, zwar unter dem gleichen Namen, aber doch unter anderer Leitung, weitergeführt werden konnte, bis ich sie später wieder zurückpachten würde.

Ich spielte ein bißchen mit den verschiedensten Ideen herum und entschied mich dann für eine. Der Film sollte *Die vier Welten* heißen, eine Liebesgeschichte.

Ein Filmteam, vier Männer, sitzt zusammen und diskutiert, wie man bei der Durchführung des geplanten Films am besten vorgehen solle. Jeder der vier sieht die Geschichte von seinem Standpunkt. Der Kameramann überlegt, in welchen Bildern er die Handlung umsetzen kann, der Produzent denkt über die Finanzierung nach und auch darüber, ob er mit Sex in diesem Film mehr Zuschauer in die Kinosessel bringen könnte, der Regisseur erörtert seinen künstlerischen Standpunkt und wie die Handlung mit der Musik in Einklang gebracht werden kann. Und schließlich der Schauspieler, der über die Interpretation der Figur nachdenkt und über sich selbst als Künstler.

In diesem Teil sollte der Ablauf der Handlung genau einer Musik entsprechen. Ich wählte das Klavierkonzert in A-moll von Edvard Grieg. Ich liebe Grieg und dieses Stück besonders.

Die Grundidee war fertig. Wie sollte ich weiter vorgehen?

Ich überschlug in Gedanken die Höhe meines derzeitigen Vermögens. Eine innere Stimme sagte mir, daß mein Film mich Unsummen kosten würde und nicht realisierbar sei, aber eine andere Stimme in mir wollte unbedingt weitermachen.

Endlich einen eigenen Film drehen!

Ich stürzte mich auf das Naheliegende: Ich begann mit dem ersten Viertel, der Rolle des Schauspielers.

Natürlich würde ich ihn selbst spielen.

Aber halt, ich brauchte eine Dekoration, ich brauchte eine Maske, eine Kamera, einen Techniker, einen Regisseur.

Regie würde ich selbst führen, das war klar.

Die Dekoration?

Ich konnte nicht alles alleine machen, es würde mich erschöpfen, aber als ich ein paar Leute zusammengebracht hatte, stellte ich schnell fest, daß – was immer sie auch machten – mir nichts gut genug war. Ich hatte eben ganz genaue Vorstellungen von allem.

Beim Kostümschneidern mußte ich helfen, da man in Brasilien nicht wissen konnte, welche Kleider man in Europa zu Griegs Zeiten getragen hatte.

Die Maske?

Wer konnte so schminken, wie ich es mir vorstellte?

Ich lernte eine ganz neue Seite meiner Persönlichkeit kennen. Die des Überkritischen, des Perfektionisten, der im Grunde alles selbst machen muß, weil ihm nichts anderes gut genug ist.

Regie führte ich nach dem Stand-in-Verfahren: Ich probte so lange, bis es klappte, um dann im letzten Augenblick einzuspringen und zu spielen.

Ich arbeitete wie im Rausch, brauchte kaum Schlaf, eine enorme Kraft floß mir von irgendwoher zu: Ich war in meinem Element.

Dennoch: Das Projekt steckte voller Probleme. Handlung und Musik mußten hundertprozentig synchron verlaufen. Ich entschied mich, dafür Schallplatten zu verwenden. Aber da war noch das Urheberrecht. Ich durfte keine Platten kopieren.

Was tun? Das städtische Orchester von Sao Paulo einsetzen?

Und nicht nur das Problem mußte gelöst werden. Jeden Tag zeigten sich neue, von mir nicht vorausgeahnte Schwierigkeiten.

Allmählich wuchs mir die Produktion über den Kopf.

Schließlich mußte ich die schwere Entscheidung treffen, das angefangene Projekt bis auf weiteres an den Nagel zu hängen. Ich war traurig darüber, aber ich hatte keine andere Wahl: Meine finanziellen Mittel waren bis auf eine eiserne Reserve restlos aufgebraucht.

Ich entschied mich, die Bar zurückzukaufen und erstmal wieder Cocktails zu mixen. Als ich jedoch mit dieser Absicht an die Pächter herantrat, verlangte man von mir das Vielfache von dem, was sie einst an mich bezahlt hatten …

Meine kleine Bar war eine Goldgrube geworden.

Ich kaufte sie zurück – mit meinem allerletzten Geld – und war nun wieder alleiniger Besitzer der Folies. Aber während ich hinter dem Tresen stand und meine Gäste bediente, wanderten meine Gedanken immer wieder zurück zu meinem Film, der, unvollendet, in der Schublade meines Schreibtisches schmorte.

Ich setzte mich zu Hause hin und machte mir Notizen. So, wie der Film jetzt war, sah ich mich nicht imstande, ihn weiterzudrehen. Aber neue Ideen drängten sich mir auf, wollten zu Papier gebracht werden.

Die Erinnerung an Cleide trieb mich an, etwas über unser Zusammensein aufzuschreiben: wieder das alte Romeo-und-Julia-Thema.

Ich füllte Tinte nach und begann zu notieren:

»Ein junger Mann aus Europa, Anfang Zwanzig, wandert nach Brasilien aus. Er verliebt sich in eine minderjährige Tochter aus gutem Hause. Ihr Vater ist ein einflußreicher Industrieller. Auch sie verliebt sich in den jungen Mann. Doch es gibt ein Hindernis: der Standesunterschied zwischen den beiden. Eine Heirat erscheint ihnen unmöglich. Sie treffen sich heimlich. Die Katastrophe bricht über sie herein, als die Eltern von der Liebesbeziehung erfahren.

Sie zeigen den jungen Mann wegen Verführung ihrer minderjährigen Tochter an. Romeo kommt ins Gefängnis. Julia erfährt davon und geht zu ihm.«

Danach Überblendung in die klassische Szene, die ich in Farbe drehen wollte – was damals noch sehr schwierig war –, mit dem Originaltext von Shakespeare und in historischen Kostümen. Also: die ewige Wiederkehr tragischer Liebesgeschichten, das allgegenwärtige Drama der Liebenden.

Romeo und Julia in moderner Fassung.

Die Bar florierte, doch für einen Film braucht man sehr viel Geld. Ich hatte keine Ahnung, ob *Romeo und Julia* nach meinem Entwurf je würde verfilmt werden können, dennoch arbeitete ich weiter an dem Drehbuch.

Mir war klar, daß ich mich nicht wohlfühlen würde, wenn ich nicht künstlerisch tätig war. Diese Erkenntnis trieb mich mit meinen Experimenten voran. Dennoch frustrierte es mich, daß meine Arbeiten eher auf Zukunftsträumen basierten und sich mir derzeit keine konkreten Möglichkeiten zu ihrer Verwirklichung eröffneten.

Sollte ich besser so schnell wie möglich nach Europa zurückkehren? Maria schien ja schon auf mich zu warten. Man konnte an ihrer Bilderbuch-Karriere sehen, wie gut es ist, wenn man sich nicht lange mit unfruchtbaren Aktivitäten verzettelt. Maria war die Disziplin und Zielgerichtetheit in Person.

Verzettelte ich mich in Sao Paulo?

Plötzlich kam mir noch ein anderer, schrecklicher Gedanke: Was, wenn du es nicht schaffst, in Europa erfolgreich zu werden? Was wird die Familie sagen, allen voran der Vater?

Der Gedanke war schmerzhaft, und ich legte ihn gleich wieder ad acta. Überhaupt war mir mein Zustand der Unzufriedenheit und Zerrissenheit so unangenehm, daß ich ihn so schnell wie möglich verdrängte. Ich stürzte mich ins pralle brasilianische Leben. Habe ich nicht ein Recht darauf, dachte ich trotzig, jeder ist seines Glückes Schmied.

Ausgerechnet in dieser instabilen Gemütslage taucht eines Abends in meiner Bar ein Mann auf, der mich mit einem seltsam durchdringenden Blick mustert und sich an die Theke setzt.

Er bestellt einen Reisschnaps.

Ich habe ein gutes Gespür für meine Gäste. Man entwickelt Menschenkenntnis, wenn man Abend für Abend Leute bedient. Ich spüre sofort, daß dieser Mann nicht nur des Schnapses und der netten Atmosphäre wegen hierher gekommen ist.

Während er sich eine Zigarette anzündet, beobachtet er mich aus den Augenwinkeln.

Ich flitze wie gewohnt in der Bar umher. Aschenbecher leeren, Stühle zurechtrücken, Tische abwischen, Komplimente machen, Fragen beantworten.

Ich lasse ihn dabei nicht aus den Augen.

Eine Gruppe junger Schauspieler-Kollegen kommt herein, beschwingt. Sie haben gerade einen guten Film gesehen und wollen nun feiern; eine von ihnen – Magdalena – hat Geburtstag.

Sie bestellen eine Flasche Sekt, und ich gratuliere Magdalena. Sie bedankt sich und wirft dabei ihre dunklen Locken lachend in den Nacken.

Als ich zum Tresen zurückgehe, um den Sekt und die Gläser auf ein Tablett zu stellen, hält mir der Fremde seine Zigarette entgegen: »Willst du einen Zug?«

Ich bin kein starker Raucher. Warum soll ich mit einem wildfremden Menschen eine Zigarette teilen?

»Danke, nein«, sage ich höflich.

Noch ehe ich mit meinem Tablett bei der Geburtstagsrunde angekommen bin, fällt bei mir der Groschen, oder, besser gesagt, der Cruzeiro. Du Anfänger, verhöhne ich mich in Gedanken.

Ich begreife.

Der Mann hat mir keine normale Zigarette angeboten. Es ist Maconja – Marihuana.

Rauschgift.

Ich habe schon davon gehört. Manche Einheimische in Brasilien rauchen Marihuana wie die Europäer ihre Zigaretten. Sie nehmen es zur Anregung, zur Entspannung, je nach Dosis. Sie bauen Marihuana an, und sie verkaufen es. Sie kennen sich aus in der Natur, und daher wissen sie um viele Pflanzen, deren Gift beim Menschen zu rauschhaften Zuständen oder zu Halluzinationen führt. Es gibt Menschen, die durch das Rauschgift reich geworden sind und andere, die es zugrunde richtet. Viele richtet es zugrunde.

In den Städten sieht man auf den ersten Blick nicht viel davon. In Künstlerkreisen probiert man es gelegentlich und erzählt sich von seiner Wirkung interessante Dinge, aber ich habe es noch nicht genommen. Ich habe kein Bedürfnis danach verspürt, und ich habe auch ein wenig Angst davor.

Aber jetzt, in dieser schwierigen Zeit, in der ich über meine beruflichen Ziele zu grübeln begonnen habe und sich in mir ein permanenter Kampf zwischen dem vernünftigen, beruflich ehrgeizigen Carl und dem risikofreudigen, erlebnishungrigen Abenteurer abspielt, bin ich plötzlich anfällig für die Welt jenseits des Verstandes und der Logik. Es reizt mich, mit dem Irrationalen zu experimentieren.

Ich möchte erfahren, was sich hinter den Dingen verbirgt – hinter den Grenzen des Verstandes.

Der Mann an der Bar hält die Augen halb geschlossen und zieht an seiner Zigarette. Ich verstaue das leere Tablett hinter der Bar und gehe dann zu ihm.

»Ich möchte gern einen Zug.«

Er scheint mit seinen Gedanken weit weg zu sein. Es dauert eine

Weile, bis er begreift, daß ich neben ihm stehe und jetzt doch von seiner Zigarette probieren möchte.

Endlich versteht er. Er grinst breit.

Ihm fehlen fast alle Zähne.

Er reicht mir die Zigarette, die schon viel kleiner geworden ist.

»Danke«, sage ich.

Ich ziehe an dem Stummel.

Ich warte.

Nichts geschieht.

Ich nehme noch einen Zug. Diesmal inhaliere ich tief hinein in meine Lungen.

Mir wird schwindlig.

Aber auf einmal wird mir ganz leicht zumute. Ein Gefühl von Schwerelosigkeit. Ich blicke mich um. Alles sieht aus wie bisher, aber es wirkt anders auf mich.

Wie anders?

Es ist schwer zu beschreiben.

Das Mobiliar scheint eine andere Bedeutung bekommen zu haben, als verändere sich mein Bewußtsein. Ich betrachte es intensiver, nehme es zum ersten Mal in meinem Leben bewußt wahr. Die Farben der Etiketten auf den Schnapsflaschen flimmern unruhig und nehmen an Intensität ständig zu. Mir ist, als tanzten sie.

Höre ich die Farben singen?

Absurd. Ich muß lachen.

Der Mann lacht mit mir.

Ich kann mich kaum halten vor Lachen, schnappe nach Luft. Ich lache, kann aber nichts dagegen tun. Ich will aufhören, aber mein Körper schüttelt sich vor Lachen, meine Stimme erfüllt die ganze Bar.

Plötzlich fühle ich Magdalena in meinen Armen, sie lacht ebenfalls.

Ihr Mund erscheint ganz nah an meinem Gesicht. Riesengroß.

Ich bekomme Angst, schließe die Augen.

Als ich sie wieder öffne, sieht Magdalena mich zärtlich an. Ihr Mund ist auf normale Größe zurückgeschrumpft. Ich streiche über ihr Gesicht: Noch nie habe ich eine zartere Haut gefühlt. Weder Annemaria, noch France, noch Cleide, noch Brigitte können mit Magdalenas Haut konkurrieren.

Ihr Haar schimmert seidig. Ich folge meinem unwiderstehlichen Drang, sie zu küssen.

Ich registriere noch, daß José mir sämtliche Arbeiten abnimmt. Ich stehe nur da und küsse Magdalena. Sie erscheint mir wie die Mensch gewordene Göttin der Wollust. Wir verschwinden in meinem Appartement. Es gibt keine Worte für das, was wir in dieser ekstatischen Nacht erleben.

Die erste Erfahrung mit Marihuana oder dem Rauschgift, das der Fremde in der Zigarette geraucht hatte, lockte mich, weitere Erfahrungen damit zu machen. Ich erfuhr die, wie es mir schien, hundertfache Intensivierung meiner Gefühle und Empfindungen. Und meiner Libido.

Doch eines Tages kamen die Dämonen.

Als öffne sich mir die Tür zur Unterwelt, erlitt ich all die Qualen, vor denen vehemente Rauschgift-Gegner mich gelegentlich gewarnt hatten.

Ich erlebte Tod und Teufel.

Vorbei war es mit intensiver Erotik und extremer, beglückender Gefühlstiefe. Ich geriet an den Rand des Irreseins.

Irgendwoher kam die Rettung in Form einer klaren Einsicht: Das hier wird dich zerstören, wenn du nicht sofort damit – und zwar für immer – aufhörst.

Ich setzte mich zu Hause hin und notierte meine Erfahrungen. Ich hatte das Bedürfnis, nicht nur für mich selbst, sondern auch für andere meine schockierenden Erlebnisse mit Rauschgift festzuhalten – als eine Warnung. Meine Aufzeichnungen nannte ich »Tagebuch des Grauens«. Mir war bewußt geworden, daß der Konsum von Drogen ein weltweites Problem werden könnte.

Ich hatte das Glück, noch einmal davonzukommen.

Jahre später, nach meiner Rückkehr aus Brasilien, wollte ich einen Bericht über dieses Thema beim Schweizer Fernsehen unterbringen.

Ich hatte mit einem Arzt gesprochen, der mir erklärte, daß Marihuana ein Nervengift sei, das im Gehirn Depots anlegt und dieses auf die Dauer schädigt. Deshalb bin ich absolut gegen die Freigabe dieser Drogen.

»Herr Schell«, sagte man mir spöttisch lächelnd in der entsprechenden Abteilung, »das ist doch kein Thema für die Schweiz. Können Sie sich vorstellen, daß ein Schweizer Marihuana raucht? Das wird hier nie ein Problem!«

Doch nicht nur für die Schweiz, auch für mich persönlich sollte das Thema Rauschgift später noch einen dramatischen Stellenwert bekommen.

Eine amerikanische Filmfirma holte mich eines Tages wieder auf den Teppich. Man bot mir an, bei der Produktion eines amerikanischen Films im brasilianischen Dschungel die Dreharbeiten zu koordinieren und Verbindungsmann zu den Brasilianern zu sein.

Der Titel des Films: *The Americano*. Regisseur war Bud Boetticher, die Hauptdarsteller Glenn Ford und Cesar Romero.

Das Angebot kam genau zum richtigen Zeitpunkt. Ich war dabei, mich im Kreis zu drehen. In einem gefährlichen, teuflischen Kreis. Filmaufnahmen im Dschungel – das würde mich eine Weile aus Sao Paulo herausbringen und mich, so hoffte ich, neu herausfordern. Ganz neue Kontakte konnten geknüpft werden, vielleicht für mich wichtige Kontakte mit Filmleuten aus den USA.

Erwartungsvoll sagte ich zu.

Mit Glenn Ford im Dschungel

Die Amerikaner wollten echten Dschungel. Das war der Grund, weshalb sie sich die Mühe gemacht hatten, von Kalifornien nach Brasilien zu reisen. Ein Urwald im Atelier – das machte sich nicht so gut. Echter Dschungel – echte Tiere. Doch die – das hatten wir vorab geklärt – brachte die Produktion selbst mit. Man hatte, zu Recht, Zweifel an dem schauspielerischen Talent der wilden Tiere in den brasilianischen Wäldern. Und so waren sie, in Kisten und Käfige gestopft, den langen Weg mit hergereist, die »hauseigenen« Tiere, Affen, Stinktiere – denen man allerdings vorher die Drüsen entfernt hatte –, Wildschweine, Ameisenbären, Papageien und sogar zwei Riesenschlangen.

Ein trostloser Anblick für einen Tierfreund.

Wir fuhren nach Guaruja, zwischen Rio de Janeiro und Santos, an der Küste. Bei Guaruja beginnt Sandstrand. Dahinter erstreckt sich ein Gebiet, das man einem Kinopublikum ohne weiteres als Urwald verkaufen konnte.

Glücklicherweise bestanden die Amerikaner nicht darauf, in den wirklichen Dschungel geführt zu werden. Abgesehen davon, daß wir vielleicht nie wieder lebend herausgekommen wären, war ich auch deswegen froh, weil bereits damals begonnen wurde, den Urwald über die Köpfe der eingeborenen Indinaner hinweg auszubeuten.

Der Dschungel, Regenwald, eigentlich »grüne Lunge« der Welt genannt, wurde und wird bis heute Jahr für Jahr stärker abgeholzt. Große Konzerne erwerben Stück um Stück preisgünstig als Viehweideland und lassen dort Rinderherden grasen, um aus ihnen Frikadellen zu machen für große Fast-Food-Ketten in aller Welt. Nicht nur der Regenwald wird dabei zerstört, auch die von ihm abhängigen Tierarten werden ausgerottet. Wie stark das Ausmaß der Vernichtung einst sein würde, war mir damals noch nicht bewußt, aber heute bin ich fassungslos darüber, daß dem Raubbau noch immer nicht weltweit konsequent Einhalt geboten wird.

Ich stehe vor dem Affenkäfig und beobachte einen jungen Schimpansen, den das Team auch mitgebracht hat. Er sitzt in der Ecke und verspeist ein Stück Obst.

Ein paar Meter weiter beginnt man mit dem Aufbau des Film-Sets. Kabel werden von großen Trommeln abgerollt und verlegt, Scheinwerfer zusammengebaut und an verschiedenen Stellen plaziert, Sonnenreflektoren aufgestellt. Namen werden gerufen oder durch Megaphone gebrüllt, Autohupen ertönen, aus irgendeiner Ecke kommt schrilles Lachen – Nervosität macht sich breit. Die übliche Nervosität, aus der in Bruchteilen von Sekunden konzentrierte Kreativität entstehen oder die, umgekehrt, ebenso schnell ins blanke Chaos umschlagen kann.

Unerträgliche Hitze liegt über dem Platz.

Der junge Schimpanse wirft einen Essensrest beiseite und nähert sich dem Gitter. Er zieht sich an den Stäben hoch und bleibt so, fast regungslos, stehen, um das hektische Treiben der Filmleute mit großer Aufmerksamkeit von seinem Käfig aus zu verfolgen.

Leise rufe ich ihn bei seinem Namen: »Bobo!«

Bobo dreht den Kopf und blickt mich an. »Was willst du?« scheint er mich zu fragen.

Die Gitterstäbe zwischen uns, bin ich für einen Augenblick nicht sicher, ob er sich im Käfig befindet oder ich.

Bevor ich weiteren Kontakt mit Bobo aufnehmen kann, kommt der Tierwärter auf uns zu und holt den Affen aus seinem Gehege. Mit sicheren Griffen packt er den Schimpansen, redet ihm ein wenig zu, wartet aber nicht auf ein Zeichen der Antwort von Bobo. Er trägt das Tier über den Platz. Die Sonne blendet mich, aber ich kann sehen, daß sie versuchen, eine Szene mit Bobo zu drehen.

Es klappt nicht recht. Man wird nervös.

Ich muß mich abwenden.

»Hallo, Mr. Schell«, ruft da eine mir wohlbekannte Stimme. Ich drehe mich um. Glenn Ford kommt auf mich zu, begleitet von einer atemberaubend schönen, sehr elegant gekleideten Dame.

»Habe ich Ihnen schon meine Frau vorgestellt?« fragt er und deutet mit einer Handbewegung auf die Dame, die mir nun charmant lächelnd ihre Hand entgegenstreckt.

»Eleanor Powell«, stellt sie sich selbst vor, »how do you do?«

Für einen Augenblick habe ich Bobo, den Schimpansen, vergessen. Wir plaudern eine Weile zu dritt und gehen dann gemeinsam in eines der Zelte, in dem man eine kleine Bar aufgebaut hat. Es ist später Vormittag und Zeit, einen Kaffee zu trinken.

Ich bin wie geblendet vom Charme Eleanor Powells. Ich habe selbstverständlich schon von ihr gehört. Sie ist nicht nur die Ehefrau Glenn Fords, sondern eine bekannte Schauspielerin und Tänzerin, die unter anderem als Partnerin von Fred Astaire gedreht hat.

Eleanor ist bezaubernd – aber halt! Die Lady ist in festen Händen. Doch wo steht, daß Flirten verboten ist?

Ich gebe mein Bestes, lasse meinen Charme sprühen – diese Frau ist ein Geschenk. Durch sie vergißt man, wie sehr man eben noch unter der sengenden Hitze gelitten hat.

Und Eleanor scheint es zu gefallen. Kein Zweifel, sie genießt es, von mir umgarnt zu werden.

So vergehen die Drehtage: Wenn Glenn zum Set muß, eile ich – sofern es mir aufgrund meiner Pflichten möglich ist – zu Eleanor, um mit ihr auf das heftigste zu flirten. Wir lachen miteinander, schauen uns tief in die Augen, berühren einander wie zufällig – und die Anstrengungen der Dreharbeiten lösen sich auf wie Rauch.

Bis ich eines Morgens, als ich wie üblich Bobo an seinem Käfig besuche, über dessen Gesichtsausdruck zutiefst erschrocken bin.

Ich habe nie später bei einem Tier einen so durchdringenden, leidvollen Blick erlebt.

Bobo wirkt krank. Seelisch krank. Mir scheint, als habe er eine Depression.

Sofort setze ich mich mit dem Tierpfleger in Verbindung.

Man ist nicht begeistert über meine Initiative, denn dadurch werden die Dreharbeiten verzögert. Und jeder Tag kostet Geld. Viel Geld.

»Der Affe darf nicht mehr filmen. Er braucht Pflege. Schicken Sie ihn zurück«, fordere ich vom Produktionsleiter. Der antwortet, daß man das Tier mit Medikamenten wieder auf die Beine bringen werde. Ich weiß nicht mehr, wie ich es fertigbringe – auf jeden Fall gelingt es mir, den Tierpfleger schließlich für mich, das heißt, für den Affen, zu gewinnen.

Bobo wird nicht mehr eingesetzt.

Er bleibt noch einen Tag, darf sich ausruhen und wird dann zurückgeschickt. Ob er jemals wieder zu solch strapaziösen Dreharbeiten eingesetzt werden wird, weiß ich natürlich nicht. Ich weiß nur, daß ich seitdem das Filmen mit Tieren auf diese Art strikt ablehne.

Dank des Schimpansen fange ich an, Tiere mit ganz anderen Augen zu betrachten. So werde ich ein paar Drehtage später Zeuge, wie eine Gruppe von dreißig zahmen Rindern, die in unserem Film dreißig fuchsteufelswilde Stiere spielen sollen, schlicht und einfach den Film boykottieren, weil ihnen die Arbeit zu stressig ist:

Es ist ein mindestens ebenso heißer Tag wie jeder andere vorher.

Die Tropensonne brennt ihre Strahlen erbarmungslos in Tier- und Menschenleiber ein.

Glenn Ford, unter seinem Cowboyhut ein wenig gegen Sonnenbrand geschützt, sitzt im Sattel eines wunderschönen, jedoch lahmen Wallachs und konzentriert sich auf die Aufnahme. Ein paar Meter weiter weg stehen dreißig Rinder und grasen apathisch in der Sonne.

Auf ein Zeichen des Regisseurs soll Glenn Ford – der galoppierend auf die Kamera zusteuern soll – das Hornvieh in Bewegung bringen und vor sich hintreiben, wobei dieses – so hofft man – möglichst finster dreinschauen und sich wild gebärden möge. In der Nähe der Kamera soll Ford dann ein Tier mit dem Lasso einfangen und zu Fall bringen.

Rodeo – beim Filmpublikum immer beliebt.

Der Kameramann ruft: »Kamera läuft!«

Sein ewiges Echo, der Tonmann, ruft: »Ton läuft!«

Der Klappenschläger springt hinzu, klatscht die beiden Holzklappen zusammen, damit der Tonmann später auf seinem Band die Schnittstelle besser findet, und ruft: »Klappe, die erste!«

Bud Boetticher hebt seinen Arm und ruft zu Glenn Ford hinüber: »Und … bitte!«

Glenn Ford galoppiert auf die Kamera zu. Das Vieh, das sich allmählich in Bewegung setzen müßte, um Roß und Reiter auszuweichen, denkt nicht daran, auch nur einen Schritt zu tun. Ford schwingt sein Lasso – dann schert sein Wallach aus, rast an der Kamera vorbei außer Sichtweite und bäumt sich auf, so daß Ford Mühe hat, auf seinem Pferd zu bleiben. Wäre das Tier weiter galoppiert, wäre es auf die ersten Rinder gestürzt.

»Aus! Kamera aus!« brüllt Boetticher verzweifelt.

Er versucht es ein zweites, ein drittes Mal.

Die Rinder bleiben stur.

Nun kann Ford nicht mehr. Bud Boetticher rauft sich die Haare.

Die Rinder grasen weiter, friedlich und gelassen. Sie scheinen die Ehre, mit Glenn Ford zu spielen, zu unterschätzen. Oder sollte es daran liegen, daß sie keine Gage beziehen? Träge und gelangweilt stehen sie herum, als könnten sie nicht begreifen, wie Menschen es sich antun können, bei dieser Hitze unbedingt herumzutollen.

Von Fuchsteufelswildheit keine Spur.

Dafür kommt jetzt Leben in den Regisseur.

Boetticher, so weiß man am Set, soll früher als Bullfighter gearbeitet haben – als Stierkämpfer.

»Wir machen die Tiere wild!« bestimmt er fachmännisch und ordnet an, daß rote Tücher besorgt werden, mit denen man den Tieren vor den Augen herumfuchteln soll.

Leider übersieht er dabei, daß Ochsen keine Stiere sind.

Als Boetticher – der als einziger den Mut dazu aufbringt – mit einem schönen, herrlich roten Tuch vor den nahestehenden Tieren herumwedelt, blicken diese ihn nur freundlich-interessiert an.

Gut, daß Tiere nicht sprechen können.

Jetzt reißt Bud der Geduldsfaden. Er packt einen Ochsen bei den Hörnern. Aber auch das hilft nicht. Das Tier fühlt sich nur ein wenig gestört. Es verdreht den Kopf mal rechts herum, mal links herum, und schon hat es sich der Plage entledigt, macht kehrt und trabt leichtfüßig davon.

Bud liegt im Staub.

»Mittagessen!« ruft die Aufnahmeleitung.

Wir wagen nicht, einander anzusehen. Wir würden in schallendes Gelächter ausbrechen.

Und das wollen wir Bud nicht antun – bei der Hitze.

Bud ist fix und fertig. Fast alle Tieraufnahmen sind mißglückt. Dazu kommt die Hitze, die uns wie ein Backofen garzukochen beginnt.

Das Mittagessen hat man unter Sonnenschirmen am Strand auf langen Tischen serviert. Die Mägen knurren; das Team hat viele Stunden nichts gegessen. Die Brasilianer, die die Dreharbeiten von Anfang an mit einem gewissen Argwohn betrachtet haben – hier bilden nordamerikanische Greenhörner sich ein, zu wissen, wie das Leben im Urwald so spielt –, sind erpicht darauf, die Americanos in die kulinarischen Sitten und Gebräuche ihres Landes einzuführen. Sie haben sich etwas ganz Besonderes ausgedacht. Ich muß ihnen versprechen, niemanden vorzuwarnen – ausgenommen Glenn Ford.

Die Brasilianer servieren Fejoada – ihr Nationalgericht.

Übersetzt heißt es soviel wie Mischung, und es besteht aus schwarzen Bohnen, Reis und Fleischstückchen, die mit einer fein zermahlenen, sehr harten Wurzel vermischt werden. Als ich Fejoada zum ersten Mal probierte, war mir, als würde ich Sägespäne verspeisen – so trocken ist das Gericht. Die Brasilianer trinken Schnaps dazu, Reisschnaps, Pingha oder Canha.

Der Clou der Mahlzeit liegt aber in der Beigabe einiger Tropfen Pigmentao.

Wohlgemerkt: einiger Tropfen!

Pigmentao ist ein Gewürz und um ein Vielfaches intensiver als Pfeffer. Würde man die Blätter der Pflanze so verwenden, wie wir andere Pflanzen einfach direkt ins Essen reiben, zum Beispiel Thymian, Salbei, hätte man das Gefühl, Feuer zu schlucken.

Die Brasilianer legen die Blätter deshalb in Öl und verwenden nur wenige Tropfen des Öls zum Würzen. Bei einer zu starken Dosis bekommt man schreckliche Blähungen oder Magenbrennen und einen solchen Durst, daß man ihn nie wieder im Leben löschen zu können glaubt. Glücklicherweise ist Pigmentao nicht gefährlich. In geringen Dosen ist es sogar heilsam für den Magen.

Nach und nach nehmen alle Team-Mitglieder ihre Plätze ein. Ich beobachte, wie die Brasilianer sich zuzwinkern. Hungrig greifen die Amerikaner zu und tropfen Pigmentao auf ihre Teller, als handle es sich um Tomaten-Ketchup.

Als Glenn Ford sich bedienen will, trete ich ihn warnend ans Schienbein. Und Eleanor entreiße ich einfach das Fläschchen mit dem höllischen Öl, so daß sie mich verwundert anschaut. Nur wenige Minuten später wird beiden bewußt, was ich ihnen erspart habe.

Die amerikanischen Kollegen stöhnen und krümmen sich und können nicht schnell genug Schnaps und Wasser in sich hineinschütten.

Die Brasilianer lachen sich ins Fäustchen. Wissen sie doch, daß das Spiel für die Americanos noch lange nicht vorbei sein wird, denn Fejoada, so sagen die Einheimischen, brennt dreimal: im Mund, im Magen – und später noch einmal …

Über den Film erfuhr ich, daß er – als man sich das Werk im Rohschnitt ansah – völlig unbrauchbar war. Er mußte später in Hollywood neu gedreht werden.

Im künstlichen Dschungel.

Wie man die Rodeoszene lebensecht hinbekam und ob überhaupt – das erfuhr ich leider nie.

Aber an Eleonor Powell dachte ich noch lange.

Lange.

Die Brasilianer hatten die Amerikaner ziemlich ausgenommen. Ich als Koordinator stand buchstäblich zwischen Baum und Borke. Keine leichte Position. Ich war froh, daß der Spuk vorbei war.

Der Gedanke, bald wieder nach Europa zurückzukehren, kam mir jetzt immer öfter. War ich ein wenig desillusioniert? Vielleicht. Ich begann jedenfalls, die Begrenztheit meiner Möglichkeiten in diesem Land zu erkennen. Die Schauspielschule in Sao Paulo mit dem Theater hätten meine Initiative gebraucht, aber ich vermochte mich nicht mehr recht dafür zu begeistern. Die Bar dagegen hatte nach wie vor ihr zufriedenes Stammpublikum und immer wieder neue, interessante Gäste. Aber nur als Geschäftsmann – das wußte ich nun – vermochte ich nicht glücklich zu werden.

Es drängte mich zu neuen Herausforderungen künstlerischer Arbeit. Doch einen Film zu drehen, das war mir ja bitter bewußt geworden, erforderte viel Geld. Ich wußte, daß ich Brasilien verlassen mußte, wenn ich als Schauspieler, Drehbuchautor und Regisseur wirklich erfolgreich sein wollte.

Wenn da nicht immer noch die andere Seele in meiner Brust gewesen wäre: Brasilien verlassen, sagst du? Ist deine Abenteuerlust schon befriedigt? Du hast so vieles noch nicht gesehen!

Zum Beispiel Bahia. Meine Gäste hatten von diesem Land im Nordosten Brasiliens nur geschwärmt.

»Was? Du warst noch nicht in Bahia?« – »Verlaß Brasilien nicht, ohne vorher in Bahia gewesen zu sein.« – »Bahia, terra da felicidade – das Land der Glückseligkeit.«

Warum sollte ich dieses Land nicht noch kennenlernen?

Aber wem konnte ich die Bar inzwischen anvertrauen?

Ich entschied mich für Anselmo, von dem ich den Eindruck hatte, daß er die Bargeschäfte am besten übernehmen konnte. Ich wollte nicht allzu lange wegbleiben.

In der Nacht zum 24. August 1954 legte unser Schiff in Santos, der Hafenstadt Sao Paulos, ab und nahm nördlichen Kurs in Richtung Rio de Janeiro. In Rio wollte ich mich ein paar Stunden umsehen, um dann am nächsten Abend nach Bahia weiterzureisen.

Das Meer war ruhig. Wie viele der Passagiere stieg ich gleich an Deck, um mich unter tropischem Sternenhimmel schlafen zu legen. Ich war erschöpft von den Vorbereitungen für diese Reise und schlief schnell ein.

Ich spürte nicht, wie die Zeit verging. Schon dämmerte es, schon war es Morgen. Ich stellte fest, daß wir dabei waren, den Hafen Rios anzusteuern.

Plötzlich Unruhe auf dem Schiff.

Ich sehe, wie Passagiere dicht an dicht beieinander stehen und sich über die Reling beugen. Aufgeregt deuten sie mit den Fingern auf ein Patrouilleboot der Hafenpolizei, das an unserem Dampfer festgemacht hat. Jetzt stürmen schwerbewaffnete Soldaten polternd auf das Schiff. Im Nu sind sie auch bei uns oben an Deck.

Kontrolle!

Die Passagiere blicken sich ratlos an. Frauen reißen ihre Kinder an sich.

Was geschieht hier?

Präsident Vargas ist tot.

Wir erfahren, daß der brasilianische Staatspräsident heute morgen in seiner Wohnung tot aufgefunden wurde.

Mord? Selbstmord? Die Hintergründe liegen im dunkeln. Es wird jedoch Selbstmord vermutet.

Die rund zweihundert Passagiere unseres Schiffes werden gründlich durchsucht, auch ich. In mir regt sich Widerspruch. Wie hätte einer von uns den Präsidenten töten können, wenn unser Schiff die Nacht über den Atlantischen Ozean heraufgefahren war?

Als ich meinen Unmut äußere, werde ich scharf attackiert. Man nimmt mich beiseite und kontrolliert mich und mein Gepäck noch gründlicher und mißtrauischer als alle anderen.

Endlich können wir an Land.

Ich spüre in der ganzen Stadt, daß es heute nur eines gibt, was die Menschen beschäftigt: der Tod des Staatsoberhauptes.

Ein schier endloser Trauerzug bewegt sich in tropischer Mittagshitze durch die Straßen Rios, vorbei an dem verglasten Sarg des Präsidenten Getulio Dorneles Vargas, der jahrzehntelang Abgott der einfachen Brasilianer war. Ich lasse mich mittreiben mit der Menge und zum Sarg des Präsidenten schieben. Das wächserne Gesicht des Mannes – eben noch erster Mann eines der größten und schönsten Länder der Welt – hat einen friedlichen Ausdruck. Die Menschen um mich herum weinen und klagen. Die Menge reißt mich mit ihren Emotionen mit; ich fühle mich tief ergriffen.

Links und rechts des Sarges zwei Maste mit den Fahnen Rio de Janeiros und Rio Grande do Suls, des brasilianischen Geburtslandes des toten Präsidenten. Ein paar Meter vom Sarg entfernt hat sich eine Abordnung deutschstämmiger Brasilianer aufgestellt, und ein Trompeter spielt gedämpft das Lied vom Guten Kameraden, während die Abordnung strammsteht und salutiert. In Rio Grande do Sul leben viele Europäer – und besonders viele Deutsche –, die hier nach dem Ersten Weltkrieg eine neue Heimat gefunden haben.

Lange noch betrachte ich am Abend vom Schiff aus das Panorama der langsam im Sonnenuntergang verschwindenden Stadt Rio. Dann lege ich mich in einen Deckstuhl schlafen, wie viele andere auch. Der warme, tropische Wind streicht zart über unsere Köpfe hinweg, das Stampfen des Schiffes und seine regelmäßigen Auf- und Abbewegungen in den Wellen des Ozeans wiegen uns milde ein. Über uns die endlose, dunkle Weite des Nachthimmels.

Unter dem tropischen Sternenzelt fühle ich mich geborgen wie in einem Himmelbett. Mehr noch, ich fühle mich so sicher und behaglich wie in jenem Weidenkörbchen auf der elterlichen Alm in Kärnten, in dem ich als kleiner Bub immer gelegen und die Wolken beim Vorüberziehen beobachtet habe.

Nach gut zwei Tagen Fahrt, immer an der brasilianischen Ostküste entlang in nördliche Richtung, tauchen auf einmal Hunderte, nein, Tausende von Fischerbooten vor uns auf. Der Dampfer drosselt seine Geschwindigkeit. Wir sind da.

Bahia, terra de felicidade!

Ich stehe an Deck und kann es nicht fassen: Das Wasser des Meeres ist so blau, daß ein Aquamarin vor Neid erblassen würde. Salvador, die Hauptstadt Bahias, scheint direkt im Meer zu liegen.

Wir legen an.

Ein heißer Wind hüllt uns ein. Palmen scheinen unseretwegen am Ufer Spalier zu stehen.

Palmen über Palmen.

Ich fahre zunächst in ein kleines Hotel, um mich ein wenig auszuruhen. Doch schnell treibt mich die Neugier wieder hinaus, und ich durchwandere stundenlang die Stadt, die palmenumsäumte Küstenstraße, sitze beim Kaffee und blicke übers Meer, genieße das Lachen der Menschen, das Neue, das Fremde.

Ich mache Pläne. Will Bahia Stück für Stück erkunden. Doch ich möchte es langsam angehen. Ich komme mit den verschiedensten Menschen ins Gespräch, flirte mit jungen Frauen …

Nach einigen Wochen erreicht mich ein Telegramm aus Sao Paulo.

Anselmo beschwört mich zurückzukommen.

Die Bar!

Ich lese das Wort »Konkurs«.

Und so muß ich Bahia und Salvador den Rücken kehren, noch bevor ich beide richtig kennengelernt habe.

Sorgenvoll mache ich mich auf die Heimreise.

Monatelange Arbeit war notwendig, um das Lokal aus dem Tief wieder herauszuholen, in das es während der kurzen Zeit meiner Abwesenheit gerutscht war.

Glücklicherweise hatte ich das Geschäft zum Jahreswechsel wieder im Griff, denn der Karneval stand vor der Tür, und den wollte ich unbedingt noch einmal erleben.

Der Karneval in Rio – so hatte ich mir vorgenommen – sollte Auftakt und Abschluß zugleich für mich sein. Auftakt für eine Rundreise quer durch Lateinamerika, die ich anschließend unternehmen wollte; und Abschluß meiner Zeit in Sao Paulo und Rio überhaupt – und damit das Ende meines Aufenthaltes auf diesem Kontinent.

Ich fühlte, daß ich wieder nach Europa zurück mußte.

Karnevalin Rio und
Todesgefahr in den Anden

Februar 1955: Noch einmal Karneval in Rio.

Ich hatte das größte Fest der Welt schon mehrfach mitgemacht, schließlich war ich seit fünf Jahren in Brasilien.

Hunderttausende von Menschen, vermutlich Millionen, tanzen und toben ununterbrochen durch die Straßen Rios. Sie berauschen sich an Reisschnaps und Pinga, Musik und Sambarhythmus.

Ich tauche ein in das wogende Meer aus zuckenden Leibern, lachenden Mündern, wunderschönen Frisuren, bunten Kleidern, phantasievollem Schmuck, verzückten Gesichtern.

Jemand nimmt meine Hand, jemand lächelt mich an, jemand berührt mich an der Schulter, jemand schiebt mich nach vorn, drängt mich zurück.

Jemand bespritzt mich mit Lanca perfume, einer Flüssigkeit aus parfumierten Ölen und Äther.

Ich mache es den Brasilianern nach und gebe mich dem Geschehen vollkommen hin.

Ein Karnevalszug nähert sich. Tausende von Sambatrommeln heizen die Stimmung noch mehr auf. Ich bleibe stehen. Unmöglich, sich weiter fortzubewegen. Auch das Stehen macht Mühe: Man muß darauf achten, daß man das Gleichgewicht hält.

Fallen ist lebensgefährlich.

Man könnte totgetreten werden.

Hunderte von Menschen mit den phantasievollsten Masken ziehen zwischen riesigen Prachtwagen, die nur aus Blumengebinden zu bestehen scheinen, vorbei. Auf den Wagen winken Schönheiten triumphierend in die Menge.

Rokokomädchen tanzen mit halbnackten griechischen Göttern. Zeus wandelt unter Schwarzen und Indianern.

Ich werfe meine Arme hoch in die Luft und nehme sie erst drei Tage später wieder herunter: Ich tanze drei Tage und drei Nächte durch.

Ekstase.

Danach schlafe ich zwei Tage lang fast ohne Unterbrechung. Ich bin zu Tode ermattet, aber restlos glücklich.

Als ich wieder zu mir komme, wird mir klar, daß dies mein Abschied von Brasilien war. Einen schöneren Abschluß hätte ich mir nicht wünschen können.

Ich verkaufte in Sao Paulo alles, was ich in fünfeinhalb Jahren erarbeitet hatte. Ich verkaufte auch die Bar, und ich erfuhr, was Abschiednehmen bedeuten kann. Ich wurde sehr, sehr traurig, als ich begann, all die Dinge einzupacken, die ich im Laufe der Jahre erworben hatte, und nach und nach meinen Freunden klarmachte, daß ich nach Europa zurückkehren würde.

Wehmütig streifte ich ein letztes Mal durch die Straßen und Plätze Sao Paulos, besuchte die Orte, an denen ich mich wohlgefühlt hatte. Ein letzter Blick auf die Wolkenkratzer, auf das Tag für Tag hektischer gewordene Treiben dieser aufstrebenden Stadt, deren Einwohnerzahl sich in den Jahren meines Aufenthaltes verdoppelt hatte.

Würde ich Sao Paulo in meinem Leben je wiedersehen?

Ich fragte mich, wie ich mein Krokodil verpacken sollte, ein von einem alten Indianer ausgestopftes, mannshohes Tier, das ich geschenkt bekommen hatte. Mitnehmen wollte ich es auf jeden Fall. Und die Riesenschildkröte aus Guaruja sollte auch mit nach Europa. Die Vorstellung, so viel Gepäck zu haben und noch nicht direkt nach Hause zu reisen – ich wollte mir ja vorher noch etwas von Lateinamerika ansehen –, machte mich leicht nervös. Aber ich fand mich schließlich doch damit ab, daß ich Krokodil und Schildkröte eben herumtragen mußte.

Ich hatte inzwischen wieder Post von meiner ältesten Schwester Maria erhalten. Maria freute sich sehr auf meine Rückkehr und fand meine Idee, in Europa einen Künstlerclub aufzumachen, so wie wir es uns schon seit einiger Zeit per Briefwechsel miteinander ausmalten, sehr gut.

Aber erst wollte ich noch Urlaub machen. Neues sehen, Unbekanntes entdecken.

Es zog mich in den Süden des Kontinents. Ich wollte Buenos Aires kennenlernen, die Anden, Chile und seine Hauptstadt Santiago.

Das Fernweh hatte mich gepackt, so heftig, als hätte ich Sorge, nach meiner Rückkehr nach Europa mein ganzes restliches Leben lang keine Abenteuer mehr erleben zu können.

Anfang März zog ich los …

Der Sommer ging zu Ende, es wurde von Tag zu Tag kühler. Eine gute Zeit zum Reisen.

Ich nehme ein Taxi – mein Auto habe ich verkauft. Ein letztes Mal fahre ich über die Via Anchiete, die siebzig Kilometer lange Autobahn, die von Sao Paulo zur Hafenstadt Santos führt und über die ich unzählige Male zum Baden an den Strand gefahren bin. Ein letztes Mal betrachte ich das Gebirge, das Santos vom Rest Brasiliens abschirmt, und ein letztes Mal genieße ich den Augenblick, wenn sich die Autobahn vor den Bergen aufteilt und später, wenn sie sich zehn Kilometer vor der Hafenstadt wieder vereint.

Im Hafen von Santos liegen Dampfer aus aller Welt am Pier, um Kaffee zu laden. Kaffee, das wichtigste Ausfuhrprodukt Brasiliens.

Ich besteige mein Schiff.

Die brasilianische Küste begleitet uns wie eine alte Freundin. Wir fahren südwärts. Tagelang. Das Ziel: Argentinien.

Ich liebe Schiffsreisen.

Mein Bedürfnis, per Flugzeug die Welt zu erkunden, hat sich seit meinem Flug nach Dakar verändert. Wem würde das nicht so gehen. Der Schock, in einer Maschine zu sitzen, deren Triebwerke Feuer gefangen haben, sitzt tief.

Auf dem Meer fühle ich mich sicher und wohl.

Das Schiff ist mäßig voll; ich habe einen Kabinenplatz gebucht, denn die Reise soll vier Tage dauern. Ich verstaue mein Gepäck und steige aufs Deck, um mir den Fahrtwind um die Nase wehen zu lassen. Ich bin sehr mit mir selbst beschäftigt, denke an meine Zeit in Rio und in Sao Paulo zurück und überlege, welche von allen Erfahrungen für mich wohl die wichtigste gewesen sein mag.

Ich bin stolz darauf, eine Schauspielschule und ein Theater gegründet zu haben, ich bin auch zufrieden mit meinen Erfolgen als Barkeeper und Geschäftsmann, aber immer, wenn ich dabei bin, mir innerlich auf die Schulter zu klopfen, meldet sich eine andere Stimme in mir und kritisiert. Dieser anderen Stimme ist einfach nichts gut genug.

Ich gebe auf. Jedenfalls vorläufig. Ich vermag nicht, den Streit in meinem Inneren zu schlichten. Ich entscheide mich, nichts zu beurteilen, sondern komme zu dem doch einigermaßen befriedigenden Ergebnis, daß es sich gelohnt hat, nach Brasilien zu kommen und daß ich ganz bestimmt nicht mehr derselbe Carl bin wie der, der fünfeinhalb Jahre zuvor als Greenhorn auf dem Flughafen von Rio gelandet war.

Ich habe eine Menge gelernt.

Im Laufe des ersten Reisetages beobachte ich, wie die Menschen auf dem Schiff allmählich ins Gespräch miteinander kommen. Ich finde, daß ich genug über mein Leben gegrübelt habe und schließe mich an. Am Abend spielt die Schiffskapelle auf und sorgt dafür, daß auch die letzten Eigenbrötler sich unter die Leute mischen: Beim Tanzen nach Sambarhythmen wird aus dem Schiff ein schwimmender Festsaal.

Ich sehe mich umringt von jungen Leuten, Männern und Frauen, und ich bin einer von ihnen. Wir trinken, tanzen, lachen, und wenn ich auch kaum ihre Namen erfahre, so sind wir doch einander vertraut wie Kinder, die miteinander spielen. Wir toben auf dem Dampfer herum wie kleine Jungen, erkunden das Schiff von oben bis unten, planschen im Pool, treiben unsere Späße mit dem Personal und untereinander. Attraktion und Dauerbrüller ist mein präpariertes Krokodil, das an jedem Abend vor einer anderen Kabinentür auftaucht, scheinbar auf eines der hübschen Mädchen wartend.

Nach gut zwei Tagen haben wir die Küste Uruguays erreicht. Wir nehmen jetzt Kurs auf Montevideo, die Hauptstadt, direkt am Ufer des Rio de la Plata, in dessen Mündung wir hineingefahren sind. Punta del Este, die Filmfestspielstadt, zieht an uns vorbei – wir erkennen sie an einem Meer von Lichtern, das in der Ferne glitzert und blinkt.

Montevideo. Curt Goetz kommt mir in den Sinn. Und seine Komödie *Das Haus in Montevideo*, die beim Publikum Begeisterungsstürme ausgelöst hat. Wie hieß es noch in der Rolle des Professors, als man in Montevideo angekommen ist und nun die Stadt besichtigen will?

»Pastor, heute abend feiern wir! Sie sind mein Gast! Wir werden Montevideo kennenlernen und Montevideo uns!«

Darauf der Pastor: »Glückliches Montevideo!«

Ich werde Montevideo kennenlernen. Und wenn es nur auf einen Kaffee ist, denn allzulange wartet das Schiff nicht am Hafen. Wir haben ein paar Stunden Landgang, und wir schließen uns in einer kleinen Gruppe zusammen, um die Stadt zu erkunden.

Elegante Häuser und auffallend saubere Straßen – das ist mein erster Eindruck von der Metropole am Rio de la Plata. Meine Freunde vom Schiff, Pablo und Antonio, haben auch Lust auf Kaffee, und wir betreten ein kleines Lokal.

In dem Lokal ist die Hölle los.

Die Menschen stehen dicht an dicht. Alles schreit durcheinander. Bildschöne junge Damen und modebewußt gekleidete Herren blicken neugierig und aufgeregt um sich. Auf einer kleinen Bühne erscheint mit einstudierten, aber deshalb nicht weniger aufreizenden Bewegungen eine Gruppe junger Mädchen in Badeanzügen. In einer Ecke des Lokals sitzen dickbäuchige Herren und eine ältere, sehr elegant gekleidete Dame, die die Mädchen betrachten und sich in einem Heft Notizen machen. Ein Conférencier, der seitlich auf der Bühne mit einem Mikrophon Platz genommen hat, springt auf und meldet sich zu Wort. Er begrüßt die Anwesenden mit blumigen Worten.

Kein Zweifel, das ist ein Schönheitswettbewerb.

»… und denken Sie daran«, schließt der Ansager, »worum es heute geht. Um nicht mehr und nicht weniger als um die Miß Uruguay 1955!«

Kann das noch Zufall sein, daß mein Weg wieder zu einer Miß führt? Tosender Beifall.

Pablo drückt mir begeistert seinen Ellenbogen in die Seite. Seine Augen glänzen, als er die Mädchen auf der Bühne umherflanieren sieht. Antonio kichert nervös und stellt sich ganz nah an eine Signorina heran, die ein duftiges Blumenkleid trägt und gebannt dem Ansager lauscht.

Und ich? Ist etwas für mich dabei? Unwillkürlich muß ich an Dodoletta und France denken, meine liebsten Schönheitsköniginnen, die Teil meines früheren Lebens gewesen sind. Sollte mir das Schicksal womöglich eine Miß Uruguay bescheren wollen, ausgerechnet jetzt, wo ich mich entschlossen habe, nach Hause zu fahren?

Nicht weit von mir – und nicht auf der Bühne – steht eine junge Frau mit tiefschwarzem, bläulich schimmerndem Haar, deren Wange ein dunkles Muttermal ziert. Ich starre auf dieses Muttermal – es zieht mich magisch an.

Sie würdigt mich keines Blickes, doch das reizt mich um so mehr.

Ich tue so, als bewege ich mich zufällig in ihrer Nähe durch den Raum, und während ich Schritt für Schritt an sie herankomme, gucke ich mir die netten Mädchen auf der Bühne an – als interessierte mich eine von ihnen.

Aber das ist nicht der Fall. Diesmal ist es eine andere: die Dame mit dem Muttermal.

Jemand hält mir ein gefülltes Schnapsglas vor die Nase. Pablo grinst mich auffordernd an. Ich nehme das Glas, und während Pablo zu Antonio hinübergeht und ihm ebenfalls ein Glas in die Hand drückt, habe ich meinen Schnaps schon ausgetrunken.

Will ich mir Mut antrinken? Wofür? Das Schiff wird bald weiterfahren.

Ich weiß nicht mehr, wie es kommt, daß ich an jenem Abend eine Menge Schnaps verdrücke – von überallher scheinen großzügige Menschen gefüllte Gläser zu mir herüberzureichen.

Ich weiß nur noch, daß ich irgendwann meiner Angehimmelten ge-

genüberstehe und ihr unaufhörlich Komplimente mache. Sie lächelt mich an, und wir wissen beide, daß wir uns ganz bestimmt wiedersehen würden, wenn ... ja, wenn ich nicht auf unseren Dampfer zurückmüßte, noch heute nacht ...

Ich weiß nicht, wer von den süßen Mädels Miß Uruguay wurde, und ich weiß auch nicht, wie ich eigentlich in meine Koje zurückfand. Als ich am nächsten Morgen vom Stampfen des Schiffes erwache, habe ich keinerlei Erinnerung an meinen Heimweg.

Ob Pablo und Antonio mich getragen haben?

Ich bekomme es nicht heraus.

Pablo und Antonio haben es auch vergessen.

Ich blicke hinaus und traue meinen Augen kaum: Dreckwasser! Wir haben den Atlantischen Ozean verlassen, das ist klar, schon bei Punta del Este, aber sollte die braun-graue, ölige Soße, auf der wir nun schwimmen, etwa der Rio de la Plata sein?

Gewiß. Er ist es. Wir befinden uns in dem riesigen Flußdelta des Rio de la Plata auf dem Weg nach Buenos Aires. Über hundert Kilometer breit ist die Flußmündung hier – zweimal so breit wie die Länge des Bodensees –, und sie führt zweihundert Kilometer ins Landesinnere. Die aufgehende Sonne läßt das graue Wasser des Flusses rotgolden schimmern. Wie flüssiges, glühendes Blei. Ich erinnere mich daran, daß Jorge, mein Mitarbeiter aus der Bar, der aus Argentinien stammt, immer sagte, er sehne sich nach dem schmutzigen Wasser des Rio de la Plata. Ich hielt es für Ironie, aber nun muß ich feststellen, daß ich ihn verstehen kann.

Immer mehr Passagiere strömen jetzt an Deck. Ich folge ihnen. Und dann bietet sich auch mir das unvergleichliche Bild der Stadt Buenos Aires, wie sie aus Rauch- und Dunstschwaden im Morgennebel in der Ferne auftaucht und immer näher kommt. Buenos Aires – gute Luft – die Hauptstadt Argentiniens, liegt zum Greifen nahe vor mir. Die Stadt, lange Zeit die größte Südamerikas, ist derzeit Regierungssitz des legendären Oberst Peron, der seit 1949 das Land regiert, und dessen Frau an seiner Seite, Evita, die als »Engel der Bedürftigen« bereits Geschichte machte.

Nach einer knappen Stunde laufen wir in den Hafen ein und gehen vor Anker.

Buenos Aires ist – im Jahre 1955 – mit elf Millionen Einwohnern eine riesengroße Stadt. Elf Millionen!
Ehrfurchtsvoll verlasse ich das Schiff, nachdem ich mich von meinen Reisekameraden verabschiedet habe. Ich steige die Reling hinunter, mein präpariertes Krokodil fest im Arm. Der Kai ist voller Menschen. Sogar die Presse ist da. Fotos werden gemacht, Freunde begrüßt, Familienmitglieder umarmt. Ich habe in einem luxuriösen Hotel ein Zimmer gebucht und bin dabei, mich nach einem Taxistand umzusehen.
»Mr. Schell?« höre ich da eine Stimme hinter mir.
Ich drehe mich um. Ein gutaussehender Mann in mittlerem Alter kommt auf mich zu. Es ist der Direktor meines Hotels. Wir steigen in seinen Wagen und fahren los.
Was für ein Service! Ich bin überrascht.
Im Hotel ist ein wunderschönes Zimmer im ersten Stock für mich vorbereitet worden. Der Boy verzieht keine Miene, als er mein präpariertes Krokodil neben den Kleiderschrank stellt.
Am nächsten Morgen überreicht man mir im Hotel die Tageszeitung. Nichtsahnend schlage ich sie auf, während ich meinen Kaffee trinke. Ein Foto von mir mit dem Krokodil schmückt die Titelseite.
Ich schaue mir das Foto näher an. Es wurde in dem Augenblick aufgenommen, als ich gerade das Schiff verließ und mit meinem Gepäck an Land ging.
Man hält mich für einen Naturforscher.

Im Gegensatz zu Rio und Sao Paulo hat Buenos Aires eine U-Bahn. Ich kenne die Metro in Paris und habe sie lieben gelernt. Ich freue mich nun, in Buenos Aires endlich einmal wieder Untergrundbahn fahren zu können.
Als ich nach einer kurzen Fahrt an einer der Zentrumsstationen aussteige, kommt mir plötzlich Maria entgegen.
Meine Lieblingsschwester Maria!

Es ist wie ein Schock. Ein angenehmer natürlich. Für einen Augenblick weiß ich nicht, wo ich mich eigentlich befinde. Bin ich in Europa?

Maria kommt mir auf einem überlebensgroßen Plakat entgegen.

Ich gehe auf das Plakat zu und lächle es an.

Maria lächelt zurück.

Meine Lieblingsschwester, inzwischen dreißigjährig, hat es geschafft! Sie ist ein internationaler Filmstar geworden. Viele ihrer Filme laufen in Argentinien. Hier ist sie bekannter als in Brasilien.

»Ich komme bald nach Hause«, flüstere ich dem Plakat zu, »und dann machen wir einen Club zusammen, ja?«

Maria lächelt.

Von Buenos Aires will ich nach Chile weiterreisen.

Ich nehme den Zug bis Mendoza: Ich überquere Argentinien in westlicher Richtung.

Das Krokodil kommt diesmal nicht mit.

Ich habe es – gemeinsam mit anderem Gepäck – im Hafen von Buenos Aires deponiert. Von dort aus soll mein Schiff später zurück nach Europa gehen.

Die Stadt Mendoza liegt am Fuße der Anden. Auf der anderen Seite erstreckt sich Santiago, die Hauptstadt Chiles, und dahinter das Meer, der Pazifische Ozean.

Dazwischen, unerbittlich: Berge in fünf bis siebentausend Meter Höhe.

Ich habe schon bei Karl May von den Anden gelesen, dem Hochgebirgszug, der sich in nordsüdlicher Richtung zwischen Argentinien und Chile erstreckt, die sogenannten Kordilleren. Aber Karl May hatte die Anden nie erlebt.

Ich will Santiago de Chile besuchen und den Pazifischen Ozean sehen.

Ich hatte erfahren, daß es eine Eisenbahnlinie gibt, die über das Gebirge führt und Argentinien und Chile miteinander verbindet. Auf der Strecke müssen Bahn und Passagiere rund 5000 Meter überwinden. Auch eine Paßstraße führt in diese Höhe, bevor sie in einem

Tunnel verschwindet, der aber ebenfalls für die Bahn da ist. Das wußte ich allerdings nicht.

Ich bin Schweizer, in Österreich geboren, ich kenne das Bergsteigen, ich kenne alpine Höhen. Dieser Gedanke gibt mir den Mut, ein Taxi zu nehmen für die höchste Strecke, den Paß. Außer mir haben sich noch fünf weitere Fahrgäste dazu entschlossen, die Anden zu überqueren. Das Taxi erinnert mich an einen VW-Bus; die Automarke bleibt jedoch undefinierbar.

Wir begrüßen uns kurz – die fünf sind Chilenen –, und jeder nimmt schnell seinen Platz ein. Ich sitze vorn, neben dem Fahrer. Es kann losgehen.

Und wie es losgeht!

Unser Fahrer saust aus der Stadt, und es geht gleich im Affentempo aufwärts. Dazu noch Kurven. Nach vielen Stunden Fahrt – wir sind schon dösig – erreichen wir in über zweitausend Meter Höhe das Zollhaus. Wir suchen unsere Pässe heraus, beantworten ein paar Fragen, die die Grenzer an uns stellen, aber man läßt uns schnell weiterfahren. In halsbrecherischer Fahrt geht es weiter aufwärts. Dann wieder steil hinab – und ein paar Kilometer später wieder schräg hinauf: die Kordilleren haben es in sich.

Nie in meinem Leben bin ich mit einer solchen Geschwindigkeit durch Schluchten und Klammen gerast. Ob ich dem Fahrer einen Fahrschulkursus anbiete? überlege ich. Aber ich beherrsche mich. Bei diesem Tempo ist es besser, man spricht den Fahrer eines Kleinbusses nicht an. Trotzdem: Ich frage ihn nach der Höhe der Berge um uns herum.

»Siebentausend«, antwortet er kurz und angespannt.

Die Schienen der Andenbahn werden hier per Tunnel durch die höchsten Berge hindurchgeleitet. Eine einspurige Bahn, deren Gleise geradewegs in einem schwarzen Loch verschwinden. Mir schaudert bei dem Anblick, und ich bin froh, daß ich nicht den Zug gewählt habe.

Aber meine Freude dauert nur Sekunden. So lange nämlich, bis ich erkenne, daß unser Fahrer vorhat, in eben diesem schwarzen Tunnel mit uns zu verschwinden. Mit einer Geschwindigkeit von etwa sechzig Stundenkilometern rast er jetzt darauf zu. Das ganze Auto kracht und knirscht, als es von der Straße auf die Schienen überwechselt – die allerdings in eine Art Schotter weitgehend eingelassen sind. Hoppelnd und rüttelnd fahren wir nun auf den Schienen der Andenbahn, als seien wir der Zug höchstpersönlich.

Wir fahren direkt in das schwarze Loch hinein.

Vollkommene Dunkelheit umgibt uns; die Scheinwerfer des Busses vermögen kaum etwas auszurichten. Es ist, als würde das Lampenlicht in der Tiefschwärze der Dunkelheit erstickt.

Hat sich ein Wahnsinniger ans Steuer gesetzt?

Ist den Einheimischen ein Menschenleben nicht genauso heilig wie uns Europäern? Die Vorstellung, daß jeden Augenblick von der entgegengesetzten Seite ein Zug heranbrausen und uns zermalmen könnte, hat meine Nerven zum Zerreißen gespannt.

Der Motor des Kleinbusses heult auf Hochtouren.

»Wann kommt der nächste Zug?« schreie ich den Fahrer an.

Der schaut lässig auf seine Armbanduhr. »In acht Minuten. Aber er hat meist Verspätung. Wie überall auf der Welt.« Er grinst herausfordernd: »Oder ist das bei euch in der Schweiz anders?«

Sein Grinsen beruhigt mich nicht. Ich bin auch nicht in der Stimmung, eine Diskussion über die Pünktlichkeit und Zuverlässigkeit der Eisenbahnen dieser Welt zu führen.

Der Fahrer drosselt die Geschwindigkeit und läßt den Wagen wie ein Känguruh über die Schienen hüpfen.

Ich bekomme nasse Hände.

Ich halte es nicht mehr aus. »Mann, gib Gas oder laß mich fahren!« brülle ich ihn an. »Wie lange brauchen wir denn noch bis zum Ende des Tunnels?«

»Zehn Minuten«, lacht er, ohne auf die Uhr geschaut zu haben.

Der Tunnel ist so schmal, daß nicht einmal ein Fußgänger überleben würde, wenn der Zug hindurchfährt. Wir haben nur eine Chance: Rechtzeitig aus dem Loch herauszukommen.

Ich wage es nicht mehr, den Fahrer anzusprechen. Zähle die Sekunden. Gleichzeitig versuche ich zu lauschen, ob sich der Zug schon nähert. Der Fahrer steckt sich eine Zigarette an und blickt mit dem gleichen angespannten Gesichtsausdruck wie vorher ins Stockdunkle. Ich schaue auf meine Uhr und stelle fest, daß die Zeit stehengeblieben ist. Erschrocken über die Symbolik dieses Augenblicks schaue ich mich um, um zu sehen, wie es den anderen Fahrgästen ergeht. Drei schlafen. Einer beißt mit seinem letzten Zahn vergnügt in einen Apfel, und der fünfte reinigt sich mit einem Taschenmesser, das fast die Größe einer Machete hat, die Fingernägel.

Ein grauenvoller Laut läßt mich zusammenzucken.

Ist das die Lokomotive?

Dann kann sie nur wenige Meter von uns entfernt sein!

Meine Fingerspitzen krallen sich in meine Beine, daß es schmerzt.

Aber vor uns ist nichts – nur tiefes Schwarz.

Wieder dieser Ton. Jetzt begreife ich: Unser Fahrer singt.

Was für eine Stimme.

Ob er uns beruhigen will? Oder womöglich sich selbst?

Ist es ein Gesang, der die Götter gnädig stimmen soll?

Er singt aus voller Kehle, es klingt wie Urgeschrei, und ich mache mir vor Angst fast in die Hosen.

Er verstummt und guckt mich an. »Noch ein bißchen Geduld, dann kannst du ans Bäumchen«, sagt er freundlich.

Dann setzt er seine Klagerei aus vollem Herzen fort.

Da – in der Ferne ein Lichtschimmer.

Das Ende des Tunnels? Die Lichter des herannahenden Zuges?

Ich wage nicht zu fragen. Es geht um Sekunden.

Es geht um Leben und Tod.

Das Ende der Dunkelheit! Wir schießen aus dem Tunnel.

Hundert Meter entfernt steht die Dampflok mit einer endlosen Zahl von Waggons. Unser Fahrer gibt Vollgas.

Wir sind in Sicherheit.

Aus dem Fenster der Lok, nur einen Steinwurf von uns entfernt, winkt ein Mann und gibt ein akustisches Signal. Viermal. Dann fährt der Zug in den Tunnel ein, in das tiefschwarze Loch, dem wir gerade eben heil entkommen waren.

Ich lehne ich mich im Sitz zurück und atme auf.

Die Fahrt geht weiter – nicht weniger halsbrecherisch. Die Straße ist so eng, daß keine zwei Autos aneinander vorbeipassen. Einer der beiden Wagen muß so lange rückwärts fahren, bis er eine Ausweichstelle erreicht.

Tiefe Schluchten gähnen zu uns herauf; ganz unten liegen Autowracks. Ob die Fahrer und Fahrgäste noch darin sind? Wer könnte sie schon herausholen?

Die Talfahrt bereitet meinem Fahrer pures Vergnügen. Die Straße wird allmählich breiter. Ich strecke meine Arme und Beine aus wie eine Katze nach dem Tiefschlaf und versuche, mich zu entspannen. Ich danke dem Himmel, daß wir diese Fahrt überlebt haben.

Die Landschaft, die wir nun durchfahren, erinnert mich an mein heimatliches Europa. Sind wir im Tessin? In Südtirol?

Es wird merklich wärmer. Rechts und links wächst Wein an den Hängen. Die Menschen, die uns entgegenkommen, winken uns freundlich zu. Sie tragen Ponchos und große, runde Strohhüte und scheinen sich richtig zu freuen, uns zu sehen – als seien sich erleichtert darüber, daß wieder einmal eine Gruppe Reisender den mörderischen Paß lebend überwunden hat ...

Santiago de Chile – was weiß ich von dieser Stadt?

Sie soll sehr erdbebengefährdet sein. Davon ahnt man nichts, wenn man die Stadt so vor sich liegen sieht und den Anblick der verschneiten Gebirgsgipfel hoch über der Burg Santa Lucia genießt, vor dem azurblauen Himmel. Man ahnt auch nicht, daß der Föhn – jener Fallwind, der mir auch aus den europäischen Alpen hinlänglich bekannt ist – die Einheimischen jährlich einige Male fast um den Verstand bringt.

Das Licht, das von den Bergen, die Santiago umgeben, in den Talkessel gespiegelt wird, ist rötlich. Der Grund: hoher Eisengehalt des Gesteins.

Ganz oben, scheinbar mitten im dunkelblauen Himmel, findet das Auge einen weißen Saum: Das sind die höchsten Gipfel der Anden im ewigen Eis. Obwohl wir gerade die Berge überquert haben, konnten wir dabei die allerhöchsten Gipfel nicht sehen. Das ganze Panorama der gletscherbedeckten Riesen ist nur von Santiago aus zu bestaunen. In der Stadt leben viele Europäer, besonders Deutsche. Die Chilenen sind hilfsbereit, entgegenkommend, freundlich, liebenswürdig – ein wunderbares Volk.

Von Santiago etwa hundert Kilometer entfernt liegt Valparaiso. Zum ersten Mal in meinem Leben blicke ich auf den Pazifischen Ozean. Im Vorort von Valparaiso, dem Ferienort Vina del Mar, nehme ich mir ein kleines Hotelzimmer, um ein paar Tage Urlaub zu machen. Die Neugier treibt mich in eines der Spielcasinos – und ich gewinne einen ordentlichen Batzen Geld.

Anfängerglück!

Nach ein paar Tagen bringt mich der Zug Richtung Süden, nach Puerto Montt. Dort ist es kalt, ich muß mir alles, was ich an warmen Kleidern dabeihabe, übereinanderziehen. Auf einer Motorbootfahrt beobachte ich Pinguine, von denen unzählige dort leben: eine elegante Abendgesellschaft auf zerklüfteten Küstenfelsen.

Von Puerto Varas führt mich meine Reise zurück über die argentinische Grenze nach San Carlos de Bariloche, einem Winterferienort. Dann fast zweitausend Kilometer westlich durch die trockene Steppe nach Bahia Blanca und von dort wieder zurück nach Buenos Aires.

Ich blieb noch einige Wochen in Buenos Aires. Ich lernte nette Menschen kennen, mit denen ich das Leben genoß. Von Tag zu Tag verspürte ich jedoch immer stärker den Drang, nach Europa zurückzukehren.

Da erreichte mich eines Tages ein Telegramm aus Sao Paulo. Meine Teilhaberin, der ich das Lokal Feiticio überlassen hatte, hatte Selbstmord begangen. Ich war erschüttert. Ich hatte sie kaum gekannt, und ich fragte mich, was der Hintergrund für ihre Verzweiflungstat gewesen sein mochte.

Ich überlegte, ob ich nach Sao Paulo zurückkehren sollte, um in dem Betrieb die Ordnung wiederherzustellen. Aber ich entschied mich dagegen. Das Geld, das mir noch zugestanden hätte, war mir jetzt auch nicht mehr wichtig.

Ich nahm Abschied vom südamerikanischen Kontinent, von den Tropen, von den Menschen südlich des Äquators. Ich löste mein Krokodil aus in der Gepäckabteilung am Hafen sowie mein übriges Gepäck – und bestieg den Dampfer nach Europa.

Gefühle des Abschiedsschmerzes und der Vorfreude hielten sich in mir die Waage. Ein Teil von mir blieb zurück. Ein anderer Teil freute sich darauf, alte Freunde wiederzusehen, die Mutter, die Lieblingsschwester.

Ich erwartete die Zukunft mit Spannung.

Ein Riß geht durch den Schell-Clan

Ich war jetzt achtundzwanzig Jahre alt.

Fünfeinhalb Jahre war ich nicht nur fern von Europa, sondern auch fern von meiner Familie gewesen. Auch zu Hause war die Zeit nicht stehengeblieben.

Als erstes mußte ich erfahren, daß sich die Eltern praktisch getrennt hatten.

Ein Schock für mich, wenn auch meine Mutter versuchte, alles recht harmlos aussehen zu lassen: Von Scheidung war nicht die Rede.

Mutti lebte jetzt permanent in der kleinen Wohnung in Bern, die sie sich wegen ihrer Arbeit am Konservatorium schon vor längerer Zeit genommen hatte. War es jedoch bisher nur eine kleine Absteige für sie gewesen, sah es nun so aus, als habe sich Mutti für immer dort eingerichtet.

Vater lebte weiterhin in Zürich, hatte eine Freundin …

Mutti bot mir an, so lange bei ihr zu wohnen, bis ich mich in Europa wieder akklimatisiert hatte. Und so bekam mein präpariertes Krokodil gleich einen ersten Ehrenplatz in ihrem Wohnzimmer. Mutti lebte bescheiden, mehr als bescheiden; sie fuhr mit dem Fahrrad zum Konservatorium und leistete sich keine Extras. Ihr Gehalt war nicht sonderlich hoch.

Ich genoß die Zeit bei ihr; wir hatten uns viel zu erzählen – viel, viel nachzuholen. Wir sprachen auch von Maria. Beide waren wir stolz darauf, daß unsere Maria Weltkarriere gemacht hatte. Maria, die jetzt bei Wasserburg in der Nähe von München lebte und sich dort ein Traumhaus gebaut hatte, verdiente inzwischen ein Vermögen.

Ich fragte mich – während ich mich in Muttis karg möblierter Wohnung umsah –, warum Maria ihr bisher nicht finanziell unter die Arme gegriffen hatte.

Mutti erzählte, daß Maria seit einiger Zeit mit einem jungen Regisseur befreundet sei. Sein Name war Horst Hächler. Horst und Maria planten, bald zu heiraten.

Der Tonfall in Muttis Stimme ließ mich aufhorchen. Was war das für ein Mann, den Maria sich da geangelt hatte, und warum spürte ich eine gewisse Sorge bei Mutti?

Ich hatte schon mehrfach versucht, Maria telefonisch zu erreichen. Endlich klappte es. Ich freute mich, die Stimme meiner Lieblingsschwester zu hören und konnte es kaum erwarten, mit ihr über unseren Künstlerclub zu sprechen.

»Warum kommst du nicht nach München und besuchst uns?« fragte Maria.

Uns? Sie schien also schon mit diesem Horst Hächler zusammenzuleben. Nun ja. Ich wollte natürlich auch gern meinen zukünftigen Schwager kennenlernen.

Ein paar Tage später stand ich vor Marias Traumvilla. Wirklich ein imposanter Bau. Kein Zweifel, hier war jemand zu Reichtum und Wohlstand gekommen. Ich empfand keinen Neid. Ich gönnte meiner Schwester ihren Erfolg. Schon immer hatte ich sie für eine äußerst begabte Schauspielerin gehalten, und sie ging diszipliniert und fleißig ihren Weg. Warum sollte sie nicht die Früchte ihrer Arbeit genießen dürfen?

Maria öffnete die Tür.

Ich lief auf meine Lieblingsschwester zu und umarmte sie innig.

»Wie schön, daß du wieder da bist!« sagte sie.

Ich stutzte. Es klang wie auf der Bühne. Wie eine Rolle, die sie erlernt hatte und die sie nun zum besten gab.

»Du bist bestimmt müde von der Fahrt. Möchtest du etwas trinken?« Ich schüttelte nur den Kopf und folgte ihr ins Haus. Was war mit meiner Schwester geschehen?

In der Vorhalle kam mir ein hochaufgeschossener Mann entgegen: Horst Hächler. »Angenehm!« begrüßte er mich.

Das Haus und der angrenzende, parkähnliche Garten waren prachtvoll.

Ich blieb ein paar Tage. Während dieser Zeit versuchte ich, mit Maria näher ins Gespräch zu kommen, aber es gelang mir kaum. Ihr Verlobter schien jeden ihrer Schritte und jede ihrer Äußerungen zu überwachen. Seine Art, mit dem Personal umzugehen, ließ mich aufhorchen. War Maria in die Fänge eines kleinen Diktators geraten?

Sie selbst war merkwürdig kühl und distanziert zu mir. Als sei sie ein anderer Mensch geworden.

Es tat mir weh.

Liebte sie mich nicht mehr, ihren Bruder?

Und wo war ihre Lebenslust, ihr wild-verrücktes Temperament geblieben?

Brachte der Erfolg diese Verhaltensweise mit sich? Meinte sie, derartige Allüren dem Image eines Weltstars schuldig zu sein?

Oder war es schlicht und einfach der Mann, der sie und ihr ganzes Wesen beherrschte?

Eines Abends – Horst Hächler war zufälligerweise nicht zu Hause – nutzte ich die Gelegenheit und lenkte das Gespräch auf – wie ich meinte – »unser Thema«: den Club. Ich erzählte ihr von meinen Erfahrungen mit den Folies und dem Feiticio in Sao Paulo, davon, wie begeistert die Gäste den Künstlertreffpunkt annahmen und wie ich mich andererseits bei dem zweiten Lokal finanziell übernommen hatte und Lehrgeld bezahlen mußte. Ich entwarf vor Marias Augen begeistert das Bild eines Lokals mit angrenzendem Club irgendwo in wunderschöner Landschaft und erwartete nun ihrerseits ein paar Vorschläge dazu.

»Selbstverständlich helfe ich dir dabei, Carl«, sagte Maria, als ich mit meinen Ausführungen fertig war und sie fragend anblickte, »aber du mußt natürlich erst die entsprechenden Unterlagen beibringen.«

Welche Unterlagen? Ich begriff nicht, was Maria meinte.

»Die Sache ist nicht ohne Risiko«, antwortete sie in geschäftsmäßigem Ton, »ich brauche Sicherheiten.«

Konnte ich meinen Ohren trauen? Hatten wir nicht vorgehabt, uns gemeinsam auf dieses Projekt zu stürzen? War es, wenn ich genau darüber nachdachte, nicht sogar ursprünglich ihr, Marias, Vorschlag

Abenteuerliche Rückreise nach Europa mit Zwischenaufenthalten in Buenos Aires …

… und Santiago de Chile, 1955

28 Mit einer Hauptrolle in
»Sommerliebe am Bodensee«
– mit Christiane Jansen und
Hubert von Meyerinck – fand
ich 1955 Anschluß an den
deutschen Film.

29 Am Bodensee, 1955

31 Links: Bruder Maximilian. –
hts: Schwester Maria in ihren besten
en, ca. 1955, als sie von der Presse
ie zweite »Göttliche« nach Greta
oo bezeichnet wurde, so daß Vater
ll seufzend bemerkte: »Jetzt bin ich
 noch Gott Vater geworden.«

1eine Schwester Immy

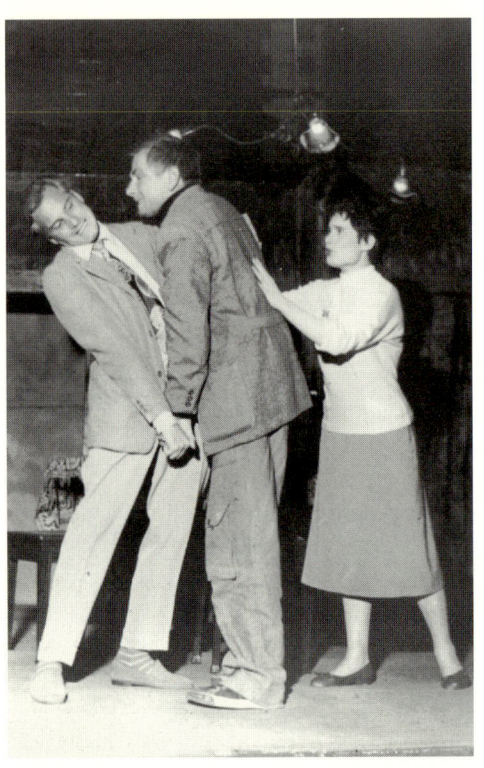

33/34 Links: Unter der
Regie von Heinz Hilpe[r]
spielte ich 1956 an den
Münchner Kammer-
spielen den Rodolfo in
Arthur Millers »Blick v[o]
der Brücke«. Meine Pa[rt]
ner waren Krista Kelle[r]
und Arno Assmann. –
Rechts: In Frankfurt st[and]
ich 1957 neben René
Deltgen, der auch Reg[ie]
führte, in Joseph Haye[s]
»An einem Tag wie jed[er]
andere« auf der Bühne
des »Theaters im Zoo«[.]

35 In der Frankfurter
Produktion des amerik[ani]
schen Kriminalstückes
spielte meine Schwest[er]
Immy Schell, damals [noch]
unter dem Namen Ed[ith]
Nordberg, eine Haupt[-]
rolle. In unserer Freize[it]
waren wir viel zusamm[en]

/37 In meinem Part in dem französischen Abenter-Film »Die Verfemte«, 1959, stand ich zwischen ei Frauen. Die eine wurde von der rassigen Renée sima gespielt, die andere von der zierlichen Dany rrel. Eine Berliner Zeitung bezeichnete Renée und ch als das »schönste Liebespaar Europas« (links). vat aber hatte ich bei Dany Feuer gefangen.

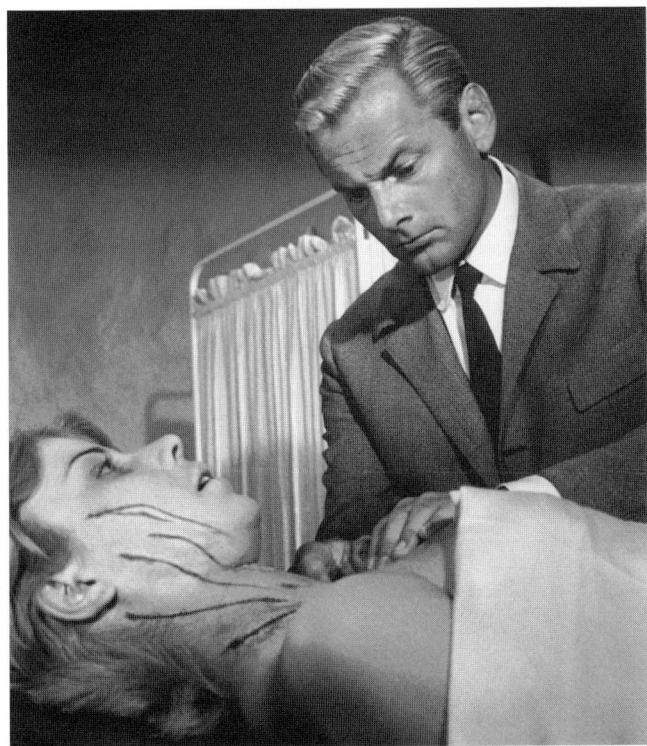

In Italien drehte ich 1960 Gruselfilm »Bei Vollmond – rd«.

39 Aus Anlaß der Ur-
aufführung des Theater
stücks meines Vaters
»Der Landvogt von
Greifensee« in der Basl
»Komödie« traf sich 19(
die ganze Schell-Famili
die Eltern mit ihren vie
Kindern Carl, Maria,
Immy und Maximilian.

Gegenüberliegende Seit
41 Mit meiner ersten
Frau Candida Robert
und unseren Kindern P
Carl-René und Michael
in den sechziger Jahren

40 Mit meiner Mutter
vor der »Komödie«
in Basel, wo wir beide
häufig auftraten.

42 Probe – mit gebrochenen Rippen! – zur Uraufführung von »Winter in Ischia« mit Autor und Regisseu
Lord Robin Maugham (rechts), 1963. Wir spielten das Stück in Worthing und in London; …

43 … meine Partnerin war die elegante Jean Kent.

gewesen? Ja. Sie war es doch, die mich per Brief nach Brasilien ge-
beten hatte, zurückzukommen und mich mit der Idee, einen Club in
Europa aufzubauen, zu locken versuchte!
Ich spürte, daß ich zu Maria keinen Zugang bekam.
Ein seltsame Mischung von Trauer und Wut beschlich mich.
Ich reiste nach Bern zurück.

Es war starker Tobak: Die Eltern getrennt – die Lieblingsschwester
mir entfremdet. Mein Bruder Max, der ebenfalls die Schauspieler-
Laufbahn eingeschlagen hatte, war in Lübeck im Bühnenengage-
ment. Aber ich hatte ja noch eine Schwester: Immy.
Immy besuchte Mutti und mich in dieser Zeit sehr häufig. Ich kannte
sie im Grunde kaum, hatte mich auf Maria fixiert. Immy war einfach
zu jung gewesen, als daß ich mich ernsthaft für sie interessiert hätte.
Jetzt war sie einundzwanzig Jahre alt.
Immy war auf dem Weg, Schauspielerin zu werden. Auch sie also.
Aber sie hatte es schwer. Nicht, daß sie nicht talentiert gewesen wäre.
Aber es war wohl ihr mangelndes Selbstbewußtsein, das ihr ständig in
die Quere kam.
Und ihre große Schwester.
Maria schien die Vorstellung, eine zweite Schell könne Karriere ma-
chen, nicht zu passen. Sie legte ihrer kleinen Schwester nahe, ihren
Namen zu ändern.
Ich konnte es nicht fassen, als Immy mir das erzählte.
Immy verteidigte Marias Vorschlag. Schließlich wolle sie ihrer Fähig-
keiten wegen erfolgreich sein und nicht des Namens ihrer Schwester
wegen. Sie wolle sich – nach der Familie unserer Mutter – Nordberg
nennen. Der Vorname: Editha.
Aber sie heiße doch nun mal Schell, argumentierte ich.
Immy zuckte mit den Achseln.
Sie hatte ein zartes Wesen. War ungeheuer intuitiv und verletzlich.
Verständnisvoll und hilfsbereit. Freundlich und kooperativ. Immy
wollte niemanden verärgern. Sie schien nicht die Kraft zu haben, sich
gegen Maria zu behaupten.
Wir kamen uns in dieser Zeit näher als je zuvor. Immy erzählte mir

von ihren Liebesgeschichten, ich berichtete ihr von Brasilien und meinen Erlebnissen. Ich erfuhr von ihren Erfolgen und Mißerfolgen, sie von den meinen.

Eines Tages stürzte unsere Mutter mit dem Fahrrad. Sie wurde mit einer schweren Gehirnerschütterung ins Krankenhaus eingeliefert. Ich rief sofort Maria an und bat sie zu kommen. Sie sagte, sie sei beruflich so sehr belastet, daß sie nicht kommen könne.
»So schlimm wird es schon nicht sein«, behauptete sie am Telefon, als sei sie es, die die ärztliche Diagnose stellen würde. Sie versprach, Geld zu schicken, von dem wir unserer Mutter etwas Schönes kaufen sollten.
Immy und ich holten Mutti aus dem Krankenhaus und pflegten sie. Ich vertrat Mutti in der Schauspielschule, damit kein Leerlauf entstand.
Mutti wurde wieder ganz gesund.
Marias Geld traf niemals ein.

Der Gedanke an einen Künstlertreffpunkt ließ mich nicht los. Maria hatte gesagt, sie wolle Genaueres wissen, bevor sie sich finanziell beteiligte.
Warum eigentlich nicht. Ich versuchte, die Sache aus einer anderen Perspektive zu sehen. Vielleicht war sie nur vorsichtig – das Recht gestand ich ihr jetzt zu. Ich reiste nach Capri, der Insel, die ich liebte, und schaute mich nach einem geeigneten Platz um.
Ich fand ein wunderschönes Haus, ideal für unser Vorhaben.
Ich verhandelte mit dem Besitzer, der das Haus vermieten wollte, machte Berechnungen, Kostenvoranschläge und schickte sie an Maria.
Sie antwortete nicht.
Maria war beruflich sehr eingebunden, das war mir klar. Aber ihr totales Schweigen gefiel mir nicht.
Ich nutzte die Zeit des Wartens und besuchte unseren Vater in Zürich.
Seit meinem Amerika-Aufenthalt hatte ich ihn nicht mehr gesehen.
Ich fand, daß er sehr gealtert war.

Es war nicht einfach, mit ihm ins Gespräch zu kommen. Wunde Punkte wie die Ehe meiner Eltern oder meine Kindheitsverletzungen berührten wir nicht. Wir sprachen über Maria und Horst Hächler, der ja bald ein Familienmitglied werden sollte. Vater war wie ich der Meinung, daß Maria sich charakterlich sehr verändert hatte, zu ihrem Nachteil, und er behauptete, daß Horst Hächler einen Keil in unsere Familie getrieben habe.

Ich fuhr nach München, um mich mit Maria zu treffen und persönlich ihre Meinung über unser Club-Projekt zu hören. Maria war zu Dreharbeiten unterwegs. Ich mochte München, weil ich dort meinen ersten deutschen Filmauftrag gehabt hatte, und ich entschloß mich, hier für eine Weile zu bleiben. Ich mietete ein Zimmer in der Franz-Joseph-Straße und hoffte, in dieser Stadt wieder Anschluß an meinen Beruf zu finden.

Maria meldete sich lange nicht.

Ich schrieb ihr erneut, erinnerte sie an die Kostenvoranschläge.

Um sie ein wenig anzutreiben, schrieb ich: »Wir dürfen es nicht auf die lange Bank schieben. Die Frist ist leider nicht unbegrenzt.«

Wieder Schweigen.

Ich machte einen erneuten Vorstoß.

Maria antwortete mit einem Telegramm. »Ich bin an deinen chaotischen Plänen nicht interessiert«, hieß es darin kurz und bündig.

Wie bitte?

Das hatte Maria geschrieben? Meine Maria? Ich konnte es nicht fassen. Ich war verletzt und beleidigt. Ich vermutete Horst Hächler hinter dem Schreiben. Aber konnte ich Maria freisprechen von jeglicher Verantwortung für ihr Verhalten?

Noch tat ich es. Ich schob Horst Hächler die Schuld zu und setzte mich gleich an meinen Schreibtisch. Ich schrieb einen saftigen Brief an meinen Schwager in spe.

Mit diesem Brief brachte ich eine Lawine ins Rollen.

Maria empörte sich, Horst Hächler sowieso, Mutti erfuhr von dem Brief, und der Streit, der sich nun durch die Familie Schell wie eine Giftspur hindurchzog, machte Mutti schwer zu schaffen. Vater war meiner Meinung – was mir guttat, da das bisher selten vorgekommen war –, aber er fand, daß mein Brief zu hart formuliert war. Immy war auf meiner Seite.

Maximilian, inzwischen fünfundzwanzig Jahre alt, war weit von allem entfernt. Er wollte sich nicht in die erhitzte familiäre Diskussion einmischen, weil er mit seinen eigenen Problemen beschäftigt war. Seine größte Sorge waren für ihn die Theaterkritiken, mit denen er nicht einverstanden war.

Ich war ungemein verärgert darüber, daß die Pläne, mit Maria auf Capri einen Künstlerclub einzurichten, gescheitert waren. Wie hatte ich mich während meiner Zeit in Brasilien darauf gefreut! Ich stornierte das Vorhaben schweren Herzens und achtete darauf, Muttis Bitte Folge zu leisten: das Ganze nicht an die Öffentlichkeit dringen zu lassen. Die Presse durfte von den Streitigkeiten innerhalb der Familie keinen Wind bekommen.

In einem »Hirtenbrief« wandte sich Mutti an alle Familienmitglieder und bat die Betroffenen um Versöhnung.

Ich war der einzige, der dazu bereit war.

Ein Riß ging durch die Familie Schell.

Mit einer Rolle in dem deutschen Film *Drei Mädels vom Rhein* (Regie: Georg Jacoby, mit Gardy Granass, Margit Saad und Angelika Völkner) fand ich wieder Anschluß an das Berufsleben. Die Innenaufnahmen wurden in den Babelsberger Studios bei Berlin gemacht, die Außenaufnahmen am Rhein.

Ich war nun auch innerlich wieder nach Europa zurückgekehrt.

Was tut ein junger Filmschauspieler, wenn ihm das Drehbuch nicht gefällt?

Sicher gibt es mehrere Möglichkeiten: Entweder, er lehnt die Rolle ab – dann ist er aber auch seinen Job los. Mäkelt er herum, gilt er als arrogant und schwierig.

Auf jeden Fall ist es eine Zwickmühle.

Meine Kollegin Heliane Bei entschied sich für eine dritte Variante: Sie versuchte, das Drehbuch umzuschreiben.

Wir waren für den deutschen Film *Sommerliebe am Bodensee* engagiert. Regie führte Jaspar von Oertzen. Mir wurde die männliche Hauptrolle zugeschrieben. Eine große Chance für mich.

Heliane Bei war meine Partnerin – Angelika.

Heliane war eine sehr engagierte Kollegin. Der Text gefiel ihr an manchen Stellen überhaupt nicht. Sie fand, daß das Drehbuch hinten und vorne nicht stimme und konnte sich mit der Arbeit nicht identifizieren.

Heliane begann, das Drehbuch umzuschreiben. Sie wollte der Regie beweisen, daß es bessere Möglichkeiten gäbe, diesen Stoff zu präsentieren. Während wir anderen nach einem anstrengenden Drehtag längst erschöpft in den Betten lagen, saß Heliane am Schreibtisch, vollgepumpt mit Kaffee, und bearbeitete die Szenen, die noch nicht gedreht worden waren.

Am nächsten Morgen wirkte sie blaß und müde. Natürlich gibt es Schminke, die vieles vertuschen kann – aber nicht alles. Mangelnde Konzentration zum Beispiel.

Heliane beherrschte ihren Text immer weniger.

Sie war verzweifelt. Ich verstand sie. Aber meine Rolle besaß nach meinem Empfinden weniger Defizite als die ihre.

Jede Nacht blieb Heliane lange auf. Schließlich reichte Kaffee nicht mehr, um sie wachzuhalten. Sie begann, Aufputschtabletten zu schlucken. Das war der Anfang vom Ende.

Sie brach zusammen. Reagierte verwirrt und redete unzusammenhängend. Es war unmöglich geworden, mit ihr zu arbeiten. Sie wurde in eine Nervenheilanstalt gebracht – man erklärte sie für verrückt.

Ich machte den Ärzten klar, wie anstrengend Dreharbeiten für einen Film seien – Heliane litt meiner Meinung nach unter Streßsymptomen, verbunden mit einer Überdosis an Wachhalte-Mitteln. Täglich besuchte ich sie und versuchte, ihr klarzumachen, daß sie nicht verrückt sei. Bis es ihr wieder besserging und sie die Anstalt verlassen konnte. Prompt strickte die Presse eine Liebesaffäre daraus. In einer Zeitung hieß es: »Die Freundin von Carl Schell befindet sich auf dem Weg der Besserung.«

Mir war es egal. Ich schätzte Heliane als Kollegin. Hätte ich sie aus Angst vor Schlagzeilen nicht besuchen sollen?

Inzwischen mußte aber ein Ersatz gefunden werden – Heliane konnte nicht mehr drehen. Christiane Jansen bekam die Rolle.

Weitere Darsteller waren übrigens unter anderen Hubert von Meyerinck, Sonja Sorell, Rita Lerch, Willy Rose, Bert Stanner und Peter Schamoni.

Wir drehten in Überlingen am Bodensee, wo gerade die Internationalen Tanzmeisterschaften 1956 stattfanden. Die Tänzer wurden in unseren Film gleich mit eingebaut. Deswegen mußte die Arbeit an einer anderen Szene auf zwei Uhr nachts verschoben werden. In der Szene sollte ich mich aus Liebeskummer betrinken.

Ich verkürzte mir die Wartezeit, in dem ich schon mal anfing zu trinken. Ich kippte einen Wein nach dem anderen.

Ich wurde angenehm müde und entspannt.

Das technische Team dagegen, das die ganze Nacht schuften mußte, trank ununterbrochen Kaffee, um wach zu bleiben.

Das Team war schließlich völlig überdreht.

Dies hätte einen der Techniker und mich fast das Leben gekostet.

Die Trinkszene sollte gedreht werden. Der Regisseur gab das Startsignal. Ich hatte meine Beine nicht mehr unter Kontrolle und stolperte über ein elektrisches Kabel, das dort nicht hätte liegen dürfen. Plötzlich war mir, als würde ich von einer riesigen Hand gepackt und in einem Wurf weit hinaus ins All befördert: Ich war in ein Starkstromfeld gestürzt.

Ich hörte noch, wie ein Techniker schrie: »Strom aus!« Dann verlor ich das Bewußtsein.

Als ich erwachte, sah ich mich von Engeln umringt. Nun, es waren Krankenschwestern, und ich stellte fest, daß ich noch lebte. Ich erfuhr, daß der Techniker mich aus dem Starkstromfeld herausziehen wollte, dabei aber selbst in den Stromkreis geraten war.

Es klingt grotesk, aber der Alkohol hatte mir das Leben gerettet, während der Techniker, der viel Kaffee trinken mußte, um wach zu bleiben, mit schweren Lähmungen im Nebenzimmer lag.

Sobald es mir besserging, besuchte ich ihn. Ich war sehr erleichtert zu sehen, daß auch er allmählich wieder auf die Beine kam.

Meine Mutter jedoch erlitt in Bern einen Schock, als einer ihrer

Schüler sie plötzlich fragte:»Wüssed Sie scho, daß Ihr Sohn gestorbe ischt?« Und dann fügte er hinzu, daß dies in der Zeitung gestanden habe, und auf der gleichen Seite hätte man angemerkt, daß sich Maria Schell doch künftig Maria Esso nennen solle.»Findet Sie das net komisch?« meinte er treuherzig.

Dennoch: Die Aufregungen hatten sich gelohnt: Der Film *Sommerliebe am Bodensee* wurde ein Publikumserfolg.

Ich war traurig, daß der Kontakt zu Maria seit meinem Brief abgebrochen war. Wie gern hätte ich ihr von meinen Erfahrungen bei den Dreharbeiten erzählt, auch von dem Erfolg.

Ich war nun seit ein paar Tagen wieder vom Bodensee zurück und dabei, mich in München heimisch zu fühlen.

Eines Abends – ich bin gerade auf dem Weg nach Hause – sehe ich, daß sich auf dem Stachus vor dem Kino eine Menschenmenge versammelt hat. Scheinwerfer beleuchten die abendliche Szenerie. Neugierig steuere ich auf die Menge zu. Ein Passant, den ich frage, was hier los sei, antwortet mit leuchtenden Augen:»Maria Schell! Premiere!«

In diesem Augenblick fährt eine Luxuslimousine vor. Ich halte den Atem an. Der Fahrer, in Livree, steigt aus, springt um den Wagen herum und öffnet die hintere Tür. Tatsächlich: Maria entsteigt lächelnd dem Fond des Wagens und läßt sich von ihrem Begleiter – ich kenne ihn nicht – strahlend ins Kino führen. Blitzlichtgewitter. Ahs, Ohs. Sie geht über einen extra für sie ausgerollten roten Teppich, nein, sie schwebt …

Ich dränge mich ein wenig rücksichtslos durch die Menge, in die erste Reihe. Maria soll mich sehen! Ich applaudiere, wie die anderen.

In diesem Augenblick vergesse ich meinen Groll.

Das Unfaßbare geschieht.

Marias Blick trifft meinen Blick. Aber sie reagiert nicht.

Ihr Strahlen gilt allen gleichermaßen.

Diva. Göttin des Films. Zu Höherem Geborene.

Sie schreitet an mir vorbei, blickt mich an und gibt vor, mich nicht zu kennen.

Maria Schell, Weltstar.

Ich fühle mich tief gedemütigt.

Ich bin für sie nichts anderes als einer unter hundert Gaffenden.

In diesem Augenblick zerbricht etwas in mir.

Nachricht aus Brasilien: Die Mieter meines Lokals Feiticio können oder wollen nicht zahlen. Ich muß wohl oder übel mein dortiges Guthaben abschreiben.

Ich stürze mich in die Arbeit. Eine große Herausforderung liegt vor mir: Heinz Hilpert, der berühmte Regisseur, hat mich für die Rolle des Rodolfo in dem Stück *Blick von der Brücke* von Arthur Miller vorgesehen. Eine wichtige Rolle. Meine Partner auf der Bühne der Münchner Kammerspiele sind Arno Assmann, Krista Keller und Edith Schultze-Westrum.

Das Publikum ist begeistert, die gesamte Presse lobt uns.

Bei dieser Gelegenheit lerne ich August Everding kennen, der zu dieser Zeit als Regie-Anfänger bei Intendant Hans Schweikart arbeitet und sich sehr für die Aufführung interessiert. Wir haben oft zusammen über das Stück geplaudert. Vor kurzem ist August Everding gestorben. Ich fühle, daß er noch unter uns ist.

Maximilian spielt zur selben Zeit an den Münchner Kammerspielen eine Hauptrolle in *Herrenhaus* von Thomas Wolfe, ebenfalls mit Erfolg, und wir haben Gelegenheit, jetzt öfter zusammenzusein. Ich spreche ihn auf Maria und ihren zukünftigen Ehemann Horst Hächler an, und Maximilian zeigt sich ebenfalls entsetzt über die Liaison. Auch ihm ist Hächler unsympathisch, und er gibt zu, daß seine Beziehung zu Maria nicht mehr dieselbe sei. Aber Max scheint die Angelegenheit viel leichter zu nehmen als ich. Er ist auf seine Karriere konzentriert – alles andere ist ihm weniger wichtig.

Die Städtischen Bühnen Köln wenden sich an mich mit dem Angebot, auch bei ihnen den Rodolfo in dem Miller-Stück zu spielen, unter der Regie von René Deltgen.

René Deltgen ist einer der wenigen Schauspieler und Regisseure, die nach Ende des Zweiten Weltkriegs lückenlos an ihre Karriere vor dem Krieg anschließen konnten.

Und so kann ich für die gesamte Spielzeit 1956/57 in Köln einen Vertrag abschließen, mit dem Intendanten Herbert Maisch – der allseits »der Intendant mit der eisernen Hand« genannt wird (seine eigene Hand hatte er bei einem Unfall verloren).

Endlich keine Nebenarbeiten mehr machen müssen wie Kritiken schreiben oder anderes! Für einen Schauspieler ist ein solcher Vertrag immer ein Stück Sicherheit. Wenn es auch eine Schattenseite dabei gibt, nämlich: Was mache ich mit den sich gleichzeitig häufenden Filmangeboten? Nun – die muß ich leider absagen. Hätte ich davon vorher gewußt! Trotzdem – ich freue mich auf die Arbeit mit Deltgen.

Aber vorher geschehen noch traurige Dinge: Der Halbbruder meines Vaters, Max Probst, ebenfalls Schauspieler, stirbt durch einen Autounfall. Kurz darauf stirbt meine Großmutter.

Ich bin jetzt neunundzwanzig.

Und ich bin mal wieder verliebt: Die Auserwählte heißt Renate Ewert, eine Nachwuchsschauspielerin mit aufsteigendem Stern am Karrierehimmel.

Ich habe mich jetzt in Köln eingenistet und stelle erfreut fest, wie nah Köln und Düsseldorf beieinander liegen. Immy ist nämlich am Düsseldorfer Schauspielhaus engagiert – leider unter dem Namen Editha Nordberg –, und wir sehen uns oft. Sie stellt mir ihre beste Freundin, die Schauspielerin Hilde Mikulicz vor, die ich fortan sehr verehre. Immys liebenswerte Art tröstet mich über die Enttäuschung hinweg, die ich mit Maria erlebte.

Maria dreht derzeit unter Horst Hächlers Regie den Film *Liebe*. Ihr Kontakt zur Familie ist fast gleich Null. Natürlich darf die Presse davon nichts erfahren – der Rummel, der dadurch enstehen würde, würde unserer Mutter das Herz brechen.

Als Maria wenig später zu Dreharbeiten für den Hollywood-Film *The Brothers Karamazow / Die Brüder Karamasow* nach Kalifornien fliegt, treffen Immy und ich unsere große Schwester am Flughafen, um uns von ihr zu verabschieden und ihr Glück zu wünschen. Maria wird in dieser großen Produktion neben einem Weltstar wie Yul Brynner spielen. Und sie wird via Nordpol nach Los Angeles fliegen – die derzeit übliche Flugroute.

Gegen Ende des Jahres beginnen die Proben zu *Blick von der Brücke* in Köln. Mit René Deltgen zu arbeiten ist ungemein inspirierend. Er ist einfach vorbildhaft. Seine erstaunliche Disziplin bei der Arbeit wird von allen Mitarbeitern bewundert. Und abends sitzt man mit ihm beim Kölsch, wo er sich menschlich und offen zeigt und man ihn nur noch in sein Herz schließen kann.

Die Premiere Anfang 1957 ist ein voller Erfolg. Deltgen, der nicht nur Regie führt, sondern auch auf der Bühne steht, ist ein Vollblutschauspieler. Die Intensität seines Spiels läßt einen alles Unwichtige vergessen.

In Köln folgen für mich *Viel Lärm um nichts* von Shakespeare und das von mir so geliebte Stück von Federico García Lorca *Sobald fünf Jahre vergehen* unter der Regie des ausgezeichneten Hans Bauer.

Mitten in der Spielzeit erreicht mich eine Anfrage aus Basel, ob ich den Antoine de St. Just in Peter Ustinovs Stück *Der leere Stuhl* spielen möchte. Natürlich – wenn's möglich ist! Und es wird möglich gemacht: Tagsüber bin ich zu Proben in Basel, und abends spiele ich in Köln.

Allerdings nicht täglich, Köln ist ein Repertoiretheater, und ich habe ein paar Tage in der Woche frei zum Ausruhen und Lernen. Das Stück an der »Komödie« in Basel wird eine erfolgreiche Arbeit.

Durch mich lernt Immy eines Tages René Deltgen kennen. Die beiden entwickeln eine tiefe Zuneigung zueinander. Ich bin daher gar nicht überrascht, als er uns den Vorschlag macht, mit ihm zusammen die Hauptrollen in dem Stück *An einem Tag wie jeder andere* von Joseph Hayes zu spielen. Er selbst wolle auch Regie führen.

Ich freue mich sehr darüber, mit zwei von mir so geschätzten Menschen wie Immy und René zusammen zu arbeiten. Das Stück soll in Fritz Rémonds Frankfurter »Theater im Zoo« herauskommen.

In *An einem Tag wie jeder andere* wird eine Familie von Gangstern überfallen, die aus dem Gefängnis ausgebrochen sind. Deltgen spielt den Gangsterboß – eine wahre Freude!

Ein Jahr zuvor wurde diese Geschichte übrigens mit Humphrey

Bogart (als Gangsterboß) und Fredric March in Hollywood verfilmt.
Ich finde: Deltgen ist um Klassen besser als Bogart!
Nach der Premiere spendet uns das Publikum Standing ovations.

An dieser Stelle muß ich ein Geheimnis lüften.
Es gibt an jenem Abend eine Panne, die niemand im Publikum bemerkt.
René, als eiskalter Gangsterboß Glenn Griffin, hat den Familienvater – der von Franz Schafheitlin gespielt wird – losgeschickt, damit er was zum Essen kauft. Die Tochter – von Immy dargestellt – hält er als Geisel fest. Ich, der Bruder des Gangsters, soll die Rückkehr des Vaters vom Einkaufen melden.
Ich warte auf Schafheitlin, aber er kommt nicht.
O Gott, denke ich, was tue ich jetzt?
Ich habe keine Wahl: improvisieren!
Ich sage zu René: »He, Glenn, da stimmt was nicht. Der Alte schleicht dort langsam durch die Büsche.«
René blickt mich an, als hätte ich nicht alle Tassen im Schrank. »Was tut der Alte?« fragt er ärgerlich.
Ich mache eine Geste, daß der Familienvater nicht komme, gehe zum Rand der Kulisse und erkläre nochmals: »Der schleicht da durch die Büsche … da muß irgendwas nicht stimmen.«
René blickt mich böse an. Er glaubt, ich habe den Text vergessen.
Ich stelle mich dicht hinter ihn und flüstere ihm zu: »Schafheitlin ist nicht da.«
Jetzt hat er begriffen. René rast von der Bühne, außer sich vor Wut. Ich höre ihn hinter den Kulissen brüllen: »Schafheitlin, sind Sie wahnsinnig geworden, Ihr Auftritt!«
Ich breche in einen Hustenanfall aus, damit man im Publikum Renés Toben nicht hört. Dann steigere ich mich in einen gespielten, hysterischen Angstanfall hinein, als habe ich, der Bruder des Gangsters, auf einmal die Hosen voll und fürchte die Rache des Familienvaters, der da »so komisch durch die Büsche schleicht«.
Das Publikum bemerkt nichts.
Ich habe eine meiner späteren Textstellen vorweggenommen, in der

ich darüber lamentiere, wie ängstlich ich sei und daß ich mich aus der Sache lieber herausziehen wolle. Ich spiele um mein Leben, brülle, weine und bin schrecklich wütend, weil Egon Zehlen, der den dritten Gangster spielt, nur stumm dasitzt und, wie paralysiert vor Schreck, nicht weiß, was er zur Rettung der Aufführung tun könnte. Wie ein Ölgötze sitzt er auf seinem Stuhl und harrt der Dinge, die da kommen mögen.

Jetzt fängt Immy an zu improvisieren, versucht mich zum Aufgeben zu überreden und schlägt vor, ich solle sie als Geisel freilassen. Natürlich darf ich darauf nicht positiv reagieren, denn sonst würde das ganze Stück platzen. Also schreie ich Zehlen an: »Robish ... so sag du mal was ...«

Worauf der große, fast gorillahaft anmutende Gangster nach kurzer Gedankenpause trocken vor sich hinbrummelt: »Verdammte Scheiße!«

Immy und ich sind kurz davor, in hysterisches Gelächter auszubrechen. Da taucht René mit Schafheitlin aus der Kulisse auf. Er zerrt ihn an den Haaren auf die Bühne, und wir sehen Schafheitlin an, daß seine Angst und Schmerzen echt sind.

René schreit und tobt, bis er seinen Text wiedergefunden hat. Die Handlung kann weitergehen.

Kaum zu glauben, aber das Publikum und die Presse haben nichts gemerkt! Im Gegenteil. Wir spüren, daß die Zuschauer starr vor Entsetzen sind und um das Leben des Familienvaters bangen. Dröhnender Beifall empfängt uns, als wir uns am Schluß verbeugen.

Es dauert einige Tage, bis René Deltgen sich wieder mit Franz Schafheitlin versöhnt hat.

Auch in dem Gangsterstück hatte Immy unter dem Namen Editha Nordberg gespielt. René ermunterte sie, mehr Selbstbewußtsein zu zeigen und ihren eigenen Namen zu tragen, ganz gleich, was Maria dazu sagen würde.

Eines Morgens auf der Probe erhob sie plötzlich ihre Stimme und sagte: »Ich heiße übrigens Immy Schell Noé von Nordberg. Ihr könnt mich aber Immy nennen oder Frau Schell – okay?«

Alle Kollegen, die von Immys Problem wußten, klatschten Beifall. Mir stiegen Tränen in die Augen.

Die Beziehung zwischen Renate Ewert und mir hatte das ständige Hin und Her zwischen den Engagements nicht verkraftet. Wenn man zu lange voneinander getrennt ist, lebt man sich auseinander.
Das Pendeln von Stadt zu Stadt, von Hotelzimmer zu Hotelzimmer, ist oft anstrengend. Ich ertappte mich dabei, daß ich mich nach der Geborgenheit einer Familie sehnte. Inzwischen war Marie-Luise Raaf meine ständige Begleiterin. Ich verlobte mich mit ihr.
Bei Kreuzlingen in der Schweiz wurden wir beide in einen schweren Autounfall verwickelt. Die Presse war natürlich gleich vor Ort und berichtete ausführlich von unserem Unglück.
Aber auch die Beziehung zu Marie-Luise scheiterte. Wie soll eine Liebe wachsen können, wenn man sich immer wieder aus den Augen verliert?
Vielleicht war ich aber auch noch nicht reif fürs Heiraten. Nur die Sehnsucht nach einer Familie, nach Kindern, blieb.

Kurz vor meinem dreißigsten Geburtstag fragte Mutti mich, ob ich nicht Lust hätte, mit ihr und ihren Schauspielschülern in Venedig zu gastieren. Und ob ich Lust hatte! Wir spielten am »Teatro San Giorgio« Goldonis Gesellschaftskomödie *Der Fächer* – zum ersten Mal auf einer italienischen Bühne in deutscher Sprache.

Jüngster Theaterdirektor in Berlin
und zwischen drei Frauen

Mutti rief mich aus Berlin an: »Kannst du den Raskolnikow für mich spielen, Carl? Unser Hauptdarsteller ist krank.«
Am nächsten Tag war ich da.
Berlin.
Zerrissene Stadt.
Mutti inszenierte hier, am Theater »Die Vaganten« in der Kantstraße, direkt neben dem »Theater des Westens«, in dem damals noch die Städtische Oper untergebracht war. Selbstverständlich sprang ich sofort ein, und so brachte mich der Zufall in die geteilte Stadt.
Hier wehte der Wind des Kalten Krieges jedem um die Ohren.
Die Berliner hatten sich warm angezogen.
Sie blieben ihrer Stadt treu – bewundernswert.
Umzingelt von sowjetischem Stacheldraht, umstellt von Panzern und bewaffneten Grenzsoldaten, lebten die Berliner ein Leben im permanenten Ausnahmezustand.
Industrie und Kapital dagegen waren dabei, das Weite zu suchen: Wer investiert schon in eine Stadt, deren Zukunft im Ungewissen liegt?
Die Bundesregierung wendete Millionen dafür auf, um Berlin am Leben zu erhalten. Wer nach Berlin kam, konnte mit Steuervergünstigungen und anderen Vorteilen rechnen. Wenn ich Briefe verschickte, mußte ich immer zu der Briefmarke eine Zwei-Pfennig-Zusatzmarke auf den Umschlag kleben: Notopfer Berlin.
Die Stadt am Tropf.
Gleichzeitig strömten von Jahr zu Jahr mehr Flüchtlinge in die Stadt oder meldeten sich in den Lagern an der Zonengrenze zu anderen westlichen Bundesländern. Der Osten verlor seine Bürger, viele hielt es nicht mehr im DDR-Staat.

Die Beziehungen zwischen den beiden Supermächten waren mehr als angespannt. Was würden die Sowjets sich einfallen lassen, um den Flüchtlingsstrom einzudämmen? Würde es eine zweite Blockade geben, würde man den Westen Berlins einfach aushungern lassen, um andere Bedingungen erpressen zu können?

Das politische Klima war überall präsent in Westberlin. Die Menschen lebten mit der Politik. Sie waren kritisch, wach, zu Auseinandersetzungen bereit und bemühten sich, die Dinge mit Humor zu nehmen, mit dem sprichwörtlichen trockenen Berliner Humor. Galgenhumor.

Die Berliner hungerten nach Kultur, als suchten sie in der Kunst die Antwort auf offene Fragen.

Und sie litten unter der Teilung. Drüben Onkel und Tanten, Nichten und Neffen – hüben Schwestern und Brüder, Mütter und Väter. Die Politik hatte ganze Familien auseinandergerissen. Die Verbindungen zwischen Ost und West wurden durch strenge Regeln und Kontrollen erschwert – und durch ein Klima der Angst.

Ich lief durch den Tiergarten, nicht weit vom Brandenburger Tor. Die Berliner erzählten von den alten Eichen, Linden und Buchen, die den Park einst geschmückt hatten und die als Ofenholz während des Krieges die Bürger vor dem Erfrieren gerettet hatten. Nun wuchsen hier junge Bäumchen in der Hoffnung auf eine bessere Zukunft.

Nur einen Steinwurf entfernt hatte man im letzten Jahr eine hochmoderne Wohnsiedlung fertiggestellt, das neue Hansaviertel. Wohnraum war noch immer knapp in Berlin – die Stadt war im Krieg schwer bombardiert worden.

Die Spree floß träge dahin wie eh und je; ich mochte diese Ecke am Südufer des Flusses zwischen Reichstag und Siegessäule. Ich stand jetzt direkt vor der Kongreßhalle, einem architektonisch gewagten Bau, den die Amerikaner kürzlich hier errichtet hatten und der einer überlebensgroßen Hutschachtel glich. »Schwangere Auster« nannten ihn die Berliner – ein Ort für Tagungen, für Zusammenkünfte von Menschen, unmittelbar an der Grenze: Einen Kilometer weiter begann die sowjetisch besetzte Zone.

Ich ahnte 1958 noch nicht, daß nur drei Jahre später an dieser Stelle und durch die ganze Stadt hindurch eine Mauer gezogen werden würde, daß der DDR-Staat sich auf diese Weise vor dem Abwandern seiner Bürger schützen würde.

Ich stand da, am Scheitelpunkt zwischen Ost und West, und hatte plötzlich eine Vision: Hier, an dieser Stelle, Theater machen! Und Ost und West ins Gespräch miteinander bringen.

Naiv? Vielleicht.

Ich machte jedenfalls die ganze Nacht kein Auge zu.

Nicht umsonst hatte ich meine Erfahrungen in Brasilien gemacht. Ich hatte dort eines gelernt: Daß man Initiative entwickeln muß, wenn man etwas erreichen will. Ich wollte mithelfen, aus Berlin wieder eine lebenswerte Stadt zu machen.

Am nächsten Morgen stand mein Entschluß fest: Ich würde in der Kongreßhalle, die, wie ich wußte, über einen Vorführsaal mit vierhundert Plätzen verfügte, mein eigenes Theater eröffnen, die »Kammerspiele in der Kongreßhalle«.

Ich brauchte nur noch das Einverständnis des Berliner Senats.

Und siehe da: Der Senat hatte nichts gegen meine Idee. Nur kosten durfte es ihn nichts. Die Kammerspiele sollten sich mit den Erträgen aus den Eintrittsgeldern selbst über Wasser halten.

Voilà! Der jüngste Theaterdirektor Berlins war geboren.

In vielen Gesprächen mit dem Direktor der Berliner Ausstellungen, Dr. Friehe, der für die Angelegenheiten der Kongreßhalle zuständig war, wurden nach und nach die Modalitäten ausgehandelt. Die Sache war nicht unkompliziert. Man kann sich nicht vorstellen, was es alles braucht, um ein Theater zu eröffnen – gerade in einer Weltstadt wie Berlin. Stücke, Schauspieler, Buchhaltung, Öffentlichkeitsarbeit – alles erforderte Aufmerksamkeit und Ideen.

Ich fand eine Handvoll Mitarbeiter, die sich für das Projekt begeisterten, investierte alle Gelder, die ich mir inzwischen erarbeitet hatte, schlief nur noch manchmal und stürzte mich vollkommen in die Verwirklichung meiner Idee.

Ich mache es kurz und begnüge mich mit der Andeutung, daß mir der Satz »Es gibt mehr Menschen, die kapitulieren, als Menschen, die scheitern« durch die dunkelsten Stunden hindurchhalf. Ich wollte es einfach schaffen.

Zwei Stücke hatte ich für die Eröffnung ausgewählt: *Sobald fünf Jahre vergehen* von Lorca – das ich sehr gut von meinem Engagement bei den Städtischen Bühnen Köln im vergangenen Jahr her kannte – und *Iwan und die Schreckliche*, eine politische Ost-West-Komödie von Akim Leonoff – ein Pseudonym, hinter dem sich ein Berliner Radiojournalist versteckte.

Lorcas surrealistisches Drama, ein Jugendwerk des Autors, hielt ich für sehr passend für unsere Situation. Der Lorca-Übersetzer Enrique Beck hat einmal darüber gesagt: »Dieses Bühnenwerk gehört zu denen, deren Wirkung fortdauert, auch wenn der Vorhang längst gefallen ist, womit es Forderungen erfüllt, die erlauchte Geister an die Bühne stellen.«

Das Stück gilt als schwierig und fast unspielbar – es seziert und analysiert die menschliche Seele auf eine Art und Weise, die an Drogenrausch erinnert. Wesenszüge und Wunschvorstellungen eines jungen Mannes nehmen Gestalt an, um den inneren Widerstreit des Menschen zu verdeutlichen. Es ist aber repräsentativ für die Dinge, die Menschen bewegen, und absolut unpolitisch. Genau richtig für ein Theater, das in Sichtweite einer Grenze lag, die jede Menschlichkeit vergessen ließ.

Iwan und die Schreckliche sollte einen Gegenpol darstellen – eine politische Komödie, die helfen sollte, die Spannungen zu mildern und alles etwas lockerer zu sehen. Vor allem sollte gezeigt werden, daß es – wenn auch die Politik mit Russen und Amerikanern keinen größeren Gegensatz finden kann – auf rein menschlicher Ebene immer Verbindungen geben wird. Wir wollten »das Verbindende offenbar« machen.

Eröffnung der Kammerspiele war am 7. April 1958.

Im Programmheft konnten die Gäste ein Grußwort des Regierenden Bürgermeisters von Berlin, Willy Brandt, lesen, in dem es hieß: »Eine neue Bühne stellt sich den Berlinern vor. Wenn der Vorhang in den Kammerspielen in der Kongreßhalle zum erstenmal aufgeht, dann möge das der gute Anfang für ein Unternehmen sein, dem ich eine gedeihliche Entwicklung wünsche. Ich begrüße diese Initiative und hoffe, daß den Kammerspielen in der Kongreßhalle in dem Bemühen, das kulturelle Leben in Berlin weiter zu bereichern, Erfolg beschieden sein wird.«

Auch der Senator für Volksbildung, Professor Dr. Tiburtius, der Bürgermeister des Bezirks Tiergarten, Meseck, und Dr. Friehe sowie sein Kollege Leopold von den Berliner Ausstellungen drückten ihre Unterstützung in unserem Programmheft aus.

Das Publikum spendete lebhaften Beifall. Die Kritiken hatten die unterschiedlichsten Färbungen. Die einen fanden den Lorca zu schwer für meine Schauspieler, die jung und noch nicht so erfahren waren. Und der Humor der Ost-West-Komödie lag auch nicht auf jedermanns Wellenlänge. Aber alle waren begeistert davon, daß ein neues Theater aus der Taufe gehoben worden war. Man wünschte uns viel Glück.

Dennoch gab es nach der Premiere einen Mißklang. Er wurde – völlig unbeabsichtigt von mir – dadurch hervorgerufen, daß ich meine Premierengäste auf der Einladung um Frack oder Smoking gebeten hatte. Ich wollte damit ganz einfach die festliche Stimmung unterstreichen, aber selbstverständlich niemand Andersdenkenden ausschließen.

Die Anmerkung »Frack – Smoking« rief Berlins gefürchtetsten Kritiker Friedrich Luft auf den Plan. Anstatt seinem Handwerk, der Kritik, nachzugehen, regte er sich in der überregionalen Tageszeitung »Die Welt« über meinen Kleidervorschlag auf. Auch unter der Rubrik »Stichwort« der Berliner Boulevard-Zeitung »Der Abend« mokierte er sich später von oben herab:

»Je kleiner das Theater, um so größer scheint also der Aufwand zu sein, den es für sich beanspuchen zu müssen glaubt. Denn ein dunkler Anzug ist dem neuen Herrn Direktor viel zu wenig. Die ganz große Abendtoilette muß es sein. Haben Sie's nicht ein bißchen kleiner, verehrter Herr Schell?«

Und nicht genug damit. Beißend fährt Luft fort:

»Wir haben in den letzten Jahren leider schlechte Erfahrungen mit privaten Theaterneugründungen gemacht. Wir wollen Herrn Schell, weiß Gott, nicht das Schicksal seiner Vorgänger wünschen. Aber wer ein noch so unbeschriebenes Blatt ist, wer erst noch in Berlin seine künstlerische Existenzberechtigung nachzuweisen hat, der – finden wir – sollte sein Auftreten etwas bescheidener proklamieren.«

Hatte ich das Berliner Publikum falsch eingeschätzt? Der Fausthieb saß, Luft hatte meinem Theater und damit den Bedürfnissen der Stadt nach neuen, frischen Projekten keinen Dienst erwiesen. Unter der gleichen Rubrik veröffentlichte ich im »Abend« wenig später folgendes:

»Ich bitte Sie, mir zu glauben, daß ich nicht die Vermessenheit besitze, für meine Kollegen oder gar für mich eine bestimmte Kleidung zu fordern. ... Wahrlich, es geht hier nicht um mich! Es geht um die Würdigung der Kunst und um die Hochachtung vor Berlin ... ich bin ... davon ausgegangen, daß ich meine Gäste darauf aufmerksam machen darf, daß es sich hier um einen wirklich festlichen Akt handelt, der vor allem als Geste gegenüber dem Hausherrn gedacht ist, gegenüber dem Land Berlin, dem die Kongreßhalle in den nächsten Tagen übergeben wird ... Gäste, die solche Kleidung nicht besitzen oder die aus Überzeugung eine andere wählen, sind uns selbstverständlich gleich wert ...«

Und ich schloß mit den Worten:

»Unser Theater wird erst geboren ... Nehmen Sie es uns nicht übel, wenn wir – wie die einfachste Familie – bei der Taufe so feierlich wie möglich sein möchten.«

Luft schienen seine Bonmots wichtiger zu sein als eine wirklich fundierte Kritik, die dem Theater mehr gedient hätte. Es kam zum Prozeß. Der Musterprozeß eines Schauspielers gegen einen Kritiker.

Das Verfahren zog sich endlos lange hin – bis ins darauffolgende Jahr –, aber es wurde zu meinen Gunsten entschieden. Berlins Kritiker-Papst und »Die Welt« mußten eine hohe Entschädigung an mich zahlen.

Als nächste Aufführungen setzten wir *Die Verliebten* von Carlo Goldoni auf den Spielplan, *Der leere Stuhl* von Peter Ustinov und die *Schandmaulgedichte* sowie Lieder des französischen Gesellschaftskritikers François Villon – vorgetragen von dem großartigen Klaus Kinski.

Ich hatte mir vorgenommen, jede Woche eine Premiere zu bringen, aber das hochgesteckte Zeil erreichte ich nicht. Im Grunde war es schon eine erstaunliche Leistung, daß wir das Repertoire überhaupt durchhielten.

Als nächstes führten wir *Totentanz* von Strindberg auf, mit Walter Wicclair aus den USA, und *Ich selbst und kein Engel* von Thomas Harlan – ebenfalls noch in der Spielzeit 1958/59.

Zur Generalprobe eines jeden Stücks luden wir Ostberliner Künstler ein, natürlich auch Leute aus dem »Berliner Ensemble«. Bert Brecht war seit über zwei Jahren tot, aber ich konnte noch einmal seine Witwe Helene Weigel begrüßen. Das war ja eines meiner Anliegen mit den Kammerspielen gewesen: den Ost-West-Dialog zu führen.

Im Sommer fanden in Berlin die Internationalen Filmfestspiele statt, und ich wurde eingeladen. Nach langer Zeit sah ich meine Geschwister Maria und Maximilian wieder, Maria mit gemischten Gefühlen. Sie hatte inzwischen ihren Horst Hächler geheiratet. Wir besuchten viele Veranstaltungen gemeinsam, worüber sich die Presse natürlich sehr freute, aber von den Spannungen innerhalb der Familie spürte niemand etwas – außer uns.

Ich konnte sie diesmal vielleicht ein wenig leichter ertragen, denn ich hatte mich aufs neue verliebt: in die strahlend blauen Augen meiner Regieassistentin Candida Robert. Sie arbeitete schon seit einigen Monaten bei mir am Theater, und aus kollegialen Gefühlen war allmählich mehr geworden. Immer wenn ich in ihre Augen sah, fühlte ich mich wohl.

Die Besucherzahlen in den Kammerspielen waren gut, aber allein vom Eintritt läßt sich kaum ein Theater auf Dauer finanzieren.

Wir schrieben rote Zahlen.

Da erreichte mich eines Tages ein Filmangebot aus Paris: Ich sollte in dem Streifen *Les Naufrageurs / Die Verfemte* eine Hauptrolle spielen, gemeinsam mit Henri Vidal, Charles Vanel, Renée Cosima und als Partner von Dany Carrel. Der Film sollte in Frankreich gedreht werden. Regisseur war Charles Brabant.

Was tun? Das Theater für diese Zeit schließen?

Das war natürlich nicht möglich, und so bat ich Candida, während der Zeit meiner Abwesenheit die Theaterleitung zu übernehmen. Candida, mit ihrem langen blonden Haar und den strahlend blauen Augen, war nicht nur sehr attraktiv, sondern auch eine zuverlässige und kluge Frau – ich vertraute ihrem Können und ihren Entscheidungen hundertprozentig.

Es schmerzte, voneinander Abschied zu nehmen. Unsere Liebe hatte gerade erst begonnen, eine Trennung, wenn auch nur eine zeitliche, war das letzte, was wir uns wünschten. Aber wir wußten beide, daß ich das Theater nicht würde halten können, wenn ihm nicht bald ein Batzen Geld zufloß.

Ich versprach Candida, mindestens einmal in der Woche nach Berlin zu kommen ...

Les Naufrageurs beruhte auf einer wahren Begebenheit:

Auf den Bewohnern der einsamen Felseninsel Blaz-Mor lastet ein Fluch. Mit Hilfe von falschen Leuchtsignalen locken die Inseleinwohner Seeleute bei Sturm mit ihren Booten an die Klippen – wo sie kentern und ertrinken. Die Menschen leben von den Dingen, die das Meer dann ans Ufer spült. Wenn jemand in den Schiffen überlebt, wird er gleich umgebracht. Die Inselbewohner handeln aus ihrer Not heraus: Es gibt für sie keine weitere Einnahmequelle.

Moira, eine junge Frau, lockt einen Zweimaster an den Felsen. Den einzigen Überlebenden der Katastrophe verbirgt sie jedoch in einer Höhle, da sie sich in ihn verliebt hat, um mit ihm später von der Insel zu fliehen.

Im Laufe der Geschichte muß sich der Festgehaltene zwischen zwei Frauen entscheiden, zwischen Moira, der Strandräuberin, und Louise.

Renée Cosima spielte Moira, Dany Carrel war Louise und ich der überlebende Seemann Gilles.

Der Film kam später bei der Presse gut an. Die »BZ« schrieb:

»... diese Spitzenproduktion, die alle Kritiker aufhorchen läßt, zieht das Publikum bedingungslos in seinen Bann.«

Die »Süddeutsche Zeitung«:
»Ein echter Abenteuerfilm – voll realistischer Dramatik und menschlicher Konflikte! Eine wahre Geschichte in bester Besetzung!«
Die »Berliner Morgenpost« bezeichnete Renée Cosima und mich als »das schönste Liebespaar Europas« in diesem »Abenteuerfilm von ungewöhnlichem Format«.
Ich genoß es, wieder einen Film zu drehen. Ich genoß es, wieder in Frankreich zu sein. Die Zeit in Berlin war sehr hart gewesen, der Aufbau des Theaters voller Schwierigkeiten. Zu allem Überfluß lief noch das Verfahren zwischen Friedrich Luft und mir, was eine zusätzliche Belastung darstellte. Aber Candida hatte das Theater im Griff; ich war erleichtert zu wissen, daß alles nach Plan lief.
Nach Plan?
Die Dreharbeiten in Frankreich hatten ihre Tücken.
Nein, beruflich lief alles glatt. Aber persönlich bedeutete die Arbeit für mich eine Herausforderung. In dem Film stand ich als Gilles zwischen zwei Frauen. Ohne es vorher zu ahnen, wurde aus dem Filmthema für mich plötzlich dramatische Wirklichkeit.
Ich liege mit der bezaubernden Dany Carrel am felsigen Strand von Blaz-Mor. Ich, gestrandeter Seemann, lebe in einer Höhle, und sie kommt mich täglich besuchen. Sie schaut mich mit ihren mandelförmigen Augen verführerisch an, lächelt mit ihrem vollen Mund, so daß mir die Knie zittern. Wir umarmen uns, küssen uns leidenschaftlich.
»Danke … Gestorben!« ruft Charles Brabant.
Das heißt in der Filmsprache, daß die soeben gedrehte Szene »im Kasten« ist, vom Regisseur akzeptiert.
Aber ich mag Dany nicht loslassen. Der Geruch ihrer Haut, der Duft ihres Haares, all das zieht mich magisch zu ihr hin.
Dany blickt mich ein wenig verlegen an. Schlägt die Augen nieder, als ich ihre Hand noch halte, obwohl sich das Team schon für die nächste Szene vorbereitet.
Ich lasse los. Mit wiegenden Schritten geht Dany auf die Maskenbildnerin zu, die ihr das Make-up richtet. Während sie abgepudert wird, blickt sie aus den Augenwinkeln zu mir herüber. Ich sehe es nicht, aber ich spüre es.

Ich setze mich auf einen Felsbuckel und blättere in meinem Textheft. Ich gebe vor, mich darin zu vertiefen. Warum? Ich kenne meine Rolle in- und auswendig. Ich halte das Manuskript in den Händen und bemerke, daß ich zittere.

Etwas ist geschehen während der letzten Szene. Etwas, das die anderen nicht bemerkten. Etwas Gewaltiges.

»Telefon aus Berlin!« ruft mir die Aufnahmeleiterin in der Pause zu. Candida ist am Telefon. Ihre Stimme ist warm und freundschaftlich. Sie berichtet mir vom Theater und beruhigt mich, daß ich mir keine Sorgen zu machen brauche.

»Konzentriere dich in aller Ruhe auf deine Arbeit. Du kannst dich auf mich verlassen.«

Candida ist ein Schatz. Sie ist die beste Freundin, die ich je hatte. Wenigstens glaube ich das. Später wird mir zugetragen, daß sie mit Klaus Kinski, der an meinem Theater gastierte, über alle Maßen flirtete und … na ja … die Leute reden eben …

Trotzdem!

»Ich freue mich auf dich nächste Woche«, höre ich Candidas Stimme sagen, »ich liebe dich! Tschüs, bis dann.«

Ich spüre, wie ich »Ich liebe dich auch« nicht mehr über die Lippen bekomme. Glücklicherweise hat Candida schon aufgelegt und wohl mein Zögern nicht bemerkt.

Ich fühle mich elend. Ich mag Candida. Ich liebe sie auch. Aber wenn ich an Dany denke, durchströmen mich vollkommen andere Empfindungen. Gerade eben ist es passiert. Noch nicht einmal zehn Minuten sind seitdem vergangen.

Ist es nur ein Funke, der gleich wieder verlöscht?

Ist es nur der Reiz des Neuen?

Woche für Woche erwartet Candida mich am Flughafen Berlin-Tempelhof und umarmt mich mit großer Liebe. Es dauert ein paar Stunden, bis ich auch innerlich wieder in Berlin bin. Dann fühle ich mich wohl und glücklich zusammen mit ihr.

Zurück in Frankreich, bin ich schlagartig wieder für Dany entflammt. Die Sache wird kompliziert, als Dany Carrel mir zu zeigen beginnt, daß auch ich ihr alles andere als gleichgültig bin.

Und nun die Presse! Die Reporter, die täglich bei uns am Set sind, um Aufnahmen von den Filmarbeiten zu machen und die Schauspieler zu interviewen, heften sich Dany und mir an die Fersen.

Dann der erste Kuß, weitab von jeder Kamera.

Gewissensbisse, wenn ich an Candida denke.

Dann viele folgende Küsse, in aller Öffentlichkeit.

Und dann die erste Schlagzeile in der französischen Presse: »Carl Schell – eine Französin fesselt sein Herz ...«

Von nun an berichten die Zeitungen immer wieder von Dany und mir. Mit Fotos. Dany und ich als zärtliches Liebespaar.

Das sind wir wirklich.

In Berlin hält mir Candida wortlos französische Zeitungen entgegen.

Die Schlagzeilen haben sie unsicher gemacht.

Ich flüchte in Ausreden, will über Kinski reden. Aber was soll's ...

Wieder in Frankreich, wo wir gerade in Pariser Studios Innenaufnahmen drehen, mache ich mir klar, daß ich mit Candida offen werde sprechen müssen. Daß ich ihr werde sagen müssen, daß ich beide liebe – sie und Dany, jede auf eine andere Art.

Ja, das werde ich tun müssen.

Doch erst muß ich wieder zur Post, um einen Teil meiner monatlichen Gage an die Kammerspiele in Berlin zu schicken. Es tut ein wenig weh, zumal ich nicht weiß, für wie lange das finanzielle Loch gestopft sein wird. Ich bekomme Angst, wenn ich mir vorstelle, daß das Theater mein gesamtes Vermögen verschlingen wird.

Da bieten mir der Autor und Theatermann Thomas Harlan und seine Freunde an, das Theater in der Kongreßhalle ganz zu übernehmen. Ich zögere. Soll ich es ihnen überlassen? Ist der Traum für mich schon ausgeträumt?

Nein, das Angebot kommt zur richtigen Zeit, gerade als ich befürchte, daß mir die Dinge über den Kopf wachsen. Dennoch bitte ich Thomas Harlan um ein paar Tage Bedenkzeit.

Zur gleichen Zeit bekomme ich einen Anruf von meinem Pariser Agenten, André Bergheim.

»Carl, ich habe ein tolles Angebot für dich.«

»Ich höre.«

»Ich sage nur: Hollywood!«

»Spann mich nicht auf die Folter, André!«

»Hast du Lust, mit Marlon Brando zu spielen?«

Ich überlege nicht eine Sekunde: »Sofort!« Dann stutze ich. »O nein, sofort geht es leider nicht, aber ...«

»Die Sache hat noch etwas Zeit. Es ist eine Hauptrolle. Komm so bald wie möglich vorbei, okay?«

Meine Chance! Endlich! Ich mache einen Luftsprung. Dabei reiße ich das Telefon vom Tischchen. Ein schlechtes Omen?

Ach was, ich bin nicht abergläubisch.

Ich werde – so mein Agent – mit Marlon Brando unter dem Regisseur Edward Dmytryk in dem Hollywood-Film *The Young Lions / Die jungen Löwen* spielen! Hollywood hat für mich angefragt.

Was für ein Tag!

In den nächsten Wochen werde ich mehr von Bergheim hören.

Jetzt steht mein Entschluß fest: Ich werde die Verantwortung für die Kammerspiele an Thomas Harlan übergeben.

Nachdem ich mich dazu durchgerungen habe, bin ich erleichtert. Ich fühle mich nicht mehr zwischen den Projekten hin- und hergerissen, sehe ganz neue Möglichkeiten auf mich zukommen. Mein Baby, so empfinde ich, ist groß geworden und muß nun laufen lernen. Ich dagegen muß mich wieder um mich selber kümmern. Hollywood winkt am Horizont. Und hier in Frankreich sind die Arbeiten zu *Les Naufrageurs* noch lange nicht beendet.

Ich kann mich wieder meiner französischen Geliebten Dany widmen. Wir schmieden Zukunftspläne. Dany wird mich nie, nie wieder gehen lassen, sagt sie.

Aber bevor ich mit Candida sprechen und reinen Tisch machen kann, erfahre ich, daß sie gerade unterwegs zu mir ist. Candida kommt nach Paris. Hätte ich nicht angerufen, hätte sie überraschend vor meiner Tür gestanden.

Das hätte schiefgehen können.

Die ersten Herbststürme fegen über das Rollfeld des Flughafens

Orly, als ich Candida in meinen Armen halte. Es ist das erste Mal, daß sie mich in Paris besucht.

»Ich hab mich so nach dir gesehnt«, sagt sie aus vollem Herzen und blickt mir lange und forschend in die Augen.

Ich mag solche Blicke nicht. Besonders nicht in einer Situation wie der jetzigen. Aber Candida wirkt nicht wie ein Racheengel, der die Schlinge enger ziehen will. Im Gegenteil, sie ist auf eine ganz besondere, fast neue Art zärtlich zu mir.

Sie hat sich verändert. Es ist keine äußere Wandlung, sie sieht aus wie vorher. Aber ich spüre, daß in ihrem Inneren etwas anders ist. Ich kann es nur noch nicht genau beschreiben.

Dany und Candida sind sich gegenseitig sehr sympathisch. Das ist schön, macht die Sache aber für mich nicht einfacher. Keine von beiden drängt mich. Candida wird ein bis zwei Wochen in Paris bleiben. Ich weiß, daß ich mich bald entscheiden muß.

Am Abend, gegen neun, klingelt das Telefon in meinem Hotelzimmer. Candida ist gerade im Bad; ich nehme den Hörer ab. Eine dunkle Frauenstimme, ein wenig rauchig, meldet sich.

»Kann ich bitte Monsieur Schell sprechen?«

»Am Apparat«, sage ich ahnungslos.

»Chéri«, haucht die Stimme am anderen Ende der Leitung, »ich bin's, France.«

»France Darly?« frage ich überrascht zurück.

Sollte es wirklich France sein, meine Liebe aus dem Jahr 1949, mit der ich in Paris zusammen war, bevor ich nach Südamerika ging? Natürlich! Jetzt erkenne ich ihre Stimme wieder.

Ich bin ehrlich erfreut. Gute, alte France!

»Woher weißt du, in welchem Hotel ich …«

»Du bist jetzt ein bekannter Filmstar«, unterbricht sie meine Frage.

»Ich möchte dich einladen«, fährt sie fort, »zu einem Happy Weekend – hast du Lust?«

Mein Herz klopft verräterisch. Ich überschlage in Windeseile meinen Zeitplan. Fürs Wochenende haben wir noch nichts Besonderes vor. Wird Candida es verstehen, wenn ich ihr erzähle, daß ich eine alte

Freundin besuchen möchte? Eine sehr alte Freundin – nicht bezogen auf Frances Lebensalter, sondern auf den langen Zeitraum, der zwischen uns liegt. Fast zehn Jahre!

Wie es France wohl ergangen sein mag?

»Ich lebe seit ein paar Jahren auf dem Land, in der Normandie«, haucht France in den Apparat, »und ich beschreibe dir jetzt den Weg.«

Hastig suche ich Papier und Bleistift zusammen.

Ein Gefühl der Dankbarkeit erfüllt mich. Es ist schön, denke ich, wenn Beziehungen, die auseinandergegangen sind, auf freundschaftliche Art weitergeführt werden können.

Eben noch hat der Zwiespalt zwischen meinen Gefühlen zu Candida und Dany mir Kopfschmerzen bereitet. Seitdem ich weiß, daß ich zum Wochenende France wiedersehen werde, bin ich ruhiger. Als halte France für mich die Lösung aus dem Dilemma bereit.

Ich nehme mir vor, daß ich France als gute alte Freundin um Rat bitten werde. Sie kennt die Frauen, und sie kennt mich. Ich werde alles mit ihr besprechen.

Aber was ist, wenn Candida mitkommen möchte? Für einen Augenblick weiß ich keine Antwort.

Candida möchte nicht mitkommen. Sie findet es auch nicht anstößig, daß ich eine gute alte Freundin besuchen möchte. Candida ist eine großartige Frau. Oder hat sie Gewissensbisse?

Wir umarmen einander fest.

»Bis bald«, flüstert sie zärtlich in mein Ohr, »und vergiß uns nicht – Papi!«

Ich zucke zusammen. Habe ich richtig gehört?

Candida blickt mir tief in die Augen. Um ihre Mundwinkel spielt ein fast spöttisches, sehr selbstbewußtes Lächeln.

»Du … du sagtest Papi?« stottere ich.

»Richtig«, bestätigt Candida ruhig. Ein siegessicheres Blitzen in ihren Augen ist nicht zu übersehen.

»Seit wann weißt du es denn?« frage ich benommen und muß an Kinski denken. Ich muß ziemlich dumm aussehen.

Aber Candida scheint mit allem gerechnet zu haben. Sie ist durch nichts aus der Fassung zu bringen. In diesem Augenblick empfinde ich stille Bewunderung für sie.

»Erst seit ein paar Tagen. Ich bin eigentlich hergekommen, um es dir zu sagen«, erklärt sie, »aber es hat sich bisher nicht der richtige Augenblick ergeben.«

Nachdem ich blitzschnell nachgerechnet habe, werde ich etwas ruhiger. Ich umarme sie nochmals und fasele irgend etwas von »Wie schön, mein Schatz, bis bald« und »Paß auf dich auf!«

Dann sitze ich in meinem Wagen und rase los.

Warum rase ich? Es gibt keinen Grund, sich das Leben zu nehmen. Oder doch?

Ich drossele die Geschwindigkeit. Bald liegt Paris hinter mir. Auf dem Beifahrersitz liegt der Straßenplan, daneben der Notizzettel mit Frances Adresse in der Normandie.

Ich werde Vater!

Jetzt ist mir auch klar, welche Veränderung in Candida vor sich gegangen war. Während ich auf dem Tachometer verfolge, wie der Wagen Kilometer für Kilometer in sich hineinfrißt, spüre ich, daß ich auf der Flucht bin.

Vor Dany, vor Candida, vor einem ungeborenen Kind, vor einer schweren Entscheidung.

Ich fliehe vor mir selbst.

Frances Heim ist kein Haus, keine Villa, nein – ein Anwesen. Ich bin in ein Märchen geraten.

Das hohe, schmiedeeiserne Tor steht offen. Ich fahre einen breiten, in leichten Kurven angelegten Kiesweg entlang, der bis zum Eingang des Landhauses führt. Die strahlende Herbstsonne taucht die großen alten Kastanien in ein goldenes Licht.

Ein Butler öffnet die Haustür, als ich meinen Motor abstelle.

Er geht auf mich und meinen Wagen zu und öffnet mir die Autotür. Ich steige aus.

France ist hinter dem Butler aus dem Haus getreten.

Während wir aufeinander zugehen, hält sich der Angestellte diskret im Hintergrund, als warte er auf weitere Anweisungen.

»Wer hätte das gedacht, mon petit blondin …«, sagt France und streckt ihre Arme aus, um mir über das Haar zu streichen.

»Fast zehn Jahre«, stelle ich fest und ziehe sie an mich. Dieses Parfum.

»Neun«, korrigiert sie mich.

»Du wirst immer schöner«, behaupte ich ehrlich.

»Lügner«, schimpft sie kokett. Aber ich weiß, daß sie auf mein Kompliment nur gewartet hat.

France gibt dem Butler ein Zeichen, er öffnet meinen Kofferraum und blickt mich fragend an. Ich nicke, er holt nach und nach mein Gepäck heraus und trägt es ins Haus.

France bietet mir einen Drink an, ich entscheide mich für Sherry. Der Butler hat etwas zum Essen vorbereitet.

Je länger ich France betrachte, desto mehr habe ich das Gefühl, daß die Zeit stehengeblieben ist. Silvester 1949/50, schon neun Jahre her? Der Jahreswechsel, den wir noch so ausgelassen miteinander feierten, bevor ich dann endgültig in Richtung Südamerika abgeflogen war, ist das nicht erst gestern gewesen?

Es ist, als seien wir nie getrennt gewesen.

Nur ein einziges Mal macht France eine Andeutung darüber, wie schmerzlich der Abschied für sie gewesen sei. Wie sie geglaubt habe, ich hätte mit ihren Gefühlen die ganze Zeit nur gespielt. Wie sie gewußt habe, daß ich zu ihr nicht zurückkehren werde. Wie sie mich deswegen gehaßt habe, manchmal.

»Ich hatte dir angeboten, mitzureisen«, sage ich, während ich mein Glas leere.

»Ich weiß«, sagt France und blickt mich für einen Augenblick feindselig an, »aber ich wußte, daß du es nicht wirklich wolltest.«

Ich protestiere nicht. Vielleicht stimmt es ja. Ich wollte frei sein von allem, damals, bevor ich mich in das Abenteuer Amerika stürzte. Verpflichtungen konnte ich nicht gebrauchen, Bindungen, denen ich nicht verantwortungsvoll hätte nachkommen können.

»Du hast doch sicher nicht allzulange auf mich gewartet«, necke ich sie, um ein wenig von meinem aufkeimenden Schuldgefühl loszuwerden, und sie lächelt mich trotzig und gleichzeitig vielsagend an.

Ich erfahre, mit welchen Männern sie wie viele Monate oder Jahre verbrachte, mit welchen nur Wochen oder Tage. Es kommen eine ganze Menge zusammen.

Und das Haus, dieses Anwesen?

Nun, ihre Männer seien vermögend gewesen. So nach und nach habe sie sich aus den Zuwendungen etwas aufbauen können.

Zuwendungen?

Ich frage nicht weiter nach.

Merkwürdig. Ich fühle mich ihr wieder ganz vertraut. Und doch beschleicht mich ein Gefühl des Unbehagens. France trinkt viel. Zu viel. Immer wieder füllt sie ihr Glas.

Meines habe ich schon längst zur Seite gestellt.

Nachdem wir durch den parkähnlichen Garten geschlendert sind und ich ihr von meinen Abenteuern in Brasilien berichtet habe, bringt uns der Butler Kaffee und Süßigkeiten in den kleinen Salon.

Jetzt bin ich mit meinen Erzählungen in der jüngsten Zeit angelangt. Ich nehme einen Schluck von meinem Kaffee und beschreibe ihr ausführlich meinen Konflikt zwischen Candida und Dany. France, die mir gegenübersitzt, lächelt verträumt.

»Was würdest du an meiner Stelle tun?« frage ich sie, als ich mit meiner Geschichte zu Ende bin. »Bitte, France, ich brauche deinen Rat!«

France antwortet nicht gleich. Sie winkt den Butler zu uns und verlangt Cognac. Der Butler schenkt ein, sieht mich fragend an, ich schüttle den Kopf.

France betrachtet ihren Drink, während sie ihn mit leicht kreisenden Handbewegungen im Glas rotieren läßt.

»Die Lösung ist ganz einfach«, sagt sie.

France ist eine patente Frau, ich wußte es. Sie wird eine Lösung wissen, so zielgerichtet, wie sie durchs Leben geht. Männer sind diffuser, denke ich, Frauen sind viel klarer in diesen Dingen.

All das geht mir durch den Kopf, während ich France dabei zuschaue, wie sie ihr Cognacglas auf das Kaffeetischchen zurückstellt und sich aus ihrem Sessel erhebt. Sie geht auf mich zu und setzt sich neben mich aufs Sofa. Nimmt mich in ihre Arme. Sanft sinken wir in die Kis-

sen. Sie küßt mich heiß und leidenschaftlich. Dann flüstert sie mir ins
Ohr: »Mon petit blondin, laß alle Frauen stehen und heirate mich!«
Ihr warmer Atem streichelt meine Wange, und ihre Lippen liebkosen
mein Ohr.

Ich bleibe regungslos. Träume ich?

Oder sollte ich spätestens jetzt ehrlich zugeben, daß ich diese Situation herbeigesehnt habe? Wollte ich mich nicht mit France betäuben,
um mich zwischen Dany und Candida nicht entscheiden zu müssen?
Minuten vergehen. Ihre Hände liebkosen meinen ganzen Körper.
Die Kerze auf dem Tischchen flackert nervös. Ich schließe die Augen
und lasse mich von dieser schönen Frau umgarnen. Sie verzaubert
mich mit ihren Worten, entwirft vor meinem inneren Auge eine gemeinsame Zukunft voller erotischer Höhepunkte, schöner noch als in
unseren glücklichsten Zeiten, damals, in unserem kleinen Liebesnest
am Montmartre.

Bin ich willenlos?

Mademoiselle Darly hat mich schon einmal verhext. In jenem Hotel
in Cannes, als ich auf dem Weg war, Afrika zu entdecken. Als es ihr
gelang, mich aus dem Flugzeug nach Tunis zurückzupfeifen, ohne
daß ich ihr dafür länger als fünf Minuten böse sein konnte.

Jäh unterbricht France ihre Liebkosungen: »Ich warte auf eine Antwort, chéri.«

Eine Antwort? Worauf?

Ich krame in meinem Gehirn. Nebel. Doch, sie hat etwas gesagt. Sie
hat von Heiraten gesprochen.

Das hat sie doch nicht ernst gemeint!

»Es war kein Witz, mon amour«, sagt sie.

Sie ist dabei, mich zu verhexen, aber ich verfüge noch über ein
Quentchen Verstand. Fieberhaft überlege ich mir eine unverbindli-
che Anwort, während ich ihr mit meinen Fingern leidenschaftlich
durch das glänzende dunkle Haar fahre.

»Was für eine Vorstellung«, flüstere ich ihr zu, »mit dir in unserem gemeinsamen …«

Sie unterbricht mich – dem Himmel sei Dank –, indem sie mir einen
Finger auf die Lippen legt. Ich höre sofort auf zu sprechen.

»Komm!« fordert sie mich auf und nimmt mich bei der Hand. Sie zieht mich vom Sofa herunter und deutet auf die Treppe in den ersten Stock.

Ich ahne, was für ein Zimmer sich dort befindet.

Als ich ihr wie ein erwartungsvoller Gefangener die Stufen hinauf folge, durchzieht mich ein mahnender Gedanke: Jetzt sind es schon drei!

Der Butler hat sich diskret zurückgezogen.

Am nächsten Morgen ist der Himmel verhangen. Es nieselt.

France läßt uns das Frühstück ans Bett bringen.

Heute vormittag muß ich zurück nach Paris, wo Dany und Candida auf mich warten.

France zieht mich immer wieder in die Kissen zurück, und ich lasse es mir gefallen. Wer möchte an einem solch verregneten Tag schon gern das Bett verlassen?

Bin ich schlauer geworden an diesem Wochenende? Weiß ich nun, wie ich mich entscheiden soll?

Mitnichten.

Das Gegenteil ist der Fall.

Endlich gelingt es mir, ins Bad zu kommen und mich anzuziehen. Ich trinke unten im Salon noch einen Kaffee, während der Butler mein Gepäck herunterträgt und draußen in meinem Wagen verstaut.

France ist noch oben in ihrem Zimmer, vermutlich, um sich anzuziehen. Während ich meinen Kaffee trinke und auf sie warte, bin ich mit den Gedanken schon wieder in Paris.

Was werde ich Candida sagen?

Wird sie etwas merken?

Frauen merken schnell etwas!

Und Dany? Wann werde ich Dany wieder in meinen Armen halten können?

Ich schrecke aus meinen Gedanken hoch, weil France herunterkommt. Sie ist noch nicht angezogen. Im Gegenteil. Sie trägt ihren blaßrosa Baby-Doll-Schlafanzug – sofern man einen so hauchzarten Stoffetzen überhaupt als Anzug bezeichnen kann – und hat darauf verzichtet, das zweite Teil des Complets anzuziehen, das untere.

Mit einem schon fast an Verschlagenheit grenzenden Lächeln schreitet sie Stufe für Stufe herab – ganz professionell, ganz Fotomodell. Ich sehe sie wieder vor mir, La Parisienne '49, meine Miß France. Diese Beine!

Geschmeidig wie eine Katze kommt sie immer näher.

Ich überlege fieberhaft, wieviel Zeit ich heute noch habe und ob ein klitzekleiner Aufschub meiner Abreise im Tagesplan enthalten sein könne, als ich feststelle, daß France – in der rechten Hand ein halbgefülltes Cognacglas – den linken Arm hinter ihrem Rücken verbirgt. Während sie mich, näherkommend, mit halbgeöffneten Augen unentwegt fixiert, gibt eine Zigarette, die sie zwischen ihren knallrot gemalten Lippen balanciert, in regelmäßigen Abständen kleine weiße Qualmwölkchen frei.

Jetzt wird sie mir etwas schenken, denke ich und fühle Rührung in mir hochsteigen. Gleichzeitig meldet sich mein schlechtes Gewissen, denn ich habe wieder kein Geschenk für sie – wie damals, beim Abschied, als ich nach Brasilien flog. Wie hatte sie zu mir gesagt, während sie eine wunderschöne Armbanduhr an meinem Handgelenk festmachte? »Jede Sekunde, die unser Herrgott ins Land ziehen läßt, sollst du an mich denken.«

Wie schäbig, daß ich nichts für sie dabeihatte!

Warum eigentlich nicht?

Ich hatte nur Brasilien im Kopf. Brasilien, mein großes Abenteuer.

Sie schreitet noch immer herab, Stufe für Stufe, es ist eine große, breite Treppe. Miß France '49 schreitet barfuß. Ihre Zehennägel leuchten so dunkelrot wie die Nägel ihrer Finger. Krallen.

Wildkatze.

Erotik pur.

Jetzt hat sie den Treppenabsatz erreicht. Mit wiegenden Hüften geht sie auf das Tischchen zu, an dem ich sitze, und stellt ihr Glas ab. Im Zeitlupentempo. Sie inszeniert sich selbst.

France ist einfach großartig.

Sie nimmt die Zigarette aus ihrem Mund. Für den Bruchteil einer

Sekunde bleiben ihre Lippen an der Zigarette kleben. Der Lippenstift hat den Filter rot gefärbt. Sie stößt, unendlich langsam, unendlich viel weißen Zigarettenrauch in den Raum. Sie blickt mich an. Von oben bis unten, als wolle sie mich entkleiden. Endlich spricht sie.

»Willst du etwa schon fahren?« fragt sie gurrend. Ihre Stimme: rauchig. Reibeisen. Göttin der Nacht. Jeder Regisseur hätte hier begeistert »Gestorben!« gebrüllt.

Meine Stimme dagegen hört sich dünn an, als ich sage: »Ja, chérie, du weißt doch, ich hatte nur das Wochenende.«

Sie blickt mich an, als stünde sie über mich zu Gericht.

»Aber es war unser Wochenende«, beeile ich mich hinzuzufügen, »und es war doch wirklich schön – findest du nicht auch?«

»Ja, das finde ich auch, mon petit blondin«, sagt sie und nimmt einen tiefen Zug. »Hast du dir meinen Vorschlag überlegt?«

Ich denke: Waren wir nicht schon weiter? und will sie, quasi zur Ablenkung, an mich ziehen und küssen. Aber sie befreit sich aus meiner Umarmung und weicht zurück.

»Nicht jetzt! Gib mir eine Antwort!«

»Schau, France, chérie …«, stammle ich.

Jeder Satz aus Frances Mund ist eine neue Versuchung für mich. Denn keine Sprache ist passender für Liebende als die französische.

»Ja oder nein?« unterbricht sie mich.

Ihr Ton ist jetzt härter als vorher. Fordernd, ohne Zweifel. Sie mustert mich, die Augen wieder halb geschlossen. Ihre Mundwinkel sind heruntergezogen, sie wirkt angespannt.

Ich strecke versöhnlich die Hände nach ihr aus. »Komm her, chérie!«

Sie schüttelt kaum merklich den Kopf. Das Licht der Morgensonne, die jetzt durch die Wolken hindurchgebrochen ist, leuchtet durchs Fenster und gibt ihrem Haar einen kastanienfarbenen Schimmer.

»Oui ou non?« wiederholt sie. »Ja oder nein?«

Ich mag es nicht, wenn man mich unter Druck setzt.

»Das kann ich so nicht beantworten«, sage ich.

»Man kann alles mit ja oder nein beantworten«, behauptet die Wildkatze.

Ich bemühe mich um ein beruhigendes Lächeln. »Nein«, sage ich dann nach kurzem Zögern.

France holt ihre linke Hand, die sie hinter dem Rücken verborgen hatte, hervor und geht einen Schritt zurück.

»Mon petit blondin, dann muß ich dich leider erschießen!«

Ich schaue direkt in die Mündung einer kleinen, mattschwarzen Pistole.

Sind wir jetzt im Film? Wo bin ich eigentlich?

Langsam senkt sie die Pistole um ein kleines Stück und zielt nicht mehr auf mein Gesicht. Aber würde sie schießen, wäre das von ihr jetzt anvisierte Ziel keine bessere Lösung für mich.

Ruft denn keiner von irgendwoher »Klappe, die zweite«?

Pas du tout. Diese Szene hier ist echt.

Ich spüre, wie sich meine Füße in den Schuhen verkrampfen. Ich versuche, souveräne Gelassenheit an den Tag zu legen. Es gelingt mir nicht.

»Chéri, mach keinen Quatsch«, stoße ich hervor.

Mir wird plötzlich kalt, ich beginne zu zittern.

»Eine andere bekommt dich nicht. Entweder du bleibst bei mir oder ich erschieße dich.«

Ist die Pistole geladen? Ein Blick in ihre Augen sagt mir, daß Miß France '49 es ernst meint.

Sekunden verstreichen. France hält die Waffe lässig in ihrer Hand wie einen Drink. »Na, wie sieht's aus? Überlegst du es dir nicht noch mal?« fragt sie gedehnt.

Vorsichtshalber mache ich ein nachdenkliches Gesicht, als gebe es hier noch etwas zu überlegen. Oben auf dem Flur schlägt eine alte Standuhr viele Male.

Zwölf Uhr mittags, fährt es mir durch den Kopf.

»Chéri«, setze ich neu an, »laß uns vernünftig miteinander reden. Was bringt es dir und uns, wenn du mich mit Waffengewalt zu einer Entscheidung zwingst. Wir sind doch zwei erwachsene Menschen ...«

Aber France gefällt sich in der Rolle der rachedurstigen, einsam zurückgelassenen Geliebten. Die Überlegung, daß sie mich Tag für

Tag aufs neue zwingen müßte, falls ich jetzt ja sagen würde, kommt ihr gar nicht in den Sinn. Fanatisch fuchtelt sie mit der Pistole vor meinem Gesicht herum.

Ich habe Angst.

»Glaubst du, ich wage es nicht?« heizt sie mir ein.

»Du wagst es«, bestätige ich sie und glaube es auch.

Ich beobachte, wie der Knöchel ihres Zeigefingers am Abzug weißer wird.

Plötzlich ein Getöse. Mir ist, als flöge ein wildes, dunkles Tier durch den Raum. France stürzt zu Boden. Die Pistole fällt aufs Parkett und saust wie auf einer Rutschbahn noch einige Meter weiter bis hin zur Treppe: Der Butler hat mit einem Sprung seiner Herrin die Waffe aus der Hand geschlagen.

Ich reagiere blitzschnell.

Stürze aus der Halle, rase auf meinen Wagen zu, der vor dem Hauseingang geparkt ist und drehe den Zündschlüssel um. Glücklicherweise hatte der Butler ihn mir – nachdem er mein Gepäck in den Kofferraum gestellt hatte – vorher schon ins Zündschloß gesteckt.

Der Wagen springt an. Ich sause los.

Paris! Wäre ich nur schon da!

Ich fliehe vor einer Frau mit tödlich verletzten Gefühlen.

Ihr Butler hat mir das Leben gerettet.

Zurück in Paris, weiß ich, was ich zu tun habe.

Ich trenne mich von Dany, wenn auch schweren Herzens.

Ich bitte Candida, meine Frau zu werden.

Die Dreharbeiten zu *Les Naufrageurs* sind beendet. Candida und ich reisen nach Berlin zurück, packen dort unsere Siebensachen zusammen und ziehen in die Schweiz.

Am 27. Dezember 1958 geben wir uns vor dem Zivilrichter in Zollikon in Zürich das Jawort.

»Männer sind unheimlich komplizierte Wesen«, stellt Candida später sachlich fest, als ich ihr die ganze Geschichte mit France erzähle. Ich finde, daß sie recht hat.

Bin ich jetzt glücklich?

Ich weiß es nicht.
Ich bin vielleicht ein wenig erwachsener geworden.

Mir fällt auf, daß mein Agent das Thema Hollywood nicht mehr berührt. Eines Tages – es sind Monate vergangen – spreche ich ihn darauf an.
»Tut mir leid, Carl«, sagt André Bergheim und senkt den Kopf.
Ich begreife nicht.
Doch dann muß ich es begreifen: Mein Bruder Maximilian hat die Rolle bekommen.
Ich traue meinen Ohren nicht. Frage nach.
»Du hast schon richtig gehört«, sagt Bergheim betreten. »Hätte ich nur eher davon gewußt.«
Und ich erfahre die ganze Story:
Maximilian hatte von der Rolle gehört und war, unabhängig von mir, nach Paris gefahren, um sich dem Regisseur Edward Dmytryk vorzustellen. Dabei hatte er auch Marlon Brando kennengelernt, ganz privat. Brando, der wußte, daß ein Schell mit ihm arbeiten würde, glaubte, daß Maximilian Schell derjenige sei. Sie verstanden sich prächtig. Max dachte nicht daran, das Mißverständnis aufzuklären.
Er bekam die Rolle, die mir zugedacht war.
Der Film bringt meinem Bruder anschließend die Rolle des Verteidigers in dem Film *Judgement at Nuremberg / Urteil von Nürnberg* ein. Für diese Rolle bekommt Max einen Oscar.
Im »Academy Awards Illustrated« von 1967 heißt es wörtlich:
»Die Besetzung von *Die jungen Löwen* beruht auf einem Irrtum. Schauspieler Marlon Brando und Regisseur Edward Dmytryk sandten eine Mitteilung von Hollywood für Maria Schells Bruder Carl – ohne zu wissen, daß es einen anderen gab. Max kam zufällig, beeindruckte und blieb, um damit sein Debut im englischsprachigen Fernsehen zu geben. So wurde er der bekanntere Bruder von Maria.«
Meine Beziehung zu meiner einstigen Lieblingsschwester Maria ist gestört. Es fällt mir immer noch schwer zu akzeptieren, daß ich ihr, die gerade in den USA einen Film mit Gary Cooper dreht, offen-

sichtlich weniger wichtig bin als sie mir. Und nun auf einmal muß ich ähnliches mit meinem jüngeren Bruder Maximilian erleben.

Erst vierzig Jahre später gibt Max in einer Fernsehshow in Hamburg öffentlich und damit auch mir gegenüber zu, daß seine Rolle in *Die jungen Löwen* mit Marlon Brando eigentlich für mich bestimmt war. Einen Kollegen kann man für ein solches Verhalten verachten, für immer meiden.

Was tut man mit einem Bruder?

Es bleibt in der Familie ...

Ich bin einunddreißig Jahre alt und ein verheirateter Mann. Im Mai erwarten Candida, zweiundzwanzig, und ich unser erstes Kind.

Eine Prüfung gilt es noch zu bestehen: Anfang des Jahres 1959 muß ich nach Paris, um den Film *Les Naufrageurs* zu synchronisieren. Ich werde Dany wiedersehen.

Ich bestehe die Prüfung.

Es fällt Dany und auch mir schwer, den Abstand zwischen uns zu wahren. Aber die Vorfreude auf mein Kind und die Tatsache, daß ich verheiratet bin, sind zwei elementare Gründe für mich, fest zu bleiben.

Ich bekomme ein Angebot von Helmuth Gmelin aus Hamburg, in seinem »Theater im Zimmer« in *Duell der Liebe* von Dario Niccodemi zu spielen. Candida reist natürlich mit.

Pünktlich nach der Aufführungsserie kündigt sich unsere Tochter Pia an, mit einem kräftigen Schrei, am 9. Mai 1959.

Ich bin Papa!

Frau, Kind, Theaterspielen, Filmedrehen – läßt sich das vereinbaren? Ich will es versuchen. Candida kennt die Branche und weiß, daß es nicht einfach sein wird. Wir wollen das Beste daraus machen. Doch zunächst wollen wir irgendwo Wurzeln schlagen.

Im Schweizer Kanton Fribourg, in Motier Vully, in der Nähe von Bern, ziehen wir in ein wunderschönes Häuschen, direkt am Murtensee.

Um in der Nähe der Familie zu sein, übernehme ich verschiedene Aufträge wie Produktionen für den Schweizer Sender Radio Beromünster. Es geht unter anderem um Schweden, und zum Sommer reisen wir dorthin, um die Sendung vor Ort schreiben zu können. Die Fluggesellschaft Pan Air do Brasil bietet mir einen Werbefilm über

Brasilien an, der schon gedreht, aber noch nicht strukturiert, geschrieben und gesprochen ist – all das übernehme ich.

In München bietet mir das »Theater in der Brienner Straße« eine Rolle in dem Stück *15 Schnüre Geld* von Günther Weisenborn an, der auch Regie führt. Ich spiele einen Chinesen und muß dafür eine Glatze tragen.

»Besser eine Glatze als gar keine Haare«, frotzelt meine junge Frau. Aber entgegen allen Befürchtungen steht mir die Glatze sogar sehr gut.

Das Stück wird von Presse und Publikum viel diskutiert, das Theater unter der Leitung von Géza von Földessy wird dadurch erst richtig in das Münchner Kulturleben integriert.

Abend für Abend spiele ich den glatzköpfigen Chinesen in der Brienner Straße und ahne nicht, daß um die Ecke ein zwölfjähriges, ballettbegeistertes Mädchen lebt, das später in demselben Theater große Erfolge feiern wird.

Und das einmal die Frau meines Lebens werden wird: Stella.

Im Januar 1960 – unsere Pia ist ein dreiviertel Jahr alt und kann schon sitzen und krabbeln – kommt ein Angebot aus Düsseldorf. Curt Goetz soll gespielt werden, *Ingeborg*.

Soll ich ablehnen, weil Düsseldorf zu weit entfernt ist?

Aber ich liebe Goetz und seine Komödien!

Candida weiß das. Sie ermuntert mich, die Rolle des Peter Peter anzunehmen.

Die Hin- und Herreiserei belastet mich, strengt an, macht innerlich zerrissen. Aber die Premiere wird ein großer Erfolg. »Der Mittag« schreibt am 4. Januar 1960:

»Die Schell-Dynastie hat nicht aufgesteckt. Nachdem niemand mehr so recht mit Maria weinen möchte, dürfen die Düsseldorfer Bürger jetzt mit Carl lachen …

Carl besitzt – so sagen die Damen – zwei wunderhübsche braune Augen, ist ›Seelchens‹ jüngerer Bruder … und so charmant wie Chevalier … Szenenapplaus. Vorhänge und noch auf dem Heimweg allerliebst.«

Die »Düsseldorfer Nachrichten« schreiben:
»... er spielte den Peter Peter mit jugendhaftem blonden Schell-Charme, verließ sich aber doch nicht nur auf sein publikumswirksames, sonniges Lächeln, das seiner Schwester so ähnlich ist, sondern brachte auch seine komödiantischen Fähigkeiten zur Geltung mit dem Höhepunkt der reizend gespielten Schwips-Szene ... Szenenapplaus – und zum Schluß gab es herzlichen Beifall, besonders für den Gast mit dem berühmten Namen ...«
Wir müssen wochenlang verlängern. Selbstverständlich sind die hinreißenden Pointen meines Freundes Curt Goetz ausschlaggebend für den Erfolg, aber ich habe auch eine wahre Spielfreude an dem herrlichen Stück.
Hier, in der Berliner Allee in Düsseldorf, werde ich später noch so manches Gastspiel geben.

Endlich wieder zu Hause in der Schweiz. Glücklicherweise erreicht mich ein Angebot aus Basel, von Egon Karter, dem Direktor der Basler »Komödie« – also nicht so weit weg von zu Hause – für eine Rolle in Gerhart Hauptmanns *Fuhrmann Henschel*. Aber mit dem Stück gehen wir monatelang auf Tournee.
Pia, wachs bloß nicht so schnell!
Aber Pia wächst und wächst, und ihr Papa ist selten zu Hause.
Nach der Tournee möchte ich mich endlich meiner kleinen Familie widmen, doch da liegt schon wieder eine Anfrage auf dem Tisch. Aus Düsseldorf. Absagen, der Familie wegen?
Undenkbar für einen Künstler mit Familie. Der Rubel muß rollen ...
Ich könne mir das Stück aussuchen, heißt es. Welche Chance! Ich entscheide mich für *Les Chantrels* von Louis Verneuil, eine Boulevard-Komödie mit dem deutschen Titel *Es bleibt in der Familie*. Ich sehe in diesem Stück eine schauspielerische Herausforderung für mich in einer Dreifachrolle: Großvater, Vater und Sohn. Regie führt Alexander Golling.
Tagelang probiere ich verschiedene Masken aus, um herauszufinden, welche die jeweils passende für welche Rolle ist. Ich ahne nicht, daß ich mit der monatelangen akribischen Arbeit für dieses Stück

einen Grundstein lege für spätere, sehr erfolgreiche Zeiten am Theater.

Endlich ist es soweit: Premiere.

Die letzten Minuten vor dem »ersten Mal« sind immer das Aufregendste an der ganzen Theaterarbeit. Kurz bevor sich der Vorhang hebt, glaubt man, die Spannung nicht mehr aushalten zu können. So jedenfalls ergeht es mir.

Scheinwerfer an – im Zuschauerraum wird es dunkel. Das verheißungsvolle Rauschen des Vorhangs sagt uns: Anfangen!

Erst wenn er wieder fällt, weiß man, ob es gut oder schlecht gelaufen ist.

Der Erfolg von *Es bleibt in der Familie* übertrifft unsere Erwartungen. »Der Mittag« schreibt:

»Gollings Inszenierung, aber vor allem Carl Schells Dreifachrolle machten daraus bestes Boulevard-Theater. Carl Schell ist im ersten Bild der nach Bedarf schwerhörige, listige und verschmitzte Opa, etwas tattrig, aber hellwach, wenn's um die Moneten geht. Im zweiten Akt sieht man ihn in einer wahren Glanzrolle als Papa Chantrel, nervös, stotternd, Tabletten schluckend und ziemlich deppert, als er seinen Mann stehen soll. Im dritten Bild tritt dann Carl Schell wieder als Carl Schell auf und löst den gordischen Knoten mit Charme und Liebe. Viel Szenenbeifall, der verdient war …«

Die »Rheinische Post« schreibt:

»Carl Schell weist als Siebzigjähriger den gleichen Charme auf wie als Dreißiger, der er zuletzt zu sein hat …«

Erfolge beflügeln. Erfolge ziehen neue Angebote nach sich. Neue Angebote bedeuten, daß eine Familie ernährt werden kann, daß Kinder in Ruhe aufwachsen dürfen. Candida hält tapfer durch, obwohl sie viel allein ist. Unsere kleine Pia bekommt ein Zähnchen nach dem anderen. Ein Filmangebot ruft mich nach Italien. Ein Gruselfilm par excellence, made in Italy. Zu den Dreharbeiten von *Lycanthropus / Bei Vollmond – Mord* fahre ich mit dem Zug nach Rom. Barbara Lass, die spätere Ehefrau von Karlheinz Böhm, ist meine Partnerin.

Lycanthropus ist so gruselig, daß es sogar uns Schauspielern kalt den Rücken herunterläuft. Der richtige Film für die Geisterstunde:

Ein Wolfsmensch schleicht nächtens durch ein Mädcheninternat und versetzt alle in Angst und Schrecken. Huh! Schließlich wird er von einem unerschrockenen neuen Lehrer – Carl Schell! – überführt und unschädlich gemacht.

Ich darf also den Helden spielen, obwohl die Rolle des Unholds bestimmt nicht zu verachten gewesen wäre. Später, in Amerika, werde ich diesen Film mehrfach im dortigen Fernsehen entdecken, wo er oft zu Mitternacht unter dem Obertitel »Unheimliche Geschichten« gezeigt wird. Danach wünscht ein Sprecher immer mit unheimlicher Stimme: »Schlafen Sie gut! Und angenehme Träume! Aber schauen Sie erst unters Bett, bevor Sie hineinsteigen!«

Mir ist jedesmal, wenn ich diesen Film gesehen habe, gruselig zumute – obwohl ich selbst mitspiele und das Ungeheuer zur Strecke bringe.

Aber das Stück *Es bleibt in der Familie* mit den drei verschiedenen Rollen läßt mich nicht los. Nach dem großen Erfolg in Düsseldorf will man mich nun auch in München haben, im »Theater unter den Arkaden«, das ich so mag. Ich darf den Regisseur bestimmen – auch das wieder ein Erfolg –, und so lasse ich meine Mutter verpflichten, nicht nur, weil sie meine Mutter ist, sondern weil ich sie, die Vollblutschauspielerin, Lehrerin und Regisseurin, für eine großartige Theaterfrau halte. Mutti ist überglücklich.

Wir können bei uns am Murtensee proben, denn außer Mutti haben wir zwei weitere Schweizer Kollegen engagiert: Elfriede Lucca und Leo Held.

Die kleine Pia kommt hin und wieder ins Zimmer getappelt und schaut bei den Proben zu. Aber so ganz versteht sie nicht, was die Erwachsenen da eigentlich treiben. Und sie weiß auch noch nicht, daß sie bald ein Schwesterchen bekommen wird.

Candida ist wieder schwanger.

Doch bevor es zu den letzten Proben nach München geht, trifft sich die ganze Familie Schell zu einem Premierenabend in Basel: Vaters Theaterstück *Der Landvogt von Greifensee* wird uraufgeführt.

Zum ersten Mal seit langer Zeit sind wir alle zusammen, um dem Vater die Ehre zu geben. Auch Maria ist da – und Maximilian. Das Stück ergreift mich tief, denn es ist Vater, der da zu mir spricht, und es wühlt mich auf, da mir alte, schmerzhafte Erinnerungen aus der Kindheit in den Sinn kommen. Ich spüre Vaters Anliegen, sein Ringen mit dem Wort und mit dem persönlichen künstlerischen Ausdruck.

Dem Familientreffen wohne ich mit gemischten Gefühlen bei.

Mir kommt die Idee, meine dritte Rolle in *Es bleibt in der Familie*, die des Opas, mit schwyzerdeutschem Akzent zu spielen. Ich bespreche es mit Mutti, der Regisseurin, ihr gefällt die Idee, und ich schreibe alles um. Endlich Premiere in München.

Großer Erfolg. Ganze Lachstürme schlagen uns aus dem Publikum entgegen. Die Presse schreibt:

»Schell ist Trumpf. Er kann dem Affen Zucker geben.«

Das »8-Uhr-Abendblatt«:

»Carl Schell ist ein echter Komödiant, als verschmitzter urschweizerischer Großpapa Fridolin mit dem Klemmer auf der Nase, Strohhut und Krückstock ist er köstlich.«

Der »Münchner Merkur«:

»Erstaunlich, wieviel komödiantisches Talent auch in diesem Bruder der begabten Geschwisterschar vorhanden ist. Es war ein Vergnügen zu sehen, mit welcher Spielfreude er sich in die dreimalige Verwandlung vom 75jährigen Großvater über den 52jährigen Vater zum 25jährigen Sohn stürzte.«

Die »Süddeutsche Zeitung«:

»Schell-Ober ist Trumpf. Die Verwandlungstricks gelingen ihm bravourös.«

Die »Bild-Zeitung«:

»Carl Schell war abendfüllend. Er bestätigte sich als gerissener Komödiant, dem es einen Mordsspaß macht, eine Fabrikantenfamilie in drei Generationen vorzuführen. Als nervöser Manager in mittleren Jahren hatte er die meisten Lacher. Als Großvater ist er ein echter Arkadenauer.«

Die Pressestimmen geben die Begeisterung des Publikums wieder. Was aber hinter den Kulissen geschieht, erfährt oft niemand. Auch wenn es dramatisch ist.

Ich will aber auch von dem Mißgeschick erzählen, das mir passierte – kurz vor der Premiere von *Es bleibt in der Familie*:

Ich richte meine Maske für die Rolle des Großvaters her. Alles muß sehr schnell gehen. Ich trage einen Kneifer auf der Nase, wie manche ihn früher statt einer Brille benutzten. Ein Kneifer wird einfach auf die Nase geklemmt; eine Feder bewirkt, daß die Sehhilfe festhält. Ich setze den Kneifer auf, mache aber dabei – ich bin ein wenig nervös vor der Premiere – eine unbedachte Bewegung. Ein Glassplitter vom rechten Brillenglas löst sich ab und dringt in mein rechtes Auge.

Ein entsetzlicher, stechender Schmerz.

Ich kann auf dem rechten Auge nicht mehr sehen.

Das Auge schwillt an.

Was tun? Gleich öffnet sich der Vorhang zur Premiere!

Schauspielerei ist Disziplin par excellence. Selbstdisziplin.

Da – mein Stichwort. Ich muß raus, auf die Bühne. Ich stolpere in die Kulissen, taste mich in die Nähe meiner Mitspieler.

Es wirkt umwerfend echt – ich bin ein alter Mann!

Ich wackle mit den Beinen und zittre am ganzen Körper. Ich fühle mich hinfällig und uralt. Ich bin eins mit meiner Rolle – zwangsläufig!

Ich achte darauf, daß ich das linke Auge so wenig wie möglich bewege – denn das rechte bewegt sich mit und tut dabei höllisch weh. Ich drehe also immer den ganzen Kopf, wenn ich die Richtung wechsle. An der Publikumsreaktion wird mir bewußt, wie natürlich es aussieht.

In der Pause wartet schon ein herbeigerufener Arzt auf mich. Er operiert vorsichtig den Glassplitter heraus. Nie vorher habe ich das Ende einer Premiere so ersehnt wie dieses Mal.

Der Applaus zeigt, daß tatsächlich niemand im Publikum etwas gemerkt hat. Auch Maria nicht, die – übrigens hochschwanger – in einer der ersten Reihen saß. Aber wie das so ist, die Presse hat überall ihre Zuträger. Der Kolumnist Hunter, der in der Münchner »Abendzeitung« für Klatsch und Tratsch aus der Gesellschaft zuständig ist, berichtet am nächsten Tag von meinem verletzten Auge. Aber nun ist es nicht schlimm, wenn die Leute davon erfahren. Im Gegenteil, ein wenig stolz bin ich auch, das Problem so erfolgreich überspielt zu haben. Hunter zählt übrigens in seiner Kolumne einen Teil der Premierengäste auf, was heute, nach so vielen Jahren, amüsant zu lesen ist:

»Es war ein echter Schell-Abend. Mutter Schell, mit vollem Namen Margarethe Schell von Noé, hatte das Stück *Es bleibt in der Familie* im Theater unter den Arkaden inszeniert. Sohn Carl Schell spielte die Hauptrolle, und die berühmteste der weitverzweigten Schauspielerfamilie saß guter Hoffnung im Parkett … Premierengäste waren: Mady Rahl mit Mann Werner Bürkle, Helen Vita mit Mann Walter Baumgarten, Michael Burk (mit nicht identifizierter Blondine), Bundesfilm-Preisträgerin Blandine Ebinger, Katja Flick, Time-Life-Korrespondent Franz Spelmann, Albert Hahn, Aldo von Pinelli, flankiert von Irene Mumoth und Wolf Oppen, Fred Kraus und Frau Fini, Sabina Sesselmann, Dr. Wilhelm Vaillant (Riva King), Wilhelm Sperber mit Frau Cora Roberts, die Manager Rodolfo Loewenthal und Sigmund Breslauer, Dr. Alexander Barnett, Barbara Valentin mit dicker Nerzstola und Bräutigam Wolf Lüder, Gretl Theimer, Theaterdirektor Charly Müller mit Frau Nora Maria Reiter, Harry Hardt und Helga Neuner.«

Ich bin sehr glücklich über den Erfolg unserer Aufführung. Und Mutti als meine Regisseurin! Auch die Schweizer Kritiken, besonders die im »Bund«, sind durchweg lobend und anerkennend.

Mein Auge verheilt ohne Spätfolgen.

Und noch eine Neuigkeit: Hollywood saß im Parkett!

Walter Wood, einer der mächtigen Hollywood-Produzenten, sah eine der Vorstellungen und war so angetan, daß er mir einen Siebenjahresvertrag mit Hollywood anbot. In den nächsten Monaten werde ich eine Rolle in dem Flüchtlingsdrama *Escape from East-Berlin/ Tunnel 28* bekommen.

Louella O. Parsons, eine der größten Kolumnistinnen der USA, berichtete im »New York Journal-American« am 30. April 1962 folgendes über ihr Treffen mit Wood:

»Der beste Kontakt ins Ausland, den ich je hatte, bestand zu Walter Wood in München. Er hatte, so sagt er, Carl Schell, den Bruder von Maximilian und Maria Schell, für eine bedeutende Rolle in *Tunnel 28*, mit Don Murray und Christine Kaufmann, unter Vertrag genommen. Wood sagt: ›Ich wußte gar nicht, daß es einen Carl Schell gab, bevor ich ihn neulich im Theater gesehen habe: eine der besten Vorstellungen, die ich je von einem jungen Schauspieler gesehen habe. Er ist gerade mal 33 Jahre alt und genauso blond wie Maria, aber er spielte in diesem Theaterstück die Rolle des Großvaters, des Vaters und eines jungen Mannes. – Er spricht gut Englisch. Ich glaube, mit Carl haben wir ein ganz heißes Eisen im Feuer. Und übrigens: Ich habe ihn für sieben Jahre unter Vertrag genommen...‹«

Das Münchner Gastspiel wird verlängert – die Besucherzahlen sind einmalig. Ich werde besonders als alter Mann gefeiert, und man macht mir den Vorschlag, doch einmal unerkannt, in Maske, durch die Münchner Straßen zu spazieren, um die Hilfsbedürftigkeit der Menschen den älteren Mitbürgern gegenüber zu testen.
Der Journalist Bernd Dost von der »Abendzeitung«, der mich unauffällig begleitet, schreibt unter der Überschrift »Ein alter Mann geht durch die Stadt« dazu folgenden Bericht:
»Der bärtige Alte, der sich über den Stachus schleppt, scheint die Nacht unter einer Isar-Brücke verbracht zu haben. Den fleckigen Strohhut hat er tief über die grauen Haare gezogen, hinter den stumpfen Brillengläsern sind traurige Augen versteckt.
Diese triste Erscheinung aber ist nichts anderes als eine Versuchsperson der Abendzeitung. Die Frage lautet: Wie benehmen sich die Leute einem Großvater gegenüber, dem das Schicksal offensichtlich hart mitgespielt hat?
Beachten oder bedauern sie ihn? Oder durchschauen sie seine Maske. Denn der Opa ist der dreiunddreißigjährige Carl Schell, der in dem Stück *Es bleibt in der Familie* im Theater unter den Arka-

den Sohn, Vater und Großvater spielte. Diesmal ist die Straße seine Bühne.

›Da, schau dir den an!‹ Die junge Frau spreizt ihre Finger mit den pflaumenroten Nägeln auf dem Arm ihres Begleiters.

›Laß doch den Alten!‹ sagt der Mann ungeduldig und versucht, sie fortzuziehen. ›Der ist doch ganz harmlos.‹

Der ›harmlose Alte‹ hat inzwischen bei Rot die Straße überquert, und es ist ihm nichts dabei passiert. Nun schlurft er langsam und vorsichtig Richtung Bahnhof. Vor der Rolltreppe im Fußgängertunnel bleibt der Alte zögernd und etwas wackelig stehen. Er tut, als versuche er das Geheimnis ihrer Benützung zu enträtseln. Die Passanten eilen an ihm vorbei, ohne Notiz zu nehmen. Keine helfende Hand streckt sich ihm entgegen.

Da tritt ein etwa sechzehnjähriger Bursche auf ihn zu und fragt: ›Darf ich Ihnen helfen?‹

Er ist Dreherlehrling, wie sich herausstellt. Als er erfährt, daß er einem falschen Alten geholfen hat, lächelt er verlegen: ›Das macht nichts!‹

Nächste Station ist die Halle des Telegrafenamtes. ›Entschuldigen Sie‹, sagt unser dreiunddreißigjähriger Opa zu einer Frau, die eifrig in einem Telefonbuch blättert, ›können Sie mir die Nummer der Abendzeitung heraussuchen?‹ Die Frau blättert noch eifriger.

›Entschuldigen Sie‹, beginnt Carl Schell wieder sein Sprüchlein.

›Ich habe derart viel zu tun‹, ist die knappe Antwort, ›ich kann jetzt wirklich nicht.‹

Noch nicht entmutigt steuert die gebückte Gestalt jetzt auf eine Nonne mit freundlichem Gesicht zu.

›Die Nummer weiß ich nicht‹, sagt sie. ›Und ich kann sie auch nicht raussuchen.‹

Schell will sich abwenden, da sieht sie den traurigen Blick des Alten. Gerührt und gleichzeitig resolut überträgt sie den Auftrag an den nächsten Postbeamten. Er erfüllt den bescheidenen Wunsch des vermeintlichen Kurzsichtigen.

Der junge Polizist vor dem Telegrafenamt umfaßt väterlich die gebeugten Schultern des Großvaters.

›Ich will zur Danziger Freiheit‹, sagt dieser. Der Beamte sucht in seinem Verzeichnis.

›Danziger Freiheit gibt es nicht‹, antwortet er, ›vielleicht wollen Sie zur Münchener Freiheit?‹

›Ja‹, sagt der falsche Alte und verabschiedet sich.

Als er über die Straße schlurft, tritt ein aufgeregter, kleiner Herr zu dem Polizisten.

›Daß so was rumläuft!‹ stellt er entrüstet fest.

Nun steht Väterchen vor dem Obdachlosenasyl, über dessen vergitterter Tür die Buchstaben gemeißelt sind: STÄDT. UNTERKUNFTS-HEIM FÜR MÄNNER.

Er schellt. Ein kurzbehoster Mann im roten Hemd öffnet.

›Kann ich hier schlafen?‹ fragt Väterchen.

›Ja‹, sagt der Mann und läßt ihn ein.

Väterchen stolpert durch den Warteraum, ohne sich um die schon dort hockende Kundschaft zu kümmern, direkt ins Büro. Dort fragt er wieder: ›Kann ich hier übernachten?‹

›Ja‹, lautet die Antwort, ›warten Sie draußen.‹

Er nimmt in gehörigem Abstand von seinen Altersgefährten auf der Bank Platz.

Schließlich glaubt er seine Rolle ausgespielt zu haben und schleicht zum Ausgang. Unter der Tür, als er gerade seine Maske ablegen will, begrüßt ihn ein eintreffender Münchner Clochard mit den Worten: ›Gott segne deinen Ein- und Ausgang!‹

›Danke, Kollege‹, murmelt Carl Schell und schlurft hinaus.«

Theaterspielen bedeutet Selbstdisziplin. Das hat Mutti uns vorgemacht. Da kann ein Unfall kommen – du mußt spielen. Da kannst du den Text vergessen – du mußt auf der Bühne zu einer Lösung kommen. Da kannst du Vater werden – du darfst dein Publikum nicht im Stich lassen.

Michaela, die am 15. August 1961 zur Welt kommt, muß ihren ersten Schrei tun, ohne daß ihr Papa ihn hören kann.

Es tut mir weh – aber ich habe keine andere Wahl. Ich bin so froh, daß Candida, selbst begabte Schauspielerin und talentierte Regieassistentin, immer wieder Verständnis aufbringt. Sie stellt ihre Karriere-wünsche zurück und widmet sich voll und ganz unseren Kindern. Ich bin sicher, Candida hat das Zeug zum Erfolg. Ich bin ihr unendlich dankbar für diesen Verzicht – meinetwegen und der Kinder wegen.

Jetzt aber Urlaub machen! Familienleben genießen! Auf den Lor-beeren ein wenig ausruhen!

Aber nein: Die nächste Hauptrolle wartet schon auf mich. In Frank-reich wird eine französisch-italienische Coproduktion gedreht: *Bande des Lâches / Eine Handvoll Feiglinge*. Ich spiele, neben Frank Villard und Luisa Mattioli, den Partner von Pascale Petit und den Rivalen von Roger Moore.

Gerade, als ich feststelle, daß mein Terminkalender für das nächste Jahr schon voll ist, meldet sich das »Theater unter den Arkaden« aus München wieder. Ich muß dankend ablehnen.

Ein herrliches Gefühl, ein vielbeschäftigter, vielgefragter Schauspie-ler zu sein. Aber dennoch ein Zwiespalt, wenn man gleichzeitig Familienmensch ist wie ich.

Unser drittes Kind ist unterwegs …

Ich bin noch mal davongekommen

Das Schicksal von Flüchtlingen in aller Welt, zu allen Zeiten, hat mich immer berührt. Vielleicht auch deshalb, weil ich mich selbst als eine Art Flüchtling betrachte, wurde ich doch zu Beginn des Krieges mit meinen Eltern und Geschwistern von den österreichischen Behörden gezwungen, mein Heimatland zu verlassen.

Mir ist selbstverständlich bewußt, daß es wesentlich härtere Erfahrungen von Flüchtlingen gibt als die meinen. Aber sein Zuhause verlassen zu müssen und dabei nicht zu wissen, ob man es je wiedersehen wird, löst Empfindungen aus, die ich nachfühlen kann.

Bande des Lâches, der Film, bei dem ich nun, Anfang des Jahres 1962, mitspiele, hat das Drama von Flüchtlingen gegen Ende des Zweiten Weltkriegs zum Thema:

Die Truppen der alliierten Streitkräfte kämpfen sich in Italien nach Norden durch. Montecassino ist gefallen. Ein deutscher Offizier nimmt eine Gruppe von Flüchtlingen gefangen. Widerstandskämpfer. Unter ihnen befindet sich ein hübsches jüdisches Mädchen (Pascale Petit). Der Deutsche und die Jüdin verlieben sich ineinander. Aber diese Liebe darf nicht sein. Doch nicht der deutsche Offizier tötet, sondern das jüdische Mädchen bringt ihren Geliebten um.

In diesem Film werden Nationalsozialismus und Kriegsgewinnler verurteilt; gleichzeitig aber wird dargestellt, daß der einzelne deutsche Landser nicht die Bestie war, als die man ihn oft beschreibt. In Deutschland wird der Film nicht gezeigt, weil man befürchtet, daß er als antideutsch angesehen wird. Aber das ist er nicht. In Moskau erhält *Bande des Lâches* einen Preis. Das führt dazu, daß meine Kollegen und ich in der Sowjetunion beim Publikum sehr populär werden.

Bei den Dreharbeiten zu diesem Film bin ich mit meinem ganzen

179

Herzen dabei. Wenn Buch, Regie, Technik und Darsteller miteinander harmonieren, ist es immer ein Glück für die gesamte Produktion. Zurück in der Schweiz, brauche ich ein paar Tage, um mich wieder in das normale Leben einzufinden.

Am 18. Juli 1962 bringt Candida unseren Sohn Carl-René zur Welt. Wir haben jetzt drei Kinder. Mein Wunsch, eine große Familie zu haben, ist in Erfüllung gegangen.
Zur Namensgebung zitiere ich die Zeitung »Blick«, die damals schrieb:
»Carl heißt der Kleine auf Wunsch der Mutter: ›Weil Vater Carl so selten zu Hause ist.‹ Candida möchte wenigstens einen Carl um sich haben. René heißt der Kleine auf Wunsch des Vaters, in Verehrung des Schauspielers René Deltgen.«

Doch nun: Hollywood! Der erste Film, zu dem ich von den Amerikanern verpflichtet werde, ist die Co-Produktion *Tunnel 28*. Wieder eine Flüchtlingsgeschichte. Diesmal handelt es sich um Flüchtlinge aus der DDR, die unterirdisch von Ost- nach Westberlin fliehen wollen, nachdem im Jahr 1961 eine Mauer durch die Stadt gezogen worden ist. Die Problematik ist brandaktuell. Seit einem Jahr ist Westberlin von Ostberlin abgeschnitten.
Der Film kritisiert das sowjetische Regime und zeigt außerdem auf, wie weit Menschen zu gehen imstande sind, wenn man ihnen die persönliche Freiheit nimmt. Ich spiele einen Volkspolizei-Offizier, der sich der Flüchtlingsgruppe anschließt.
Ich stehe voll und ganz hinter diesem Film, weil ich der Meinung bin, daß Freiheit das Grundrecht für jeden Menschen sein sollte.
Meine Zeit in Berlin entbehrt nicht einer gewissen Absurdität: Die Filmarchitekten haben nur wenige Meter vor der Mauer – von den Herrschenden des Ostens »antifaschistischer Schutzwall« genannt – auf westlicher Seite eine zweite, künstliche Mauer errichtet. Wir Schauspieler laufen in unseren DDR-Uniformen herum; von Wachtürmen aus beobachten uns die echten Grenzer mit Feldstechern, wir beobachten sie durch unsere Feldstecher aus dem Kostümfundus.

Und die Krönung des Ganzen: Nach Drehschluß schlüpfe ich aus meiner Vopo-Uniform und reise als Carl Schell aus der Schweiz in Ostberlin ein, um meine Kollegen vom Berliner Ensemble zu besuchen oder auf der Bühne zu sehen.

Der desertierte Vopo reist freiwillig zurück in die DDR ... im wirklichen Leben eine gefährliche Angelegenheit. Daß man mich auf seiten der DDR dennoch passieren läßt, obwohl aufmerksame Beobachter wissen müßten, daß wir gerade dabei sind, einen Anti-DDR-Film zu drehen, bleibt mir bis heute schleierhaft.

Ich passiere den eisernen Vorhang am Checkpoint Charly, dem Übergang für Ausländer, während Westberliner Passanten mir mit traurigen Augen hintersehen. Sie dürfen ihre Mitmenschen im anderen Teil der Stadt nicht besuchen. Eltern nicht ihre Kinder, Brüder nicht ihre Schwestern.

Escape from East-Berlin erregt auch in den USA großes Aufsehen. Unter welch dramatischen Bedingungen Menschen im Nachkriegs-Deutschland leben müssen, wird der amerikanischen Bevölkerung durch diesen Spielfilm erst richtig bewußt.

Weihnachten im Kreis der Familie. Pias leuchtende Augen angesichts des geschmückten Weihnachtsbaumes, Duft von Gebäck und Kuchen im ganzen Haus. Ich tanke auf. Unser René bekommt seinen ersten Zahn und spielt tagtäglich, auf dem Rücken liegend, hingebungsvoll mit seinen Fingerchen. Der Murtensee hat dickes Eis gebildet und liegt glitzernd in der Wintersonne. Pia und Michaela genießen den Schnee, der sich wie eine weiches Federbett um unser Haus gelegt hat.

»Wolltest du nicht einen Schleuderkursus machen?« fragt Candida mich zwischen Windelwechseln und Mittagessen-Kochen und legt mir die tägliche Post auf den Schreibtisch: einen Brief von der einzigen Fahrschule im Ort mit den neuen Kursangeboten. Das Fahren bei Schnee und Eisglätte ist mir zwar nicht fremd, aber es gibt Situationen, in denen ich mich gern geschickter verhalten würde. Ein paar Tage zuvor waren Candida, die Kinder und ich mit unserem Auto in einer spiegelglatten Kurve leicht ins Schleudern geraten, und ich hatte Mühe gehabt, das Fahrzeug wieder unter Kontrolle zu bekommen. Pia hatte gekreischt vor Vergnügen, als das Auto hin- und herschlingerte, aber Michaela und Carl-René – beide auf Candidas Schoß hinten im Auto – hatten den Schreck der Erwachsenen gespürt und zu weinen begonnen. Noch am selben Tag rief ich die Fahrschule an und bat sie, mir ihre verschiedenen Angebote zu übersenden.

Ich blättere in dem Formular und entscheide mich für einen Zwei-Tage-Kursus in der kommenden Woche. Ich greife zum Hörer, um die Fahrschule anzurufen – da klingelt das Telefon. »Hast du Lust, Maugham zu spielen – auf englisch?« fragt mich die Agentur.

»Was für ein Stück, welche Rolle und wo?« frage ich zurück.

»In London!« lautet die Antwort. »Das Stück heißt *Winter in Ischia*, und du bist Partner von Jean Kent und Michael Less.«

»*Winter in Ischia?* Ein neues Stück von Maugham?«

»Eine Dreiecksgeschichte!«

Allerdings ist Maugham nicht Maugham, wie sich schnell herausstellt – jedenfalls nicht Somerset, der bekannte britische Autor, sondern sein Enkel Lord Robin, der auch Regie bei dieser Uraufführung führen wird. Sein Stück soll in Worthing und in London gespielt werden. Eine englische Komödie in England auf englisch – eine Herausforderung für mich.

Wieder steht Candida an der Tür und verabschiedet mich, diesmal zwei Kinder auf dem Arm statt eines, und die Älteste, Pia, umklammert ihr Hosenbein. Wir winken einander zu. »Komm bald zurück, Papi! Bleib gesund!«

Nachdem das mulmige Gefühl, die Familie zu verlassen, abgeschüttelt ist, geht es mir sehr gut: Neue Ziele, schwierige Aufgaben, unbekannte Orte beflügeln mich.

Ich bin wieder unterwegs.

Meine Reiseroute führt nach Frankreich, dann quer durchs Land zum Ärmelkanal, und von der Hafenstadt Calais aus werde ich mich per Fähre nach Großbritannien übersetzen lassen. Wir werden in Worthing proben, einem Ferienort an der Kanalküste, nicht weit von Brighton.

Schnell habe ich die Grenze nach Frankreich passiert. Dörfer fliegen an mir vorbei. Ich bin auf der Straße nach Dijon.

Im französischen Jura ist es hügelig, und ich muß viel schalten. Hier liegt weniger Schnee als in der Schweiz, streckenweise ist die Straße sogar frei. Die Gegend wird immer eintöniger, das macht schläfrig. Kaum mehr eine Ortschaft, kein Baum, nur Felder, schwarze Krähen und ein milchig-weißgrauer Winterhimmel. Während meine Gedanken schon vorauseilen und ich mich im südenglischen Städtchen auf der Probebühne sehe, steuere ich auf einen Hügel zu.

Die Straßen sind frei von Schnee, aber nicht eisfrei.

Ich spüre die Glätte und nehme sofort den Fuß vom Gaspedal. Gut gemacht, lobe ich mich selbst: Der Wagen wird langsamer, ich erspare mir eine Rutschpartie. Unterhalb der Kuppe steht rechts neben der Fahrbahn ein einzelner Baum. Ein seltenes Bild in dieser Landschaft.

Da nähert sich auf der Gegenfahrbahn ein Lastkraftwagen. Ein Vieltonner. Düster taucht er aus dem eintönigen, leicht nebligen Grau der Straße auf und nähert sich mir als unübersehbares Ungetüm.

Brummi-Fahrer. Könige der Straße.

Hoffentlich übersieht er mich nicht.

Ich blicke auf den Tacho: Vielleicht fahre ich ein bißchen zu schnell, denke ich. Und hatte ich nicht gerade vorher Glätte unter den Reifen gespürt?

Der Brummi kommt näher. Ich nehme den Fuß vom Gaspedal. Kann jetzt noch etwas schiefgehen?

Es kann.

Der Brummi kommt mir schlingernd quer von der Seite entgegen. Offensichtlich hat der Fahrer gebremst und damit die Gewalt über das riesige Fahrzeug verloren.

Bremsen bei Glatteis führt zu blockierten Rädern.

Ich reiße das Steuer herum und versuche ein elegantes Ausweichmanöver. Ich bin ein selbstbewußter Fahrer, und ich weiß, daß ich mich auf meine Reflexe verlassen kann.

Das Ungetüm scheint es auf mich abgesehen zu haben.

»Schleuderkursus!« schießt es mir durch den Kopf. »Du wolltest doch

einen Schleuderkursus machen!« Jetzt verläßt mich mein Verstand. Panisch trete ich auf die Bremse. Das Auto schlingert, rutscht, dreht sich um sich selbst. Der Brummi macht es mir nach und nähert sich mir mit Schwung. Ich lenke nach rechts, mein Wagen fährt nach links, ich lenke linksherum, mein Wagen dreht sich nach rechts …
Da! Der Baum!
Ich habe die Wahl: gegen den Brummi oder gegen den Baum – eine Alternative gibt es nicht.
Ich bin ein Naturfreund. Aber ich entscheide mich für den Baum. Unaufhaltsam schlittert mein Wagen dem Baum entgegen.
Schwarz.
Blut, warm und fremde Gesichter: ein kurzes Erwachen.
Dann wieder schwarz.
Ein besorgtes Gesicht, ein weißer Kittel, eine Hand, die eine Flasche hochhält an einem Schlauch. Die Sirene eines Krankenwagens.
Und wieder schwarz.
Der mitleidige Blick des Unfallarztes ist das nächste, das ich erkenne. Er spricht zu mir in einem merkwürdigen Singsang. Als habe man mich bereits in die Psychiatrie eingewiesen: »Sie bleiben jetzt erst mal ein paar Tage bei uns, junger Mann«, sagt er. »Wer so verrückt ist, sich den einzigen Baum auszusuchen, der weit und breit existiert und auch noch dagegen fährt, den muß man eine Weile ruhigstellen. Der scheint lebensmüde zu sein.«
»Der Lastwagen …«, versuche ich mich zu erklären. Ich bekomme kaum die Zähne auseinander. Alles schmerzt.
»Er hat Durst«, mißversteht mich der Arzt. Eine Schwester schiebt ihre Hand unter meinen Kopf; sie flößen mir Wasser ein.
Der Arzt drückt auf meinem Körper herum, als habe er Freude daran, mir weh zu tun. Ich empfinde die furchtbarsten Schmerzen meines Lebens.
»Rippenbrüche«, murmelt der Doktor, »Quetschungen, Prellungen …«
Wieder schwarz.
Ich liege in einem Nebenzimmer der Ersten Hilfe und starre an die Decke. Mein Erinnerungsvermögen bessert sich von Minute zu Mi-

nute. Ich habe eine Verabredung! In England! Was wird Lord Maugham sagen, wenn er erfährt, daß ich hier faul im Bett herumliege? Schauspielerei ist Selbstdisziplin. Schauspielerei ist auch: Ehrgeiz. Ich liebe Herausforderungen. Ich liebe es, über mich selbst hinauszuwachsen.

Ich versuche, mich im Bett aufzurichten. Nicht nur die Rippen, alle Knochen scheinen gebrochen zu sein. Meine Gelenke fühlen sich an wie Gummi.

Nichts da: Ich will hier raus.

Ich rutsche vom Bett herunter und krabble auf allen vieren zu meinem Koffer, den ich in einer Ecke des Zimmers wiederentdeckt habe. Die Schmerzen sind kaum auszuhalten. Langsam öffne ich den Koffer, suche frische Wäsche heraus und ziehe mich an.

Gebückt schleiche ich aus dem Zimmer.

Daß Krankenhausflure so lang sein können! Immer wieder muß ich den Koffer absetzen, ringe ich nach Luft. Ich schaue mich um. Werde ich bemerkt? Ich scheine niemandem aufzufallen.

Vor dem Krankenhaus warten Taxis. Ein Fahrer springt auf mich zu und nimmt mir den Koffer ab. Ein Engel!

»Zum Bahnhof, bitte!«

Ich spiele den Gesunden. Wozu bin ich Schauspieler!

Eine schmerzhafte Rolle.

Die Feuerprobe dann auf dem Bahnhof: das Schleppen des Koffers vom Taxi zum Ticket-Schalter, vom Schalter zum Telefon. Ich informiere meine englischen Kollegen über meinen Unfall und teile ihnen mit, daß ich mit dem nächsten Zug weiterfahren werde.

Die Vorstellung, wieder den schweren Koffer schleppen zu müssen, ist unerträglich. Und so bewältige ich die Reise – immerhin muß ich in Paris noch umsteigen –, indem ich immer wieder Passanten bitte, mir das Gepäck zu tragen, was mir nicht nur einmal mißtrauische Blicke und Kopfschütteln einbringt: Schließlich sehe ich jung und sportlich aus.

Als ich im Londoner Bahnhof Victoria Station ankomme, erwartet mich Lord Maugham mit einer Zeitung in der Hand. Ich lese: »Carl Schell, the actor who just made it … (… der Schauspieler, der gerade noch davongekommen ist …)« Die Zeitung berichtet ausführlich über meinen Unfall. Wer da nur wieder geplaudert hat? Von einem Brummifahrer ist jedoch nicht die Rede. Ob der überhaupt begriffen hat, was er mir angetan hat? Blicken die Könige der Straße auch mal in ihre Rückspiegel? Maugham fährt mit mir direkt in ein Krankenhaus. Ich werde bandagiert und bekomme Schmerzmittel. Maugham fragt mich eindringlich, ob ich wirklich arbeiten möchte, da er sonst heute noch umbesetzen müsse. Ich bestehe auf der mir zugedachten Rolle. Vertrag ist Vertrag.

Ausgerechnet in diesem Stück muß geboxt werden.

Der Gegner: ich.

Maugham weist meinen Partner darauf hin, daß das Boxen nur angedeutet werden dürfe. Und so werde ich von der Faust meines Gegenübers nur berührt.

Nur?

Und das mit gebrochenen Rippen!

Aber ich überstehe auch diese Tortur. Und nicht ohne Belohnung: Nach der En-suite-Serie, die mehrere Monate lang dauert, habe ich verschiedene Verträge für das kommende Jahr in der Tasche. Keine Bühnenrollen, sondern Fernsehen und Rundfunk: BBC, ATV.

Nur kurz ist die Verschnaufpause, die ich mir danach zu Hause am Murtensee bei der Familie gönne. Ich werde zu einer Ehrung nach Vichy in Frankreich eingeladen: Für meine Leistung in dem Film *Bande des Lâches*, den ich im Jahr zuvor in Rom gedreht hatte, wird mir der 2. Preis des Vichy Referendum international du Cinema verliehen, des Internationalen Referendums für Filme.

Nicht lange danach geht's wieder nach England. Aber nicht mit dem Wagen! Bei MGM drehe ich für ATV London den Film *The Light of a Friendly Star*, der in England sehr erfolgreich wird; und ich spreche verschiedene Rollen in Hörspielen beim BBC.

Im selben Jahr – 1964 – erreicht mich ein weiteres Angebot aus Hollywood, garantiert durch den Siebenjahresvertrag und auf Empfehlung von Walter Wood. Ich soll eine Hauptrolle in dem Kinofilm *The*

Confession spielen. Meine Partnerin ist Barbara Eden, die später durch ihre Rolle in der TV-Serie *Bewitched/Bezaubernde Jeanny* weltberühmt wird. Weitere Kollegen: Ray Milland, Elliot Gould. Wir werden in Jamaica drehen und in Hollywood.

Und das schönste an diesem Angebot: Regie wird William Dieterle führen! Der Mann, um dessen Gunst ich siebzehn Jahre zuvor, im ehrwürdigen Zürcher Hotel Baur au lac, gezittert hatte und der mir dann so wohlwollend begegnet war. Jetzt bin ich kein Greenhorn mehr, sondern ein richtiger Schauspieler; ich habe es geschafft – so wie Dieterle es mir damals prophezeit hatte.

»I am Elvis, glad to meet you!«

Ich bin in Jamaica und muß mich kneifen: Träume ich?
Ich wohne im Hotel Frenchman's Cove in Kingston und komme aus
dem Staunen nicht mehr heraus. Noch nie in meinem siebenund-
dreißigjährigen Leben habe ich eine solche Hotelanlage gesehen. Um
ein luxuriöses Hauptgebäude gruppieren sich kleine Bungalows in
einer riesigen, exotischen Parklandschaft, die durch geschwungene
Wege miteinander verbunden sind, auf denen man mit kleinen
geräuschlosen Elektroautos fahren kann. Jedes Häuschen besitzt einen eigenen Sandstrand, gegen nachbarliche Blicke geschützt; und
ein kleiner Pfad, der an duftend blühenden Sträuchern vorbeiführt,
endet an einem künstlich angelegten Wasserfall, der in einer kleinen
Bay brodelnd ins Meer stürzt.
Ein Dorado für Verliebte. Reminiszenz an »Tausend und eine
Nacht«!
Aber ich muß arbeiten. Beiße mich von morgens bis abends an meinem Text fest, den ich für den jeweilig nächsten Drehtag lernen
muß. Und der Text hat es in sich. Schließlich spiele ich auf amerikanisch.

Mit dem Schiff reise ich nach Haiti und von dort über New York nach
Europa zurück. Ich bleibe dort nur kurze Zeit, denn die Innenaufnahmen zu *The Confession* sollen bereits Anfang März beginnen und
in Kalifornien gedreht werden.
Die Kinder sind außer sich vor Freude, als ihr Papi wieder zu Hause
ist. Candida sieht müde aus; drei Kinder zu erziehen kann ungeheuer
anstrengend sein, auch wenn man sie über alles lieb hat. Wir sind uns
in den ersten Stunden des Wiedersehens immer ein wenig fremd; wir
brauchen Zeit und Ruhe, um einander wieder näherzukommen.

Ich verteile Geschenke aus Haiti, darunter einen wunderschönen handgeschnitzten Teetisch aus Ebenholz, der besonders Candida gefällt. Natürlich habe ich viel zu erzählen – aber auch Candida möchte etwas von ihren Erlebnissen bei mir loswerden. Daß ich mit einem nagelneuen Wagen zu Hause eintreffe, begeistert Candida natürlich genauso wie mich selbst: Ich fühle, daß ich dabei bin, richtig erfolgreich zu werden. Es ist ein gutes Gefühl, Geld zu verdienen und zu wissen, daß man einer großen Familie Sicherheit bieten kann.

Die Presse ist gleich zur Stelle, als sich herumspricht, daß ich zu Hause eingetroffen bin. Der »Blick« schreibt unter der Überschrift »Braungebrannt aus Jamaika zurück!« folgendes über meine Ankunft am Murtensee:

»Carl Schell kehrte mit Calypso und einem riesigen Cabrio ›Ford Galaxy‹ wieder zu seiner Familie … zurück. Carl Schell (37), ältester männlicher Sprößling der Schellschen Film-Familie, ist aus Jamaica zurück. Mitgebracht hat er eine jamaicanische Strandtracht, Calypso genannt, und ein weißes Cabriolet Ford Galaxy.

Frau Candida und Papa Schells Sprößlinge Pia (5), Michaela (3) und René (2) machten große Augen, als er in den roten, enganliegenden Kniehosen und dem knopflochlosen, buntbedruckten Hemd, dessen Enden einfach zusammengeknüpft wurden, dem Traumwagen entstieg.

Carl Schell hat auf Jamaica neben Ginger Rogers und Ray Milland die Hauptrolle im Film *The Confession/Das Geständnis* gespielt. Seine jüngere Partnerin ist der in Hollywood aufsteigende Stern Barbara Eden.

Das erste, was der braungebrannte und etwas schlanker gewordene Schell-Star ausrief, war: ›Ist es doch herrlich in der Schweiz!‹

›Wirklich schöner als in Jamaika?‹ wollte ich wissen.

›Kuriositäten gibt es auf der ganzen Welt, aber nirgends ist es so schön und so heimelig wie bei uns.‹

Ich frage ihn: ›Nun hat ja auch bei Ihnen die Hochkonjunktur eingeschlagen!‹

Carl: ›So?‹

Ich weise auf das prachtvolle Cabriolet vor dem Haus und erhalte keine Antwort.«

»Manchmal frage ich mich, was wichtiger ist für eine Familie«, sagt Candida eines Abends zu mir, »die Sicherheit des Geldes oder die Anwesenheit des Vaters.«
»Am besten wäre beides, mein Schatz«, antworte ich, »aber solange wir nicht beides haben können, laß uns froh sein, daß wenigstens genug Geld da ist.«
Ich weiß, daß Candida unter meinen vielen Reisen zu leiden begonnen hat.
Im März müssen wir uns schon wieder voneinander verabschieden.
Ich werde zum ersten Mal in meinem Leben Hollywood sehen.
Candida ist traurig. Aber sie weiß auch, daß diese Reise unvermeidlich ist. Der Film muß zu Ende gedreht werden.
Wie einst Maria, fliege ich jetzt mit dem Flugzeug über den Nordpol nach Los Angeles. Zwischenlandung auf Island. Auf dem Flughafen von Reykjavík sehe ich Gregory Peck und spreche ihn an. Er ist ebenfalls auf dem Weg nach Kalifornien.
Trotz der späten Stunde – ich komme nachts an – holt mich die Produzentin persönlich vom Flughafen ab. Kay Lewis, Mitarbeiterin von Walter Wood und Inhaberin der Kay Lewis Enterprises, winkt mir schon von weitem zu. Sie bringt mich gleich ins Beverly Hilton Hotel in Beverly Hills.
Nach einem Abendessen finde ich mich todmüde in meiner Hotelsuite wieder. Ein Luxusappartement mit Bar, Kaffeemaschine und einem riesigen Fernsehschirm – Dinge, die auch in den vornehmsten Hotels in Europa noch eine Seltenheit sind. Ich dämpfe das Licht, trete ans geschlossene Fenster, blicke hinaus: Los Angeles in seinem Lichtermeer liegt mir zu Füßen. Kein Geräusch dringt an mein Ohr. Ein Ort der Entspannung.
»Wollen Sie nicht umziehen? Ich empfehle Ihnen das Beverly Hills Hotel«, heißt es am nächsten Tag in der Produktion.
»Ich bin sehr zufrieden«, antworte ich erstaunt.
»Ohne Pool?« kommt es zurück.

»Nun ja, aber es ist doch …«

»Wir werden alles arrangieren«, unterbricht man mich.

Wie von Geisterhand werden meine Gepäckstücke ins Beverly Hills Hotel transportiert, alle bisherigen Kosten bezahlt.

Jetzt wohne ich in einer Suite mit eigenem Gartenanteil, in dem Palmen wachsen. Palmen, meine Lieblingspflanzen. Zehn Schritte davon entfernt: ein riesengroßer Swimmingpool. Luxus pur.

Und dennoch keine Arroganz!

Das ist einer der ersten Eindrücke, die ich von den Menschen bekomme, denen ich hier begegne: diese Lockerheit, Lässigkeit, Unkompliziertheit. Bekannte, weltbekannte und unbekannte Kollegen geben mir gleichermaßen freundlich die Hand, begrüßen mich bei meinem Vornamen, fragen, wie es mir geht, ob es mir hier gefalle, seit wann ich im Land sei. Kollegen mit Star-Allüren treffe ich nicht.

»Hi, Carl, glad to meet you!«

Ich fühle mich wohl und in die große Künstlerfamilie Hollywood aufgenommen.

Wir drehen in den Samuel-Goldwyn-Studios. In einer Drehpause begegne ich einem Menschen, der große Ähnlichkeit mit einer wirklich weltberühmten Persönlichkeit hat. Ich stoße meinen Kollegen Donald an, mit dem ich gerade beim Kaffee sitze.

»Er sieht aus wie Elvis Presley«, raune ich Donald zu. »Ist es sein Double?«

Donald schmunzelt. »Es *ist* Elvis.«

Ich bin sprachlos. »Hier?«

»Wenn nicht hier – wo dann?« kommt die schlagfertige Antwort.

Und schon hebt Donald seine Hand zum Gruß, Elvis – tatsächlich, er ist es! – entdeckt ihn, winkt erfreut zurück und nähert sich unserem Tisch. Donald stellt mich ihm vor, Elvis lächelt mich freundlich an, reicht mir seine Hand und sagt: »Hi, Carl, I am Elvis, glad to meet you!«

Mein Herz klopft schneller als sonst. Elvis Presley! Was wohl meine Freunde daheim in Europa dazu sagen werden?

Ich bin nie ein Fan von Elvis Presley gewesen. Die Schmalztolle, die Musik – all das trifft nicht meinen Geschmack. Aber hier und jetzt, in den Studios von Samuel Goldwyn, bin ich von dem bescheidenen Auftreten, der Höflichkeit und Einfachheit dieses Weltstars tief beeindruckt.

»Hi, Carl, I am Elvis, glad to meet you.«

Ich werde diesen Augenblick nie vergessen.

Weltstars können auch privat Vorbilder sein.

Nur eine Person enttäuscht mich ein wenig: Ginger Rogers, meine berühmte Kollegin, entpuppt sich als echter Geizhals. Da ihr Mann unseren Film mitproduziert, finden gelegentlich die Drehbuch-Besprechungen bei ihr zu Hause statt. Selbstverständlich wohnt sie traumhaft, umgeben von Luxus; Palmen und Pool sind Selbstverständlichkeiten. Wir sitzen im Garten unter Sonnenschirmen, es ist drückend heiß, und alle lechzen nach eisgekühlten Getränken. Aber Ginger denkt nicht daran, uns etwas anzubieten. Erst als wir es kaum noch ertragen, äußert eine Kollegin den Wunsch nach etwas Wasser, und Ginger erhebt sich, geht zum Wasserhahn, hält ein Glas darunter und füllt es. Nach und nach wird sie nun von jedem von uns an den Wasserhahn geschickt. Auf die Idee, eine große Karaffe mit Wasser, Eis und andere Erfrischungsgetränke auf den Tisch zur Selbstbedienung zu stellen, scheint sie in ihrer Sparsamkeit nicht zu kommen. Wer Kalifornien im Sommer kennt, der weiß, wie durstig man werden kann.

Im Juli sind die Dreharbeiten beendet. Fünf Monate bin ich jetzt hier, und ich fühle mich in Hollywood wie zu Hause. Ein elegantes Haus wird mir zur Verfügung gestellt, mit wunderschöner Aussicht, Pool und einem großen Flügel im Wohnzimmer, auf dem ich manchmal stundenlang spiele. Ich improvisiere, und während sich die Töne mit Hilfe meiner Phantasie zu Melodien formen, lasse ich meine Gedanken schweifen, denke über die Dinge nach, die ich erlebt habe und über die, die ich erleben will. Kay Lewis hat mir einen Posten als künstlerischer Leiter und Mitproduzent der Kay Lewis Enterprises angeboten, und ich habe angenommen. Vielleicht werde ich nach Amerika emigrieren, so lieb wie ich dieses Land gewonnen habe.

Bei Dreharbeiten in Jamaica für den Hollywoodfilm »The Confession« mit Regisseur William Dieterle
d Produzentin Kay Lewis, 1964, …

/46 …sowie Szenen mit Barbara Eden und Elliot Gould.

Befreit von wochenlanger
spannung: In Helsinki
te mich der Westen
der.

Gegenüberliegende Seite
-49 Links: In angeneh-
r Begleitung fuhr ich per
g zum Filmfestival 1965
Moskau. – Rechts: Stadt-
mel in der Haupt-
lt der UdSSR. – Unten:
türmt von Moskauer
ogrammjägern

Als »Fliegerbaron« aus
n Ersten Weltkrieg in
n amerikanischen Film
er Blaue Max« hatte ich
den Dreharbeiten in Eng-
l 1965 Besuch von dem
aligen Baron von Richt-
n, der mir die Richhofen-
laille verehrte...

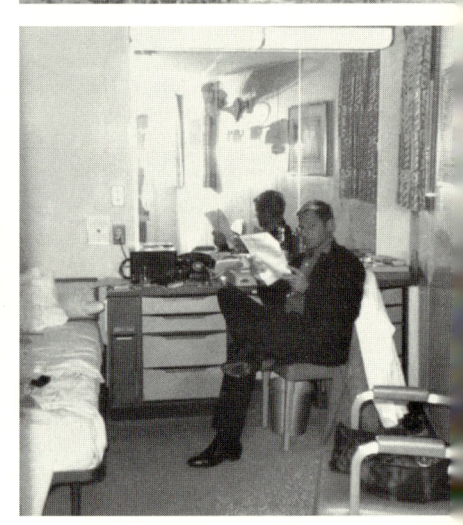

Wieder in Hollywood:
meinem Bungalow in
verly Hills, zur Verfügung
stellt von »Kay Lewis
terprises«, 1967, während
r Dreharbeiten zu der
rie »12 o'clock High«.

Gegenüberliegende Seite
-57 Meine Weltreise 1965
Ziel USA: An Bord der
Travestein im Roten Meer. –
eihnachten in der Hitze
1 Singapur. – In Macao, der
rtugiesischen Enklave bei
ngkong. – In der Kabine des
xusliners President Roose-
t. – Station im japanischen
kuoka, Januar 1966. –
ckreise nach Europa durch
1 Panama-Kanal, März 1966
o.n.r.u.)

Als Cowboy in dem Western
eath Valley Days«, 1968

60 Grundsteinlegung
für die »Schell Academy
of the Performing Arts«
in Dana Point an der
kalifornischen Küste,
1967, …

61 … und bei der
Probenarbeit zu Wolf-
gang Borcherts »The
Man Outside / Draußen
vor der Tür«.

62 In dem Universal-
Film »To Die in Paris«,
Hollywood 1969

64 Einen Formel-
iloten spielte ich in
n englischen Film
e Professional
ch«, 1968. Die
harbeiten fanden
Mexiko statt. Links:
dem Maya-Monu-
it Chicén Itza auf
Halbinsel Yuka-
– Rechts: Ausflug
paradiesischen
l Cozumel …

.. und bei den
arbeiten auf
Rennbahn von
co City

66 Die ehemalige Schauspielerin Cécile Aubry führte Regie bei der Fernsehserie »Sebastian et la Mary Morgan«, 1969/70.

67/68 Rechts: Meine Tochter Alexandra als Kind und mit ihrer Mutter Liselotte Millauer

69 Mit Günther Neutze in der Episode »Frau gesucht« der Fernsehserie »Dem Täter auf der Spur«, 1970

Ich will es mit Candida besprechen.

Zunächst muß ich zurück nach Europa. Ich bin gespannt auf meine Kinder und die neuen Geschichten, die Candida mir von ihnen erzählen wird.

Candida hat viel zu erzählen, aber ich fühle mich mehr und mehr wie ein Zaungast in der Familie. Das Thema Emigration nach Amerika spreche ich zwar an, aber wir erkennen beide, daß es zunächst wichtig ist, daß unsere Beziehung wieder funktioniert. Kein Zweifel, wir sind einander fremd geworden. Candida geht voll in ihrer Rolle als Mutter auf und hat ihre Wünsche nach Karriere und Beruf zwangsläufig zurückgestellt, während in mir der Abenteurer sein Recht fordert, der die Welt erobern will.

Ich ziehe mich in mein Arbeitszimmer zurück, um an einer Drehbuch-Idee zu arbeiten, die ich schon seit geraumer Zeit mit mir herumtrage: *Die Menschenfalle.* Die Story handelt von der winterlichen Flucht eines Ehepaars mit zwei kleinen Kindern und einem Ungeborenen, das sich übers Gebirge in ein freies Land schleusen läßt und schließlich seine Kinder für die Freiheit opfern muß.

Aber es ist schwer, zu Hause zu arbeiten, wenn die Kinder ihren Papa lange entbehren mußten.

Die Menschenfalle ist ein Stoff, der mich noch jahrelang begleiten wird. Immer wieder arbeite ich daran, schreibe um, überdenke neu.

Flucht ist auch das Thema meines nächsten Engagements: In London dreht die BBC eine Serie mit dem Titel *The Mask of Janus*, und ich bekomme das Angebot, in der Folge »The Rack / Die Folter« einen osteuropäischen Flüchtling darzustellen, der in England unterzukommen versucht.

Die Flucht wird aus drei verschiedenen Aspekten erzählt, aus der Sicht des Flüchtlings, der des Kommissars und so, wie sie sich tatsächlich ereignete. Die Aufgabenstellung erinnert mich an den japanischen Nachkriegsfilm *Rashomon,* der sich mit der gleichen Problematik auseinandersetzt und eine große Herausforderung für die Schauspieler gewesen sein muß. Für unsere Produktion gibt es jedoch ein technisches Problem zu lösen:

Es wird auf Videoband aufgenommen, aber man ist noch nicht in der Lage, auf Video zu schneiden. Das heißt, wir müssen die komplette Szene durchspielen. Damit das möglich ist, werden zuerst die Außenaufnahmen gefilmt, die Bilder von der Flucht. Die eigentliche Handlung, das Verhör im Flüchtlingslager, wird dann im Studio live gedreht. Die vorher gemachten Außenaufnahmen werden per Film in die Live-Aufnahme eingespielt. Ungeheure Konzentration ist gefordert, von allen Beteiligten.

Das fertige Band hat eine riesige Dimension.

Der Film bekommt eine sehr positive Resonanz – aber leider kann ich ihn nicht ansehen. Ich bin schon wieder an einem anderen Ort dieser Welt. Mein Job als künstlerischer Leiter bei der Kay-Lewis-Produktion in Hollywood verlangt, daß ich mich dort wieder blicken lasse.

Diesmal reise ich mit dem Wagen.

Ich entscheide mich für einen VW-Käfer. In Rotterdam schiffe ich uns beide auf einem deutschen Frachter ein, der nach Florida unterwegs ist. Trotz des stürmischen Wetters fühle ich mich auf See immer noch am wohlsten; das Fliegen versuche ich so gut wie möglich zu vermeiden. Im übrigen hat man auf See Zeit. Zeit, sich auf die Aufgaben vorzubereiten, die einen am Ziel erwarten; Zeit zu lesen, Zeit nachzudenken.

Ich trage mich mit der Idee, in Kalifornien eine Theaterschule aufzuziehen, so wie ich es in Sao Paulo gemacht hatte. Das würde aber tatsächlich bedeuten, daß Candida und ich in die USA emigrieren.

Die Schiffsroute führt uns – wegen eines katastrophalen Navigationsfehlers! – in einem großen Bogen über Grönland, die nordamerikanische Küste entlang bis nach Port Everglades in Florida.

In Florida fahre ich mit meinem Wagen vom Schiff. Ich kaufe Lebensmittel für die Weiterreise ein – ich will quer durch die Südstaaten bis nach Kalifornien – und suche mir ein kleines, preiswertes Hotel in Miami.

Am nächsten Morgen erlebe ich eine böse Überraschung. Mein Wagen ist aufgebrochen worden, alle Vorräte sind weg und noch mehr, und ich kann von Glück reden, daß das Auto überhaupt noch dasteht. Die Dinge, die ich ins Hotelzimmer mitgenommen habe, verstaue ich nun im Wagen und verlasse so schnell ich kann die Stadt.

Ich bin verärgert über den Diebstahl, aber eine andere Stimme in mir sagt lässig: »C'est la vie ... weg ist weg ... forget it.«

Das Auto bringt mich sicher nach Alabama. Ich habe Hunger und halte vor einem Restaurant an. »T-Bone Steak und ein Getränk: 8 Dollar« wirbt ein Schild im Fenster. Ein Steak und ein Bier – genau das richtige jetzt für mich.

Ich betrete das Lokal.

Das Restaurant ist mäßig besetzt. Man speist und unterhält sich lebhaft; Musik dringt aus Lautsprecherboxen. Ich nehme Platz, studiere die Speisekarte und finde wieder das Angebot, das mich schon ins Lokal gelockt hatte: »T-Bone Steak und ein Getränk: 8 Dollar.«

Der Ober steht an meinem Tisch. Ich begrüße ihn und sage: »Bitte ein Riesensteak und ein großes Bier.«

Plötzlich Stille. Nur die Musik quäkt dünn durch den Raum. Keiner spricht mehr. Alle Augen sind auf mich gerichtet. Es ist, als halte das gesamte Lokal den Atem an.

Habe ich etwas falsch gemacht?

Ich blicke noch einmal in die Karte. Habe ich mich mit dem Fleisch geirrt, sind das hier Vegetarier?

Nein. Da steht es schwarz auf weiß.

Der Blick des Obers verheißt nichts Gutes. Ich muß einen schrecklichen Fauxpas begangen haben, und das Schlimme ist, ich kann ihn mir nicht erklären.

»Ach«, sage ich schnell, »wenn Sie etwas Besseres empfehlen können, dann bringen Sie mir das doch einfach. Als Getränk bleibe ich aber beim Bier. Ich habe einen Riesendurst.«

Der Ober steht da wie vom Donner gerührt. Er schaut mich an, als käme ich von einem anderen Stern.

Ich überlege fieberhaft, was ich jetzt noch sagen könnte und hole auch schon Luft, da fällt mir der Ober ins noch nicht ausgesprochene Wort: »Was wollen Sie? Ein Bier? Mensch, wo kommen Sie denn her?«

»Aus … aus Europa«, antworte ich wahrheitsgemäß, ein wenig stotternd, »genauer gesagt, aus der Schweiz …«

»Hab ich mir gedacht«, grinst der Mann, »hab Ihren Wagen schon gesehen. Klasse Auto! Aber ein Bier können Sie nicht bekommen. Sie befinden sich in einem Dry State. Hier wird kein Alkohol ausgeschenkt.«

Ein saftiges Riesensteak, nach Countryart zubereitet, soll ich mit einem Milchkaffee hinunterspülen? In mir regt sich Widerspruch. Ich weiß, daß sich in meinem Kofferraum noch einige Flaschen Bier befinden.

Ob ich davon eines zu meinem Steak trinken dürfe, frage ich den Ober. Der blickt sich vorsichtig um. Die Leute haben wieder zu essen und zu reden begonnen.

Leise raunt er mir zu: »Aber nur, wenn Sie es vorher in eine Kaffeetasse schütten.«

Ich übernachte in der Lodge und reise am nächsten Morgen weiter nach Louisiana, immer am Meer entlang, begleitet von den Wellen des Golfs von Mexico. New Orleans! Ich krame meinen Reiseführer hervor, lese mich fest, streife durch die Stadt.

Abends finde ich mich in einer romantischen Bar wieder, neben einer wunderschönen Dame am Tresen sitzend. Die Lady steckt sich eine Zigarette zwischen die Lippen, instinktiv greife ich zum Feuerzeug, um ihr die Zigarette anzuzünden.

In diesem Augenblick stürzen gleich drei Männer auf mich zu. Ein Fausthieb landet in meinem Gesicht, ich verliere das Gleichgewicht, falle zu Boden und versuche nun verzweifelt, andere Hiebe und Fußtritte abzuwehren, die mich treffen sollen.

Was ist geschehen?

Ich will doch gar nichts von der Frau!

Der Barkeeper rettet mich mit einem Trick. Ich begreife erst nachher, daß es Hilfe war: »Raus hier!« fährt er mich an, packt mich beim Schlafittchen, zieht mich vom Boden hoch und schiebt mich aus der Tür auf die Straße. Dabei zwinkert er mir aus seinen Augenwinkeln freundlich-versöhnlich zu.

»Hausverbot!« brüllt er mir hinterher.
Dann winkt er mir kurz nach, dreht sich um und geht wieder in sein Lokal zurück.

Nachdem ich einen Teil der endlosen Halbwüsten von Arizona und Texas durchquert habe, komme ich schließlich in Kalifornien an. Noch ein paar Stunden, und ich bin in Hollywood.
Ich bin heil angekommen. Mein Wagen hat mich nicht im Stich gelassen, und die paar gestohlenen Dinge kann ich verschmerzen. Nur ein kleiner blauer Fleck oberhalb des rechten Auges erinnert mich noch an New Orleans.
In meinem Haus ist alles beim alten – kein Einbruch, keine bösen Überraschungen. Als erstes setze ich mich an den Flügel und spiele eine Melodie zur Begrüßung. Die Post bringt einen Brief, der mir aus der Schweiz nachgeschickt wurde und dessen ungewöhnliche Frankierung mir auffällt: ein Schreiben aus der Sowjetunion. Ich öffne gespannt. Es ist eine Einladung des Komitees der Moskauer Filmfestspiele zum diesjährigen Filmfestival. Moskau! Ich ahne mein nächstes Abenteuer. Ich schlage zwei gewaltige Akkorde auf dem Flügel an und singe kräftig: »Moskau! Ich komme!«
Ich verbringe einige Zeit in Hollywood und bekomme durch meine Arbeit Einblicke in den Betrieb einer Filmproduktion. Aber dann hält mich nichts mehr auf. Moskau hat mich gerufen. Wann hat man schon die Gelegenheit, hinter den eisernen Vorhang zu blicken, wenn nicht durch eine persönliche Einladung?
Ich vertage meinen Plan, eine Schauspielschule aufzubauen, verkaufe mein Auto und bereite mich auf die Heimreise vor. Per Schiff natürlich. Aber diesmal ist es ein italienischer Frachter mit Gratiswein an Bord. Viva Italia!

Hollywood – Moskau ... und zurück!

Der Film *Bande des Lâches* kommt den Russen wie gerufen. Ein Film, der die Nazis verurteilt und Kriegsgewinnler anklagt, ist auch für die kommunistische Partei von Wert. Das Parteiorgan der Filmwirtschaft der Sowjetunion entscheidet, daß der Streifen überall in den Kinos vorzuführen sei. Mit seiner Hilfe kann man dem Volk zeigen, wie feige Kapitalisten sind, wie dekadent folglich der Westen und wie wichtig daher die kommunistische Idee.

Immer wenn ein Film aus dem Westen vom Staatsverleih für das russische Publikum freigegeben ist, besucht die Bevölkerung die Lichtspielhäuser verstärkt. Die Russen, die unter den Deutschen im Zweiten Weltkrieg sehr gelitten haben, nehmen den Anti-Nazi-Streifen begeistert auf. Zum Filmfestival in Moskau soll der Film außer Konkurrenz besonders geehrt werden. Und ich, Carl Schell, einer der Hauptdarsteller, genieße besondere Popularität.

Doch zunächst muß ich einreisen. Und in die Sowjetunion zu reisen ist eine andere Sache, als amerikanische Südstaaten zu durchqueren. Es beginnt schon beim Umtausch. Der Kurs in Rußland ist miserabel, wie ich höre. Deshalb kaufe ich mir bei der Schweizer Bank ein paar hundert Rubel vor meiner Abreise.

»Wissen Sie auch, was Sie da tun?« fragt mich der Bankbeamte.

»Selbstverständlich«, sage ich weltmännisch, »ich bin gerade dabei, ziemlich viel Geld zu sparen.«

»Wenn man Ihnen keine Schwierigkeiten macht«, unkt der Beamte und warnt mich: »Die Sache ist sehr gefährlich. Die Russen gehen mit Devisenschiebern nicht zimperlich um.«

»In der Botschaft hat man mir nichts davon gesagt«, bemerke ich trotzig.

Der Mann zuckt mit den Schultern, als meine er, seiner Pflicht genügt zu haben, und schiebt mir einen Stapel Rubel über den Tisch. Ich betrachte die zerknitterten Banknoten wie ein Kind, das zum ersten Mal in seinem Leben Geldscheine in der Hand hält, und stecke sie in ein Briefkuvert und in meine Brieftasche.

Der Zug bringt mich von Bern nach Wien, dort steige ich um und reise über Hohenau nach Prag in die Tschechoslowakei ein. In Prag, grau, düster und von morbider Schönheit, nehme ich mir ein Hotel. Ich verstehe nicht mehr, was die Menschen sagen. Der eiserne Vorhang ist auch eine Sprachbarriere. Die slawischen Sprachen haben mit denen der westlichen Welt wenig gemeinsam. Früh muß ich raus, der Zug nach Polen geht bei Tagesanbruch. Breslau – Lodz – Warschau. Umsteigen.

In fast vierzehntägiger Reise fährt die Transsibirische Eisenbahn nach Wladiwostok zum japanischen Meer. Mein Ziel ist Moskau. Ich steige gleich in den Schlafwagen, es ist einer der alten, bequemen Bauart. In wenigen Stunden sind wir in Brest. Russische Grenze. Hier müssen wir warten. Die Wagen des Zuges werden auf andere Untersätze gehoben: Mitteleuropäische Eisenbahnen haben andere Spurbreiten als russische Züge.

Wir steigen ein und müssen wieder warten. Die Menschen um mich herum ertragen es gelassen. Mich macht es kribbelig. Warum geht es nicht weiter? Wir haben noch ein lange Strecke vor uns.

Da öffnet sich die Tür zum Abteil. Eine Dame vom Intourist-Service tritt ein, in Uniform mit schrägem Hütchen auf dem Kopf, hinter ihr zwei russische Grenzbeamte und ein paar Soldaten. Die Dame ist offensichtlich eine Art Reisebegleiterin für uns ausländische Fahrgäste. Die Grenzer kontrollieren uns, die Soldaten stehen mit versteinerter Miene dahinter.

»Passport!«

Als ich an der Reihe bin, beginnt einer der Zollbeamten nach einem Blick in meinen Schweizer Paß – o Wunder – französisch mit mir zu sprechen. Er fragt mich, ob ich russische Rubel dabei habe.

Soll ich lügen? Ich überlege blitzschnell: Falls ich die Unwahrheit sage und sie es entdecken, mag es schlimme Folgen für mich haben. Ich entscheide mich für die Wahrheit.

»Ja«, antworte ich.

»Herzeigen!« kommt es wie ein Schuß aus einer Pistole.

Mir läuft's kalt den Rücken herunter. Ich krame meine Brieftasche hervor, öffne sie, nehme das Kuvert und ziehe die Rubel heraus.

Sämtliche Beamte, die Intourist-Dame und die Soldaten starren auf meine Geldscheine, als hätten sie noch nie ihre eigene Landeswährung zu Gesicht bekommen. Oder ist es vielleicht die Menge, die ihre Augen so groß werden läßt?

Es sind gebrauchte Rubel, das ist das Problem. Tauscht man in Ostblockstaaten offiziell Westwährung in Rubel ein, bekommt man sie frisch aus der Presse – zur besseren Kontrolle. Gebrauchte Rubel in den Händen eines Menschen, der gerade die Grenze passiert hat, bedeuten, daß dieser das Geld schwarz und zum extrem günstigen und nicht staatlich kontrollierten Umtauschpreis erhalten hat, irgendwo, und daß ein anderer, ein Sowjetbürger, jetzt irgendwo herumläuft, mit wertvollen amerikanischen Dollars, Deutschen Mark oder Schweizer Franken in den Händen und damit vorteilhaft Geschäfte machen kann. Devisenschmuggel.

»Das sind ja gebrauchte Rubel!« stellt einer der Zollbeamten fest, nachdem er mir mein Geld aus der Hand gerissen hat. »Woher haben Sie die?«

Woher wohl? Soll ich Ihnen erklären, wie oft ich in fremden Ländern die Erfahrung gemacht habe, ohne Landeswährung dazusitzen und etwas Wichtiges plötzlich nicht bezahlen zu können? Aber – so wird mir urplötzlich klar – dies hier ist nicht irgendein fremdes Land, dies hier ist der Ostblock.

»Woher?« fordert der Zöllner meine Antwort ein.

»Von der Schweizer Bank«, sage ich und erinnere mich an die warnenden Worte des Bankbeamten.

»Banka Schwitzkaiska« oder so ähnlich hört es sich an, als der Zöllner seinen Kollegen meine Worte übersetzt. Für einen Augenblick beraten sie sich in russischer Sprache. Dann dreht sich der Zöllner zu mir um: »Die Schweizer Bank hat keine Rubel«, behauptet er streng.

»Und ganz bestimmt keine gebrauchten Scheine.«

So. Keine gebrauchten Rubel. Er scheint es ja ganz genau zu wissen.

Ich werde ärgerlich: »Glauben Sie etwa, ich hätte das Geld geerbt oder gefunden?«

Ich fühle mich sehr unbehaglich.

»Mitkommen!« verlangt der Beamte, ohne mich anzusehen.

Ich werfe einen sehnsüchtigen Blick auf mein Gepäck – ob ich es je wiedersehen werde? – und folge der uniformierten Prozession, die im Gänsemarsch den Zug verläßt. Hinter mir zwei finster dreinschauende, bewaffnete Soldaten.

Mit schnellen Schritten geht es in ein Büro direkt neben dem Bahnsteig. Der Zug muß warten. Die Beamten unterhalten sich mit einem älteren Kollegen, der mich aus grauen Augen und einem faltigen Gesicht müde ansieht. Ich krame die Einladung zu den Moskauer Filmfestspielen aus meiner Brieftasche hervor und überreiche sie der Dame von Intourist. Diese redet nun heftig auf den grauäugigen Zollbeamten ein. Es soll eine Telefonverbindung nach Moskau hergestellt werden. Wir warten. Es klappt mit der Leitung, endlich, nach einigen Versuchen. Wieder werde ich gefragt, woher ich die Rubel habe. Wer da wohl am anderen Ende der Leitung ist? Der Kreml?

»Von den Schweizer Banken«, antworte ich wie vorher.

»Woher haben die Schweizer Banken die Rubel?« fährt mich der ältere Zollbeamte an, der den Telefonhörer hält.

Was soll ich antworten?

Woher bekommen Schweizer Banken russische Rubel?

»Ich nehme an, von sowjetischen Diplomaten«, sage ich.

Jetzt wird es erst recht unruhig. »Diplomatzkie Sowjetzki« oder so ähnlich ruft der Zöllner immer wieder in den Apparat.

Ich blicke aus dem milchigen Fenster des Büros nach draußen. Der Zug, vollgestopft mit Menschen, steht noch da und wartet, daß es weitergehe. Hunderte von Menschen müssen geduldig sein, nur weil ein Schweizer Fahrgast russische Rubel dabei hat. Gebrauchte!

Nach fast zwei Stunden die Entscheidung: Es kann weitergehen. Zwei Dinge sprechen für mich: Erstens, ich bin hier im Auftrag des Landes. Zweitens, ich habe die Rubel nicht versteckt, sondern die Wahrheit gesagt.

Der Zöllner mit dem faltigen Gesicht tritt auf mich zu und erklärt

mir, daß sich die Sowjetunion nicht an den Genossen der Arbeiter-
klasse bereichern wolle, darum könne ich die Rubel ausnahmsweise
behalten. Da es aber streng verboten sei, gebrauchte Rubel zu im-
portieren, müsse Strafe sein. Er macht eine Pause.

Mein Hals wird trockener.

Wird er sagen: Fünfzehn Jahre Bleibergwerk östlich Nowosibirsk?

»Die Regierung der Sowjetunion wird die Sache in die Hand nehmen«, sagt er in militärischem Tonfall. »Die Schweizer Banken werden hart bestraft werden.« Und während er mir meine gebrauchten
Rubel wieder in die Hand drückt, fährt er fort: »Sie gehen zurück in
Ihr Abteil und fahren weiter. Man erwartet Sie in Moskau.«

Mir ist klar, daß der Mensch keine Ahnung von Schweizer Banken
hat, aber ihm das zu sagen, wäre zwecklos – ich befinde mich auf dem
Territorium einer Weltkriegsmacht.

Erleichtert stecke ich meine Rubel wieder in meine Brieftasche und
lasse mich von der Dame von Intourist in meinen Wagen zurückbrin-
gen. Dort schlafen die Menschen inzwischen oder dösen vor sich hin,
als seien sie das Warten gewöhnt.

Nach einem Piff setzt sich der Zug in Bewegung.

Es dämmert schon.

Die Landschaft ist so eintönig, daß ich schon einschlafe, bevor der
Schlafwagenschaffner überhaupt die Betten heruntergeklappt hat.
Birkenwälder ziehen vorbei. Die einzige Abwechslung besteht darin,
daß mir eine ältere Dame Tee anbietet und von nun an ständig nach-
schenkt, sobald das Glas wieder leergetrunken ist. In der Transsibiri-
schen Eisenbahn verliert man das Gefühl für die Zeit.

Irgendwann morgens sind wir in Moskau. Stundenlang rollt der Zug
durch die Vorstädte, die sich von denen im Westen auf den ersten
Blick nicht sehr unterscheiden. Sieht man aber genauer hin, stellt
man fest, daß alles ungepflegter ist, verwahrlost. Auf den breiten
Straßen fahren kaum Autos. Langsam rollt der Zug in einem Gewirr
von Gleisen in den Hauptbahnhof ein; es kommt Bewegung in meine
Mitreisenden.

Während auch ich meine Sachen zusammensuche und mir den Mantel anziehe, blicke ich aus dem Fenster. Draußen wimmelt es von Menschen. Ist was passiert?

Revolution? Ein Aufstand vielleicht?

Ich überlege noch, ob sich die Zugtüren werden öffnen lassen bei einem solchen Andrang, als ich auch schon mit dem Strom der zum Ausgang Drängenden mitgerissen werde. Ich steige die zwei Stufen hinab aus dem Zug und betrete den Bahnsteig.

Und schon bin ich erblindet.

Ein Blitzlichtgewitter prasselt auf mich herab.

Sind etwa die Beatles hier?

Nein. Aber der junge, blonde Offizier mit den wunderschönen dunkelbraunen Augen aus dem Film *Bande des Lâches*, der russische Mädchenherzen höher schlagen ließ bei jeder Filmvorführung überall im Lande – der ist da!

Menschen lachen mich an, ich lächle zurück. Meinen sie wirklich mich? Unzählige Hände greifen nach mir, man drückt und preßt mich von allen Seiten. Man hält mir kleine Zettel, Notizbücher, Hefte entgegen: Autogramm, Autogramm!

Ist es so, wenn man populär ist?

Mir wird angst und bange.

Da taucht hinter mir die Dame von Intourist auf und versucht, mir einen Weg zu bahnen. Ohne Erfolg. Bis plötzlich ein sehr gut gekleideter, freundlicher Herr in der Menge erscheint und mich in bestem Deutsch begrüßt.

»Hallo, Herr Schell, willkommen in Moskau!«

Der Mann gibt den in der Nähe stehenden Milizen einige Anordnungen, und schon wird eine Polizeikette gebildet, die mir dazu verhilft, unbeschadet aus dem Bahnhof zu kommen. Ich blicke mich nach meinem Gepäck um, aber das wird mir hinterhergetragen: Ich brauche mich um nichts zu sorgen. Wie betäubt gehe ich durch die Menschenmenge direkt auf eine schwarze Limousine zu, die vor dem Bahnhofsausgang wartet. Der Wagen ist umringt von Autogrammjägern. Der gutgekleidete Herr steigt ein, ich folge ihm, und als das Fahrzeug sich langsam in Bewegung setzt, muß es sich erst vorsichtig einen Weg durch die Menschenmenge bahnen.

Wir fahren bis zum Roten Platz. Vor dem Hotel Moskwa hält der Fahrer, spingt aus dem Wagen, reißt sich die Kappe vom Kopf und öffnet die hintere Wagentür für uns zum Aussteigen.

Ich klettere heraus, und der Fahrer verneigt sich vor mir. Ist das noch marxistisch-leninistisch? frage ich mich.

Der Weg vom Auto ins Hotel ist wieder mit Schwierigkeiten verbunden. Hände muß ich schütteln, kleine Kinder werden mir entgegengereicht, damit ich ihnen Küßchen gebe.

Die Menschenmenge wirkt bedrohlich, manchmal befürchte ich, keine Luft zu bekommen – aber ich fühle mich dennoch geehrt. Die Freundlichkeit und Begeisterung der Menschen in Moskau beeindruckt mich tief.

Die Hotelhalle ist für das Publikum gesperrt. Ich winke meinen Fans noch einmal zu, die freudig zurückwinken. Sie bleiben stehen und warten.

Dann wieder russische Normalität, auch für mich: Eine ganze Stunde dauert es, bevor man mir gestattet, zu meinem Appartement in den ersten Stock hinaufzugehen. Auf dem Weg dorthin werde ich von einer füligen Dame angehalten, die an einer Art Bürotisch am oberen Treppenabsatz Platz genommen hat. Ich erkläre ihr, wer ich bin, sie nickt gnädig, und ich darf meinen Weg fortsetzen, bis ich endlich in meinem Zimmer gelandet bin.

Das Zimmer gleicht einem Schloßsaal, eingerichtet im Stil der Jahrhundertwende, vermischt mit den Einheitsmöbeln aus der Stalinzeit. Der Hotelboy stellt meinen Koffer ab und verschwindet, ohne auf ein Trinkgeld zu warten.

Endlich allein! Ich atme auf.

Es klopft.

Ein gutaussehender, gut angezogener Mann tritt ein und verkündet mir, was mich in der nächsten Zeit erwartet. Alles ist durchgeplant.

»Jetzt gehen wir erst in den Speisesaal«, sagt er freundlich.

Er begleitet mich. Im Speisesaal des Hotels treffe ich ein paar Bekannte, unter ihnen den Filmproduzenten Dr. Fueter aus der Schweiz, Ehemann der Schweizer Schauspielerin Anne-Marie Blanc. Wir sind beide froh, daß wir uns in unserer Landessprache unterhalten können und tauschen unsere Erlebnisse mit den russischen Behörden aus.

Jetzt stellt man uns andere Kollegen vom Film vor, Namen, die uns längst bekannt sind: Jack Lemmon, Dorothy Provine, Gina Lollobrigida – oder war es Sophia Loren? – und einige russische Stars, von denen ich noch nie gehört habe.

Dann das Essen. Alle sind hungrig nach der langen Reise. Aber die Kellner lassen sich Zeit. Müssen die Tiere erst noch geschlachtet, die Kartoffeln erst geerntet werden? Wir warten und warten – bei aller Planungswut scheint die Organisation der Mahlzeiten hintangestellt worden zu sein. Endlich bringt man etwas Eßbares herein, Kartoffeln, Möhren, Erbsen, Fleisch in Soße – dazu Kaviar und Krimsekt. Was für eine Mischung! Ich bestelle ein Bier und bekomme auch eines, ein tschechisches, das großartig schmeckt. Alle anderen Getränke – Limonade, Mineralwasser – schmecken nach Chlor. Auch die Seife im Bad meines Appartements und das Shampoo riechen danach.

Man verteilt die Programme für den Abend, für die Eröffnungsfeierlichkeiten im großen Kongreßsaal neben dem Kreml. Ich habe meinen Smoking mitgebracht, und auch Dr. Fueter sagt mir augenzwinkernd, daß er auf jeden Fall seinen Smoking anziehen werde, zur Demonstration des westlichen Standards, gleichgültig, was das Komitee zum Thema Abendkleidung anraten würde.

Am Abend treffen wir uns in der Hotelhalle. Staatsbeamte begleiten uns zur Neuen Kongreßhalle, die in unmittelbarer Nähe liegt.

Ich bin von der Größe des Zuschauerraums der Kongreßhalle – die erst vier Jahre alt ist – überwältigt: Mindestens zweitausend Menschen haben hier Platz. Der Festsaal ist äußerst elegant ausgestattet, und die Bühne ist festlich aufwendig geschmückt. Ein Orchester sitzt seitlich auf der Bühne, die Musiker tragen Uniform. Marx und Lenin lächeln freundlich von ihren Sockeln auf mich herab, als würden sie mich kennen.

Der Saal ist bis auf den letzten Platz gefüllt.

Man weist uns Stühle in den ersten Reihen zu. Die sowjetische Nationalhymne erklingt. Ein Getöse erfüllt den Raum, als zweitausend Menschen sich erheben und dabei die Stühle zurückschieben.

Die nächsten Stunden halten wir nur mit zusammengebissenen Zähnen durch: Zehn Ansprachen, natürlich in russischer Sprache, müssen wir über uns ergehen lassen. Dann, endlich, werden wir Filmleute vorgestellt. Ein Dolmetscher übersetzt: »Aus Frankreich begrüßen wir den soeben aus Hollywood zurückgekehrten weltbekannten Schweizer Bühnen- und Filmschauspieler Carl Schell.«

Wie bei jedem anderen vor mir spielt das Orchester einen kurzen Tusch. Danach die Ehrung mit einer Rede, in der das fachliche Können des jeweiligen Schauspielers gewürdigt und sein Lebensweg beschrieben werden – auch das Land, aus dem er kommt, wird detailliert erwähnt, die Familie, Eltern und Geschwister. Erst dann darf man wieder Platz nehmen.

Es ist anstrengender als so manche Dreharbeiten.

Anschließend geht es für einige Auserwählte in den Kreml zum Empfang. Ich bin dabei. Wir werden mit den höchsten sowjetischen Staatsmännern feiern.

Wir betreten die Georgienhalle und sind sprachlos angesichts der prunkvollen Ausstattung des Raumes, die von früheren, längst vergangenen Glanzzeiten zeugt. Eine riesiges Bankett ist aufgebaut, und wir werfen sehnsüchtige Blicke darauf – schließlich sind wir nach der stundenlangen Feier ausgehungert wie Schwerarbeiter. Roter und schwarzer Kaviar leuchten uns entgegen vor einer schier endlosen Reihe von Flaschen mit Krimsekt – rot und weiß –, auf ovalen Tellern warten belegte Brötchen mit Fisch, Ei und Wurst darauf, daß wir zugreifen, und irgendwo stehen Batterien von Wodkaflaschen. Wein, Whisky oder Likör sehe ich nicht. Und auch Käse gibt es nicht.

Aber dafür erleben wir die sowjetischen Spitzenpolitiker in Person, allen voran Leonid Breschnew, Erster Sekretär des Zentralkomitees der KPdSU und Nachfolger Chruschtschows, im Gefolge anderer hochgestellter sowjetischer Staatsmänner. Endlose Reden werden gehalten, uns knurren die Mägen, und nach Abschluß eines jeden Redebeitrags spielt das Orchester wieder einen Tusch, als sei man begeistert darüber, daß der Vortragende es geschafft hat, zu einem Ende zu kommen.

Das Buffet wird eröffnet, und alles stürzt sich auf die Leckereien und den Sekt. Die Kellner schenken Wodka in Wassergläsern aus, die Stimmung steigt. Dennoch habe ich den Eindruck, daß besonders unter den Kollegen aus dem Ostblock ein gewisser Grad an Unsicherheit – oder eher Beklemmung – bleibt. Ich halte mich an Jack Lemmon und Dorothy Provine, die in meinen Augen von Minute zu Minute schöner und attraktiver wird. Jack Lemmon entpuppt sich als äußerst bescheidener, fast introvertierter Mensch, überaus sympathisch, der aus der Tatsache, daß er ein wirklicher Star ist, überhaupt kein Aufhebens macht. Wir tauschen unsere Adressen aus. Auch mit Kollegen aus Ostblockstaaten, die Deutsch reden, komme ich ins Gespräch.

Spät nachts kehren wir in unser Hotel zurück. Auch diesmal werde ich von der korpulenten Dame am Bürotischchen gemustert und seelenlos angelächelt, bevor ich unter ihren kontrollierenden Blicken meine Zimmertür öffnen kann. Erleichtert schließe ich hinter mir gleich wieder ab und werfe meine Kleider von mir. Mein Kopf schwirrt von all den Eindrücken: dem spürbaren Bemühen der Gastgeber, uns Ausländern großzügig zu begegnen, der nie ganz verschwindenden Befangenheit und dem Wissen, kontrolliert zu werden – und schließlich von der Mischung aus halbtrockenem Krimsekt und knallhartem Wodka.

Endlich Ruhe, endlich Schlaf.

Kaum bin ich eingenickt, wirft mich das Klingeln des Telefons aus dem Bett. Der Apparat steht natürlich direkt neben der Tür und nicht an meinem Bett, und so stürze ich schlaftrunken aus den Federn.

»Sie haben Besuch. Er wird gleich bei Ihnen eintreffen«, werde ich von einer schnarrenden Stimme vorgewarnt.

Ich habe keine Zeit, mich anzuziehen, geschweige denn zu waschen, werfe meinen Bademantel über – schon klopft es an der Tür.

Der Beamte, der mir bereits am Vortag den Plan des Abends eröffnet und mich in den Speisesaal begleitet hatte, steht wieder beflissen lächelnd vor mir.

»Guten Morgen, haben Sie gut geschlafen?« fragt er, aber es klingt nicht wie eine Frage, eher wie ein Vorwurf.

»Danke gut, nur zu wenig«, antworte ich ehrlich.

Der Staatsbeamte übergeht meine Bemerkung mit den Worten: »Wir besuchen jetzt eine Kolchose.«

»Ah ja?« sage ich und denke: Habe ich einen Alptraum?

»Die Genossen der Kolchose haben im vergangenen Jahr mit ihrem Übersoll gute Erfolge erzielt und damit dem Land einen großen Dienst erwiesen.«

Doch kein Traum. Wie kann dieser Mensch schon wach und wieder nüchtern sein? Mein Kopf – so ist mir – stößt von einer Zimmerwand gegen die andere und das, obwohl mein Zimmer äußerst geräumig ist. Ich fühle, daß ich wie auf Stelzen gehe, bin nicht Herr über meine Gliedmaßen. Ich habe nicht nur einen Kater, ich habe ein ganzes Katzenheim. Wie bringen die Russen es nur fertig, so trinkfest zu sein?

»Heute nachmittag müssen Sie einen Vortrag halten«, sagt der Staatsbeamte. Ich traue meinen Ohren nicht.

»Einen Vortrag? Ich? Worüber denn?« frage ich erschrocken.

»Über ihre Arbeit mit ihrem Film.«

Lächelnd sitzt der Staatsbeamte vor mir und deklamiert den offiziellen Plan für die nächsten vierzehn Tage. Ich unterbreche die Eintönigkeit seines Vortrags mit kurzen Worten der Entschuldigung und springe ins Badezimmer, um mich erst einmal anzuziehen. Geduldig wartet der Beamte darauf, daß ich wieder bei ihm erscheine.

»Sie müssen noch frühstücken«, gesteht er mir zu.

Aber mir ist nicht nach Essen zumute. Ich leere ein Glas Mineralwasser mit großen Zügen. Dann fahren wir los.

Wir besichtigen einen landwirtschaftlichen Musterbetrieb. Schweinezucht. Glücklicherweise ist Dr. Fueter bei mir. Gemeinsam mit zahlreichen Mitarbeitern des Betriebes haben wir uns in einem Raum versammelt, der von einem auffallend strengen Geruch erfüllt ist. Der Kolchoseleiter hebt in einer Ansprache die Bedeutung des Betriebs und seiner Arbeiter-Wohnanlagen hervor und erklärt dann: »Hie läben swansigtausend Sweine.«

Ich blicke in Dr. Fueters morgenmüde Augen und spüre ein Kitzeln in meinem Bauch; ein Bedürfnis überkommt mich, angesichts der unfreiwilligen Komik in der Formulierung des Redners laut loszulachen. Jetzt blickt Dr. Fueter auch mich an, und wir können uns nicht mehr halten. Ich werde von einem solchen Lachkrampf geschüttelt, daß ich die Bühne verlassen muß. Es ist mir schrecklich peinlich. Aber anstatt böser Blicke ernte ich fröhliches Lachen auf allen Seiten. Lachen, als ich mich zurückziehe, um mich schier auszuschütteln – und Lachen, als ich den Raum wieder betrete. Wo auch immer ich an diesem Tag auf der Kolchose auftauche, werde ich mit Lachen begrüßt – mein Lachanfall muß sich herumgesprochen haben. Ich lache zurück, und man klopft sich gegenseitig auf die Schulter: Völkerverständigung!

Anschließend führt man uns durch die Arbeiterheime, die einer Kaserne ähneln, und ich frage, ob hier, wie im Westen, die meisten Arbeiter ihr eigenes Auto führen.

Dolmetscher und Kolchoseleiter stutzen, aber dann antwortet der Leiter diplomatisch: »Die Leute wollen und brauchen kein Auto. Wenn es aber doch einmal nötig sein sollte, dann stellt die Kolchose ihnen selbstverständlich einen Wagen zur Verfügung.« (!)

Am Nachmittag fahren wir wieder in unser Hotel zurück, und ich sehne mich nach Schlaf. Aber es ist unmöglich, aus dem Wagen zu kommen. Wir sind von Autogrammjägern umzingelt. Irgend jemand öffnet dann doch die hintere Wagentür, ich klettere hinaus, Dr. Fueter folgt mir, aber ich komme nicht weit. Die Menge drückt mich buchstäblich gegen das Auto. Alle Gesichter sind freundlich, lachend, und unzählige Hände strecken mir Zettelchen, Hefte und Stifte entgegen – aber ich bekomme dennoch Angst, weil ich fürchte, bald nicht mehr atmen zu können.

Ich ringe nach Luft und rufe panisch: »Please ... please ... slowly!«

Aber wer kann in Moskau schon englisch?

Und dennoch: Irgend jemand vom Begleitpersonal muß meine Not erkannt haben. Im Nu erscheinen gleich Dutzende von Aufpassern mit roten Armbinden und Gummiknüppeln. Sie arbeiten sich durch die Menge hindurch und befreien uns. Sofort löst sich die Masse auf. Die Sicherheitskräfte bilden ein Spalier, durch das ich ungehindert das Hotel erreiche. Natürlich gebe ich noch so viele Autogramme wie möglich auf dem Weg dorthin. Dankbare Blicke begleiten mich bis in die Empfangshalle.

»Mit Ihnen kann man nicht ohne eine Hundertschaft von Wachleuten vor die Tür gehen«, stöhnt Dr. Fueter. »Das ist ja so schlimm wie bei den Beatles.«

Jetzt wird mir erst klar, was weltbekannte Künstler aushalten müssen, wenn ihnen die Fans mit ihrer überschwenglichen Zuneigung das Leben zur Hölle machen. Zum ersten Mal erlebe ich eine Schattenseite des Ruhms: körperliche Ängste, von Fans buchstäblich erdrückt zu werden. Und das bei mir nur aufgrund eines einzigen Filmes – *Bande des Lâches* –, der im Westen noch nicht einmal gezeigt worden ist, der aber hier, in der UdSSR, seit Monaten auf der Hitliste der Kinos steht und als überwältigendes cineastisches Ereignis gefeiert wird.

Weder Jack Lemmon, dieser großartige Kollege aus den USA, noch die anderen Größen aus dem Westen werden so gefeiert wie ich. Im Gegenteil, sie sind vielen sogar völlig unbekannt. Ihre Filme werden zwar in der Kongreßhalle als Wettbewerbs-Beiträge gezeigt, nicht aber vor einem breiten Publikum in den Filmtheatern der Städte.

Nachmittags halte ich meine Rede. Man hat mich in eine große Werkhalle gebracht, in der Tausende von Menschen in Arbeitskleidung versammelt sind. Es ist verrückt – aber sie scheinen mich alle zu kennen. Immer wieder wird mein Vortrag unterbrochen von begeisterten Zwischenrufen oder Sprechchören, die meinen Namen ausrufen. Es ist ein wunderbares Gefühl und dennoch überraschend für mich.

Eines wird mir immer deutlicher: Berühmt sein ist gut, aber sehr berühmt sein ist nicht erstrebenswert. Die persönliche Freiheit ist allzu eingeengt; die Lebensqualität wird geringer. Ich schwöre mir hier und heute in Moskau, nichts Besonderes zu tun, um weltberühmt zu werden. Das, was ich in dieser Stadt an Überwältigung und Bedrohung durch Fans erlebe, möchte ich nicht noch einmal im Westen mitmachen müssen.

Die Zeit in der Sowjetunion verfliegt. Täglich steht ein anderer Ausflug auf dem Programm, muß ich Reden halten oder über mich ergehen lassen. Meine Ansprachen werden mir jedoch bezahlt. Peinlich genau rechnet ein Beamter nach jedem Vortrag mit mir ab und drückt mir, je nachdem, hundert bis hundertfünfzig Rubel gegen Quittung in die Hand. Die Partei bezahlt. Großzügig. Essen und trinken darf ich reichlich, noch gibt es das gute tschechische Bier, aber im Laufe der Zeit scheint der Nachschub nicht mehr zu klappen, und man geht zum russischen Bier über, das leider scheußlich schmeckt; eher wie eine Mischung aus imitierter Cola mit Alkohol, in dem eine Handvoll Hopfen gekocht wurde.

Ich rede in meinen Vorträgen, wie mir der Schnabel gewachsen ist. Manchmal meine ich, eine gewisse Frostigkeit im Lächeln führender Funktionäre zu erkennen, aber ich mache mir keine Gedanken darüber. Ich halte die Hand auf, die Rubel werden hineingelegt, ich quittiere, die Fans jubeln mir zu, und es geht weiter zum nächsten Ort.

Bis mich eines Tages die Leiterin der österreichischen Delegation in einem unbeobachteten Augenblick zur Seite nimmt und mir zuflüstert: »Seien Sie ein wenig vorsichtig.«

»Wie meinen Sie das?« frage ich überrascht zurück.

Sie blickt sich um, ob uns auch wirklich keiner hören kann, und sagt dann sehr ernst: »Sie reden zu offen.«

Von diesem Moment an wird mir klar, wie naiv ich eigentlich bin. Die Russen spannen mich für ihre Propagandazwecke ein, und ich meine, frei von der Leber weg plaudern zu können. Erst jetzt fällt mir auf, daß die meisten anderen Kollegen schon abgereist sind. Warum werde ich eigentlich immer noch herumgereicht?

Eines Morgens fragt mich mein Staatsbeamter: »Möchten Sie auch Georgien und andere Länder der Sowjetunion besuchen?«

Ich hätte sicher ja gesagt, wenn die Worte der Delegationsleiterin mich nicht nachdenklich gemacht hätten.

»Nun«, stammle ich ein wenig ungelenk, »ich denke, es ist Zeit, bald nach Hause zu reisen. Andere Aufgaben warten auf mich ...«

»Ich hole Sie dann gegen neun Uhr ab«, spricht mein Gegenüber ungerührt weiter. Meiner Antwort auf die Frage, ob ich zum Herumreisen bereit sei, wird überhaupt keine Beachtung geschenkt.

Ich mache noch ein paar Besuche, halte noch ein paar Vorträge, aber mir ist dabei mulmig zumute. Ein bedrückender Gedanke beschleicht mich: Wenn die dich hier nicht wieder rauslassen?

An einem der folgenden Tage treffe ich die österreichische Delegationsleiterin und flüstere ihr zu: »Helfen Sie mir!«

Sie blickt mich erschrocken an.

»Ich habe Angst, daß ich hier nicht mehr rauskomme!«

Sie antwortet mir nur mit einem Blick. Aber dieser Blick bleibt für mich unvergeßlich. Er spiegelt eine Mischung aus Mitleid, Verständnis und der Unfähigkeit wider, helfen zu können.

Ich habe meinen Aufenthalt jetzt gründlich satt.

Die Erfahrung, überall kontrolliert zu werden, wohin man auch geht, ist mir schon in Fleisch und Blut übergegangen und beängstigt mich dennoch immer mehr.

Was, wenn ich hier wirklich nicht mehr herauskomme?

Ich wende mich an den Schweizer Botschafter. Er ist ein sehr freundlicher Mann, der sich Zeit für mein Anliegen nimmt.

»Ich glaube nicht, daß Sie sich sorgen müssen«, stellt er fest. »Sie sind hier über die Maßen beliebt, und das nutzt man einfach aus.« Er zieht an seiner Zigarre, überlegt kurz und schlägt mir dann folgendes vor: »Lassen Sie sich nichts anmerken. Einer meiner Leute muß nächste Woche nach Finnland fahren, um meinen Wagen abzuholen; Mercedes können sie hier nicht reparieren. Dann kommen Sie einfach mit.«

Und schon bald laufe ich neben dem Schweizer Diplomaten her, meinen Koffer in der Hand, um auf dem Moskauer Hauptbahnhof den Zug in Richtung Leningrad zu besteigen, dem früheren und heutigen St. Petersburg. Von dort aus wollen wir die Grenze nach Finnland passieren.

Wir sitzen im Zug auf dem Weg nach Finnland und befinden uns nur wenige Kilometer vor dem Grenzübergang. Die Fahrt wird stockend.

Ich bekomme ein beklemmendes Gefühl in der Brust.

Kontrolle folgt auf Kontrolle.

Der zweite kontrolliert den ersten Beamten, der dritte den zweiten und so weiter. Mitten auf freier Strecke versperren Schranken die Gleise. Immer wieder halten wir, werden wir kontrolliert, die Gleise per Hand geöffnet. Jetzt bleibt nur noch eine einfache Schranke aus Holz, die geöffnet wird. Der Zug rollt im Schrittempo hindurch. Zwei freundliche finnische Soldaten betreten unser Abteil, begrüßen uns, werfen einen Blick in unsere Pässe und wünschen uns eine gute Fahrt. In wenigen Stunden werden wir in Helsinki sein.

Freiheit.

Beinahe falle ich den beiden netten jungen Männern in die Arme. Eine Zentnerlast fällt mir vom Herzen. Die westliche Welt hat mich wieder.

Ich verabschiede mich von dem Schweizer Diplomaten, bedanke mich und nehme mir ein Zimmer in einem der besseren Hotels der Hauptstadt. Als erstes steige ich in die Badewanne. Nein, es fließt kein braunes Chlorwasser aus dem Hahn, sondern sauberes Leitungswasser. Trinkwasser.

Ich gehe ins Restaurant und genieße es, daß kein Mensch mich erkennt. Wie herrlich ist es doch, unbekannt zu sein! Ich drehe mich um – niemand kontrolliert meine Schritte, mein Ziel. Ich nehme Platz, und der Ober reicht mir eine ganz »normale« Speisekarte.

Ich bestelle ein Bier und etwas zu essen, und es ist enorm, wie groß die Auswahl im Vergleich zu den Moskauer Hotels ist. Der Ober flitzt und bringt das Bestellte in Minutenschnelle.

Da sitze ich nun an einem Tisch mit blütenweißer, gestärkter Decke und frischen Blumen in einem kleinen, eleganten Väschen. Pfeffer und Salz stehen daneben, farblich und stilistisch passend – wie selbstverständlich. Ein Barpianist läßt einen Walzer erklingen, dezentzurückhaltend und dennoch kunstfertig, wie es sich für Barpianisten geziemt.

Bin ich im Märchen oder ist es wahr?

Mir steigen Tränen in die Augen.

Tränen der Dankbarkeit.

Wochenlange Anspannung fällt von mir ab.

Irgendwann lerne ich Märta kennen, ein junge Dame aus Helsinki, und verliebe mich in sie, ganz spontan, ganz heftig. Wir baden in glasklaren Seen und sonnen uns auf runden, buckligen Felsen. Wir spazieren durch die endlosen Wälder und schlafen unter freiem Himmel. Nur die Sterne sehen uns zu. Aber sie sind weit weg. Und sie haben jenes großzügige Zwinkern an sich, das darauf hindeutet, daß sie es mögen, wie wir uns mögen.

Finnischer Sommer.

Nur die Mücken beißen.

Aber was ist schon ein Mückenstich.

Wanderer zwischen den Welten

Daß ich mir in Finnland noch ein wenig Zeit lasse, macht mir deutlich, wie sehr ich mich scheue, an den Murtensee zurückzukehren. Meine Kinder erwarten mich sehnsüchtig, das weiß ich, aber ich habe Bedenken, wie es zwischen Candida und mir sein wird. Wir sind einander fremd geworden; meine Reisen haben dazu beigetragen, daß das Band zwischen uns immer lockerer wurde und jetzt zu zerreißen droht. Das Thema »eheliche Treue« haben wir schon viel früher diskutiert, und ich habe ihr ehrlich sagen müssen, daß ich nicht immer würde treu sein können. Sie hat es akzeptiert. Und doch fällt Candida eine Ehe in dieser Form sehr schwer, obwohl sie ja daran auch nicht ganz unschuldig ist ... Aber lassen wir das.

Bald muß ich die Schweiz verlassen, um in England und Irland den Film *The Blue Max / Der Blaue Max* zu drehen. Ich spiele die Rolle der Titelfigur, des Baron von Richthofen, eine zwar kurze aber dennoch schwierige Aufgabe.

Meine Kollegen sind unter anderen James Mason und Jeremy Kemp. Mein Flugzeug ist ein Tri-Plane, ein sogenannter Dreidecker – eine Maschine mit drei übereinanderliegenden Tragflächen. Nur dem »Fliegerbaron« war zum Zeitpunkt des Ersten Weltkriegs dieses allerneueste Modell für seine Flüge vorbehalten.

Während der Dreharbeiten lerne ich auch etwas über das Fliegen. Ausgerechnet ich, der Schiffsreisen dem Flugzeug vorzieht! Der Pilot, der mich in meinem Flugzeug doublet, erklärt mir das Wichtigste. Die Dreharbeiten gleichen einem militärischen Einsatz: Für die Massenszenen werden Tausende von Soldaten der irischen Armee eingesetzt, in alten englischen und deutschen Uniformen. Mehrere Kameramänner arbeiten meisterhaft zusammen.

Auch vom Flugzeug aus wird ein Massenaufmarsch der Truppen ge-

dreht. Und umgekehrt, vom Boden aus, der dramatische Absturz eines Doppeldeckers. Natürlich getrickst: Einer der Piloten läßt das Flugzeug aus dreitausend Metern hinter einem Hügel absacken, fängt es natürlich wieder auf und fliegt in niedriger Höhe, von der Kamera unbemerkt, davon. Gleichzeitig wird hinter dem Hügel eine Explosion künstlich erzeugt, wodurch der Eindruck erweckt wird, daß das Flugzeug wirklich abgestürzt sei. Diese Szene, bei der wir alle atemlos zuschauen, drehen wir südwestlich von Dublin in Kildare.
Ich lerne die Iren als sehr fähige und ausgesprochen liebenswürdige Menschen kennen.

Im Oktober bin ich wieder zurück in der Schweiz. Candida eröffnet mir, daß sie mit den Kindern in die Stadt ziehen möchte, nach Bern. Denn Pia kommt in die Schule.
»Ich kann die Einsamkeit nicht mehr ertragen«, sagt sie. »Außerdem kommt Pia in die Schule, da paßt es gut.«
Ich bin wohl oder übel einverstanden, obwohl ich die Stille der Natur am Murtensee über alles mag. Aber Candida ist diejenige von uns, die die meiste Zeit dort allein verbringt mit den Kindern.
Wir mieten eine Wohnung in der Thunstraße in Bern. Candida ist zufrieden, aber für mich ist es zu laut und hektisch im Zentrum der Stadt. Wir spüren beide, daß unsere Ehe wohl scheitern wird. Immerhin sind wir in der Lage, freundschaftlich miteinander umzugehen.

Endlich darf ich offiziell nach Amerika emigrieren. Im Oktober trifft mein Visum ein. Jetzt kann ich in den USA meinen festen Wohnsitz haben. Candida will mit den Kindern in Europa bleiben. Wir werden uns gegenseitig besuchen.
Da sich sehr viel schriftliche Arbeiten angesammelt haben, will ich wieder mit dem Schiff reisen und mir diesmal besonders viel Zeit nehmen. Allerdings wähle ich nicht die übliche Strecke über den Atlantischen Ozean, sondern möchte auf dem Weg nach Amerika auch etwas von der anderen Hälfte der Erde kennenlernen.
Im Oktober 1965 – ich bin jetzt achtunddreißig Jahre alt – sticht der

deutsche Frachter MS Travestein im französischen Calais am Ärmelkanal in See. Ich habe eine gemütliche Kabine und stürze mich erst einmal auf meine Post, die ja monatelang liegengeblieben ist. Genau das liebe ich an Schiffsreisen: die Zeit, die einem dabei geschenkt wird.

Am Abend stehe ich auf der Brücke neben Kapitän und Offizier, blicke hinauf zu dem sternenübersäten Himmel und fühle mich glücklich.

Unterwegs sein.

Nach Brest überqueren wir den Golf von Biscaya und laufen an der spanischen Küste entlang nach Portugal. Das Gefühl des Gehetztseins, des Getriebenwerdens verschwindet von Tag zu Tag mehr, wenn ich auf das Wasser schaue.

Ein kurzer Stop in Lissabon, dann weiter nach Gibraltar. Ich spiele mit den Affen, die hier die »Wächter der Straße von Gibraltar« genannt werden. Die Straße von Gibraltar, die Afrika und Europa voneinander trennt, führt ins Mittelmeer, und wir nehmen Kurs auf die Balearen, Ibiza, Mallorca, Menorca. Dann Sardinien, Sizilien, Malta, südlich an Kreta vorbei, die ägyptische Küste entlang bis nach Port Said. Hier fahren wir durch den Suez-Kanal und begegnen Schiffen aus aller Welt. Der Golf von Suez führt ins Rote Meer.

Sehr warm ist es jetzt. Der Küstenstreifen verheißt Wüstenlandschaft. Die Travestein arbeitet sich weiter nach Südosten vor, an Saudi Arabien entlang, während in westlicher Richtung ägyptische, sudanesische und äthiopische Küste an uns vorbeizieht. In Djibouti, dem Jemen direkt gegenüberliegend, machen wir halt. Man spricht französisch, das Gebiet wird von Frankreich verwaltet. Aber tausend andere Sprachen, so scheint es mir, sind hier ebenso lebendig. Zwei Tage später sind wir schon im Golf von Aden und steuern auf den Indischen Ozean zu. Bei schönstem Wetter – wir haben Anfang Dezember – passieren wir die Inselgruppe der Lakadiven, vorbei an Sri Lanka, den Nikobaren-Inseln, und durch die Straße von Malakka gelangen wir nach Singapur. Man könnte Bände über so eine Reise schreiben.

Es ist Weihnachten. Am ersten Feiertag schwitze ich in den belebten

Straßen Singapurs, einer blitzsauberen Stadt, doch dann geht es schon weiter, an Vietnam vorbei und den Philippinen in nördlicher Richtung durch das südchinesische Meer nach Hongkong. Hin und wieder begegnen uns chinesische Patrouilleschiffe, und Dschunken gleiten an uns vorbei, bevor wir im Hafen von Hongkong festmachen. Eine völlig neue Welt nimmt mich gefangen.

Ich verabschiede mich von der MS Travestein. Im Hotel Mandarin in Hongkong habe ich ein Zimmer reserviert. Von hier aus erkunde ich die Stadt. Mit einem Schnellboot fahre ich auch nach Macao, der portugiesischen Enklave, eine Kolonialstadt altchinesischer Prägung mit portugiesischer Tradition. Ich finde mich dort im Spielcasino wieder in überwältigend ehrwürdiger Atmosphäre. Vornehme Menschen um mich herum – wie in Monte Carlo.

Im Taxi fahre ich zur rotchinesischen Grenze. Ein paar Grenzpfosten, unbebautes, weites Land – sonst nichts. Dennoch ist es aufregend für mich, einen Blick nach China zu werfen.

Zurück in Hongkong, besteige ich wenige Tage später die President Roosevelt der amerikanischen President Line. Ein wunderschöner Personendampfer. Viel größer als die Travestein und natürlich viel eleganter und vornehmer. Es ist Silvester. Den Übergang zum neuen Jahr 1966 feiere ich auf dem ostchinesischen Meer, zwischen Taiwan und Japan. Wir haben viel Zeit auszuruhen, denn unsere nächste Station ist Fukuoka in Japan. Ich besuche einen Tempel, ein beeindruckendes Bauwerk der Ruhe und Andacht. Hier habe ich das Gefühl, einer höheren Macht näher zu sein als in manchen katholischen Kirchen meiner Heimat.

Die President Roosevelt schippert immer an der japanischen Küste entlang nach Yokohama vor Tokio. 18 Millionen Einwohner zählt Tokio derzeit. Nur einen halben Tag haben wir Zeit, um einen Eindruck von der Stadt zu gewinnen. Zwischen Japan und den Inseln von Hawaii dann das Phänomen Datumsgrenze: Wir gewinnen einen ganzen Tag! Den verbringen wir auf Hawaii, wo hübsche Mädchen uns nach alter Tradition mit Blumenkränzen begrüßen. In Honolulu sonnen wir uns an einem der schönsten Strände der Welt.

Am 17. Januar 1966 laufen wir in den Hafen von San Francisco ein.

Von dort aus kündige ich mich telefonisch bei meiner Produktionsfirma in Los Angeles an. Das Telefonat hat Konsequenzen: Am nächsten Tag steht ein eleganter Wagen mit Chauffeur vor meinem Hotel, um mich abzuholen. Die Großzügigkeit der Amerikaner ist unübertroffen!

Endlich »zu Hause«, in Hollywood.

»Carl«, spricht mich eines Tages einer der Produzenten an, »ich hätte eine Rolle für dich – gemeinsam mit deinem Bruder Maximilian! Ihr spielt zwei Brüder. Hast du Lust?«

»Da fragst du noch?« antworte ich erfreut.

»Der Film heißt *Beyond the Mountains / Flucht aus der Taiga*«, klärt er mich auf, »und ich glaube, das Publikum wird begeistert sein, zwei Schell-Brüder zusammen auf der Leinwand zu sehen.« Er fügt noch hinzu: »Ich habe schon immer gesagt: Einen Film mit Maximilian, Carl und auch noch mit Maria Schell – das wäre die Sensation!«

Zu diesem Film kommt es nicht. Weder drei, noch zwei Schells sind auf der Leinwand zu sehen. An mir liegt es nicht. Maximilian behauptet, ihm sei »etwas dazwischengekommen«; die Dreharbeiten verzögern sich – ich muß zurück nach Europa. Später erfahre ich, daß Max die Rolle doch noch gespielt hat. Mit Raf Vallone in der Rolle seines Bruders.

Ein Schell duldet eben keinen anderen neben sich!

Am 10. März reise ich nach Europa zurück. Um die Weltumrundung per Schiff komplett zu machen, geht's von Kalifornien aus in Richtung Süden, vorbei an Mexico, Guatemala, Honduras und Nicaragua bis nach Costa Rica. Dann durch den Panama-Kanal – eine malerische Fahrt mitten durch den Dschungel mit seiner tropisch-üppigen Vegetation. In Colon nehmen wir Ladung auf – ich befinde mich auf einem italienischen Fracht-Passagierschiff –, und die Fahrt geht an den Antillen vorbei in den Atlantik. Dann die Azoren, und wir nehmen Kurs auf Funchal, Madeira. Schließlich erreichen wir die Straße von Gibraltar. Ich begrüße die Affen und da ich an der Datumsgrenze einen Tag gewonnen habe, kann man sagen: Ich habe einen Tag »länger gelebt« als die meisten meiner Zeitgenossen.

Genua ist Endstation. Mutti und Candida erwarten mich am Hafen.

Gemeinsam fahren wir mit dem Auto nach Bern. Die Beziehung zwischen Candida und mir ist äußerst angespannt. Mutti versucht zu vermitteln, bemüht sich darum, zu kitten, was kaum mehr zu kitten ist. Ich bin aber überglücklich, als ich in Bern meine Kinder in die Arme schließe.

Nein, ich möchte nicht für immer in Amerika bleiben. Die Vorstellung, meine Kinder noch seltener zu sehen als bisher, macht mich traurig. Andererseits möchte ich auch nicht meine amerikanische Alienship (mein Recht auf einen Wohnsitz dort) verlieren, die verlangt, daß man mindestens einmal im Jahr in Amerika ist.

Auch wenn es den Anschein haben mag: Meine Reisen sind nicht nur eitel Vergnügen. Im Gegenteil. Viele schriftstellerische Arbeiten werden von mir dabei in mühsamer Kleinarbeit erledigt. Ich werde wohl zwischen den Erdteilen weiter hin- und herpendeln.

Der BBC London bietet mir die Moderation verschiedener Fernsehsendungen an, unter anderem für *Jackanory*, mit einem Filmbericht über die Schweiz. Die Innenaufnahmen werden in einem Londoner Studio gedreht, die Außenaufnahmen daheim in der Schweiz.

Zum ersten Mal habe ich Gelegenheit, mit meinen Kindern zusammenzuarbeiten, die ich natürlich für diese reizvolle Aufgabe gleich einspanne. In Altdorf vor dem Denkmal des Wilhelm Tell spielt Carl-René – knapp vier Jahre alt – den berühmten Buben mit dem Apfel auf dem Kopf. Er ist ein engagierter Schauspieler. Wo er das nur her hat?

Als Höhepunkt für die Sendung will ich in Bern in den Bärengraben hinabsteigen. Bären sind die Wappentiere der Stadt, und im Bärengraben tummeln sich ein paar liebevoll gehegte Jungtiere. Die kleinen Teddies sehen putzig aus, und so klatschen meine Kinder oben am Graben begeistert in die Hände, als ihr Papa mit dem Wärter zu den Tierchen hinuntersteigt. Ich bin stolz, daß meine Kinder mich einmal bei der Arbeit beobachten können, noch dazu mit solch lieben Tieren.

Aber Bären sind keine Teddies.

Bären sind wilde Tiere, auch wenn sie spielen.

Die Kamera hält drauf.

Meinen Kindern erstirbt das Lachen.

Ich sehe zu, daß ich so schnell wie möglich wieder aus dem Gehege herauskomme.

Die Kratzer, die mir die Bärlein verpaßt haben, müssen noch vierzehn Tage nachher behandelt werden.

Aus München erreicht mich der Anruf eines Regisseurs. Ich habe ihm versprochen, bei Fernseh-Werbespots mitzumachen.

»Es geht um Tee, Carl. Du bist doch Teetrinker?«

Nun ja – ich liebe es, nachmittags eine Tasse heißen Tees zu trinken. Das habe ich mir in London angewöhnt.

»Am Schluß des Spots bringen wir eine Großaufnahme von deinem Gesicht. Du nimmst einen Schluck Tee und strahlst.«

»Kein Problem für mich. Ich bin schon unterwegs.«

Zwei Tage später befinde ich mich im Werbestudio in München. Man bringt mir eine hübsche, buntbemalte Tasse mit dampfendem Tee. Ich trinke, strahle.

Kamera aus! Der Regisseur ist mit dem Licht nicht zufrieden.

Klappe. »Die zweite!«

Ich trinke, strahle.

Jetzt stimmt etwas nicht mit dem Bildausschnitt.

Klappe. »Die dritte!«

Der Ton klingt nicht so wie er soll.

Pause. Mein Tee dampft nicht mehr. Eine neue Kanne wird gekocht. Man gießt mir ein, stellt das Getränk vor mich hin.

Schon wieder Tee?

Ich mag nicht mehr!

Aber ich muß: Ich trinke, strahle.

»Aus!« brüllt die Regie. »Sag mal, Carl, du sollst strahlen und nicht den Mund verziehen!«

»Ich kann das Zeug nicht mehr sehen«, stöhne ich.

Der Regisseur schlägt die Hände über dem Kopf zusammen. »Und das soll Werbung werden?« ruft er verzweifelt.

Da kommt mir eine Idee. »Habt ihr Whisky da?« frage ich den Produktionsleiter.

Er hat nicht, läßt aber sofort welchen besorgen. Ich kippe etwas von dem Whisky in meinen Tee und siehe da: Schluck für Schluck entspannen sich meine Gesichtszüge.

Der Tee schmeckt von Klappe zu Klappe besser.

Die Aufnahmen werden großartig. Die Firma ist zufrieden.

Doch ehe ich mich wieder an das Leben in Europa gewöhnen kann, ruft Hollywood bereits per Telegramm: Mir wird eine Hauptrolle in der Serie *12 o'clock High* angeboten. Ich soll einen deutschen Fliegeroffizier spielen.

Produktionsgesellschaft ist keine Geringere als die Twentieth Century Fox. Wer würde da nein sagen?

Ich fliege diesmal, weil die Zeit knapp ist. Man hat mir einen Bungalow zur Verfügung gestellt, der an Bequemlichkeiten nichts zu wünschen übrig läßt. Das erhebende Gefühl, ein internationaler Star zu sein, stellt sich bei so viel Luxus zwangsläufig ein. Aber macht es mich glücklicher? Ich muß sagen: nein.

Denn ich bin voller Sorge um die Zukunft meiner Familie. Werden Candida und ich uns wirklich scheiden lassen müssen?

Die Dreharbeiten verlaufen zügig und ohne nennenswerte Zwischenfälle. Ich habe eine eigene Kabine am Set, mir wird jeder Wunsch von den Augen abgelesen. Nur in einem Punkt läßt etwas zu wünschen übrig: die Toiletten.

Je weiter man in Amerika nach Süden kommt, desto merkwürdiger sind die Ausstattungen der Toiletten. Kalifornische Toiletten sind – jedenfalls damals – keine Kabinen, die verriegelt werden können, sondern nur durch eine Art Western-Saloon-Pendeltüren abgegrenzt. Bei Twentieth Century hat man auch noch auf die Pendeltüren verzichtet. Sparsamkeit? Bestimmt nicht – eher eine Frage der Mentalität.

Ich fahre also zwar täglich mit einem Luxuswagen zum Studio, muß ich aber dort einmal auf die Toilette, bietet sich mir ein weniger luxuriöses Ambiente: Ich eile zu einer Tür, auf der »Gentlemen« geschrieben steht. Ich reiße sie auf, denn ich fühle, daß ich mich beeilen muß – und bleibe wie vom Blitz getroffen stehen. Vor mir, Toilettenschüssel an Toilettenschüssel, sitzen die Großen des internationalen Films bei ihrem Geschäft. Natürlich – ein absurder Anblick – in ihren Kostümen: Der römische Legionär neben dem blutüberströmten, halbtoten Cowboy, ein Speer steckt noch in seiner Brust; Hermann Göring, zeitunglesend, neben einem orthodoxen Juden, der – offensichtlich hochkonzentriert – merkwürdig starr durch mich hindurchzublicken scheint.

Gerade will ich mich umdrehen und Reißaus nehmen. Wie soll man denn hier in Ruhe …? Da erhebt sich Kaiser Franz Joseph von seinem Sitz, und während er die Hose hochzieht, sagt er lächelnd zu mir: »Good morning, Carl! Come on, I have finished!«

Und dann sitze ich zwischen einem Bischof und einem Sowjetgeneral und frage mich, wie sie es fertigbringen …

Tagtäglich das gleiche Spiel. Und jedesmal, wenn ich im Badezimmer meiner Hotelsuite einen gewärmten Sitz genieße, blütenweiße, duftende Tissues und ein Telefon in Reichweite – denke ich an die Toiletten bei Twentieth Century Fox und schüttle lächelnd den Kopf.

Zurück aus den USA, spiele ich in Spanien eine Hauptrolle in der US-Serie I Spy. Bill Cosby und der Gruseldarsteller Boris Karloff sind meine Partner. Auf dem Weg nach Spanien – wir drehen in Granada – werde ich beraubt. Fremde dringen in mein Auto ein, als ich eine Kaffeepause mache, und stehlen Dokumente, Verträge, Drehbücher, Fotos und Kritiken. Ich sehe sie nie wieder.

Das Dana-Point-Projekt

In Hollywood ist es mir zu hektisch geworden; ich suche nach einem besser geeigneten Ort für mich zum Wohnen als Beverly Hills. Ich fahre die Küste entlang von Los Angeles in Richtung Mexico – eine gut ausgebaute Straße führt fast schnurgerade bis nach San Diego. Nach etwa einstündiger Fahrt parallel zum Pazifik entdecke ich eine Halbinsel, Dana Point, die einzige Ausbuchtung auf dieser langen Strecke in den Süden.

Strand, üppige Vegetation und Ruhe kennzeichnen das Stück Natur, das mich zum Anhalten reizt. Ich mache einen Spaziergang an den Strand. Nebel versperrt mir die Sicht auf das Wasser und gibt der Landschaft um mich herum eine fast mystische Atmosphäre. Das Meer ist an dieser Stelle besonders kalt – der Humboldt-Strom führt eisiges Wasser bis unmittelbar an die Küste heran.

Wenige Meter landeinwärts scheint die Sonne; es ist nichts mehr von dem Nebel zu spüren. Hier, nicht weit von der spanischen Mission Laguna Beach, liegt Dana Point. Die Häuser – nur Privathäuser – sind zum großen Teil auf Felsen gebaut. Auf einer der Anhöhen, oberhalb des Hotels Laguna Beach mit Blick in Richtung Meer, entdecke ich ein freistehendes, neugebautes Haus mit Appartements. Ich miete eine Wohnung.

Die Menschen, die hier wohnen, sind Einzelgänger, auf der Suche nach Ruhe und einem Fleckchen unberührter Natur, Künstler, Familien mit kleinen Kindern.

An diesem Platz ließe es sich gut lernen und arbeiten. Hier würde ich gerne eine Schauspielschule gründen – wie einst in Sao Paulo.

Ich bespreche meinen Plan mit anderen – das Echo ist überwältigend. Aus Los Angeles gesellen sich Kollegen hinzu, zum Beispiel Micheline Lerner, Ex-Frau von Alan J. Lerner, Autor des Musicals

My Fair Lady, und Renate Boreman, eine italienische Schauspielerin, die in Europa und den USA bereits sehr erfolgreich ist und das
»Piccolo Teatro di Los Angeles« betreibt.
Aber auch junge, frustrierte Schauspieler, die es nicht länger ertragen
wollen, in L. A. herumzuhängen und zu warten, bis sie einmal von einem Agenten irgendeine Rolle vermittelt bekommen, wollen mitmachen. Eine Gruppe sehr leistungsfähiger Menschen, die sonst nicht
recht zum Zuge kommen, ist nun dabei, das Dana-Point-Projekt aus
der Taufe zu heben.
Die Presse unterstützt unser Vorhaben. Die »Daily Sun Post«
schreibt in der Rubrik »Weekly Profile« unter der Überschrift
»Fighting Man's Indifference (Kampf gegen die Gleichgültigkeit)«
folgenden Beitrag:
»Carl Schell ist im Begriff, die ganze Südküste wachzurütteln. Obwohl erst vor drei Monaten vom Internationalen Bildschirm vorgestellt, hat der Schauspieler Carl Schell in dieser kurzen Zeit das Un-
glaubliche erreicht: eine Anhängerschaft von Einheimischen zu gewinnen, die begeistert an seinen großen Plan glauben, Dana Point in
ein internationales Kulturzentrum zu verwandeln, und zwar mit Festspielen, die mit Salzburg und Bregenz konkurrieren könnten.
Von seinem Appartement über den Klippen von Dana Point aus …
führt Carl Schell eine informelle Kampagne. Er möchte dieses letzte
Stück unberührter Schönheit vor dem Übergriff von Autobahnen und
geschmacklosen Zufallskonstruktionen beschützen und es für die
Kultur bewahren …
Trotzdem soll der ganze kulturelle Komplex … ein professionelles
Unternehmen werden, das internationale Gesellschaften anzieht, mit
Hotelclub für Schauspieler und Besucher, einer Akademie für dar-
stellende Künste und einer Radiostation, die Sendungen in mehreren
Sprachen ausstrahlt.
Und Carl Schell dürfte gerade die richtige Person sein, dieses Projekt
anzukurbeln. Hier in den Staaten, wo er als Gaststar in einer Reihe
von Fernsehsendungen gesehen wurde, ist er wahrscheinlich am be-
sten als Baron von Richthofen in *The Blue Max* bekannt …
Aber es ist nicht nur seine Starqualität, die die Menschen zu Carl

Schell hinzieht, es ist die tiefe Aufrichtigkeit, mit welcher er an die Aufgabe des Films und des Theaters glaubt. Er spricht – mit fast religiösem Eifer – über die Kunst als führende Macht gegen die Menschen, die anderen Leid zufügen.

›Unsere Häuser‹, sagt er, ›sind mit jeglichem Luxus ausgestattet. Unsere Kühlschränke sind voll, und das ist in Ordnung. Aber der Mensch hat nicht nur einen Körper, sondern auch einen Geist. Wenn wir den Geist nicht ebenso pflegen wie den Körper, wird er verkümmern. Laßt uns daher jetzt erst einmal etwas für den Geist tun, für den Körper haben wir alle genug getan.‹«

Ich miete das Haus des Dana-Strandclubs an der Küste. Es eignet sich gut für die Probenarbeit und für eine Aufführung. Aber welches Stück sollen wir zuerst spielen?

Ich entscheide mich für Wolfgang Borcherts *Draußen vor der Tür*. Das amerikanische Volk hat im Jahr 1967 noch eine sehr einseitige, zumeist negative Auffassung von den Deutschen. Daß die Deutschen unter dem Nationalsozialismus und dem Zweiten Weltkrieg auch gelitten und nicht nur Schrecken verursacht haben, scheint man in Amerika nicht für möglich zu halten. Wolfgang Borchert ist für mich einer der eindrucksvollsten Nachkriegsautoren Deutschlands. In *Draußen vor der Tür* demonstriert er das Leben der Landser während des Krieges und nachher, und das Leiden derjenigen, die auf den Schlachtfeldern blieben, beschreibt die grausame Sachlichkeit, mit der sich so mancher Vorgesetzte später jeder Verantwortung entzog.

Ich bemühe mich, die Bilder dieses Theaterstückes so genau wie möglich ins Englische zu übertragen. Keine leichte Arbeit.

Doch bevor wir das Dana-Point-Projekt konkretisieren können, muß ich noch bereits abgeschlossene Verträge erfüllen. In San Diego und Los Angeles trete ich in mehreren Fernseh-Shows auf, unter anderen in *Dialing for Dollars, Sally Ogles Hollywood* und in der *Johnny Grant Show*.

Und ich kümmere mich um mein Drehbuch *Die Menschenfalle*, das ich weiterentwickle. Moralische Unterstützung erhalte ich vom Internationalen Hohen Kommissar für Flüchtlinge bei der UNO, vom Internationalen Komitee des Roten Kreuzes, von der Obersten Behörde des Malta Ordens und anderen. Ich führe endlose Verhandlungen, um dieses Drehbuch zu verwirklichen.

Eines Tages treffe ich wieder einmal mit einem Produzenten zusammen, der sich für mein Flüchtlingsdrama interessiert. Ich habe ihm mein Buch zuvor geschickt und seiner Bitte stattgegeben, es von einem seiner Lektoren bearbeiten zu lassen. Er ist begeistert, will den Stoff machen.

»Wir haben eine Szene etwas umgeschrieben«, erklärt er mir, »dadurch wird die Sache spannender.«

Ich frage vorsichtig nach, um welche Szene es sich handle.

»Die Szene, in der sich die Frau und der Soldat in der Hütte gegenüberstehen.«

In meiner Geschichte hat sich an dieser Stelle das flüchtende Ehepaar getrennt. Der Vater ist mit dem kleinen Mädchen durch den tiefen Schnee vorangegangen in Richtung Grenze, während die Mutter mit dem noch jüngeren Buben in der Hütte wartet. Die feindlichen Soldaten schicken einen der ihren, um die Hütte zu kontrollieren. Dieser öffnet die Tür gewaltsam und sieht eine Frau mit Kind, die ihn in Todesangst anstarren. Da überkommt ihn unvermutet tiefe Rührung, und er antwortet seinen Kameraden, die auf Skiern unweit der Hütte warten, auf ihre Frage: »Ist jemand da?« ohne Zögern mit einem »Nein, die Hütte ist leer«. Eine entscheidende, überwältigende Handlung eines Soldaten, der plötzlich zum Menschen wird. Diese Stelle nun will der Produzent verändert haben.

»Wie wurde es denn umgeschrieben?« frage ich.

»Der Soldat vergewaltigt die Frau vor den Augen des Kindes und läßt sie dann frei«, ist die Antwort.

Ich bin sprachlos.

»Die Sache muß sich verkaufen«, sagt der Produzent.

Was soll ich tun? Ich bin glücklicherweise nicht in Geldnot – also ziehe ich das Stück zurück. Bis heute ist der Stoff – trotz zahlreicher Angebote – aus ähnlichen Gründen nicht gedreht worden. Aber er liegt mir sehr am Herzen …

Ich darf in einem Western spielen! *Death Valley Days* heißt der Titel nach dem großen Wüstengebiet im südöstlichen Kalifornien, und ich soll einen waschechten Cowboy deutscher Abstammung darstellen. Eine seltene Ehre für einen Europäer in den USA.

Ich soll nicht nur auf einem Pferd ohne Sattel reiten – das habe ich in Brasilien schon erprobt –, ich soll außerdem in Cowboymanier auf ein Pferd springen.

Tagelang übe ich – zur allgemeinen Heiterkeit der Kollegen –, und ich zähle Abend für Abend neue blaue Flecken an meinem Körper. Am ersten Drehtag stellt man mich einem lahmen Pferd vor, sicherheitshalber, und ich bin erleichtert, daß mir nicht einer der anderen, feurigen Mustangs zugemutet wird. Mein Gaul erträgt alles, was man mit ihm macht – bis ich einmal von der falschen Seite auf ihn aufspringe. Wiehernd geht er vorne in die Höhe, macht dann einen Buckel und wirft mich ab. Die Cowboys brüllen vor Lachen. Aber dann zeigen sie mir kollegial, wie man's richtig macht. Klappe! Ein scheuer Blick zur Kamera, sie läuft, Gott sei Dank, der Sprung ist mir gelungen – aber ich habe die Befürchtung, daß es nicht noch einmal so glattgehen wird wie eben.

Für die nächsten Reitaufnahmen werde ich gedoubelt. Die Mimik und Gestik liefere ich dazu – und die Schnittechnik macht es später möglich, daß das Publikum nichts von dem Schwindel bemerkt.

In dieser Zeit, 1967, drehe ich in Hollywood eine Menge Filme, so viele, daß ich nur etwa die Hälfte von ihnen überhaupt sehen kann. Ich bin in »The Magnificant Forger« zu sehen, einer Episode der Serie *Garrison's Gorilla* und in *To Die in Paris* mit Louis Jourdan und Letitia Roman, einer Produktion der Universal Film. Parallel kann man zu dieser Zeit auf den verschiedenen US-Kanälen meine Filme *Lycanthropus* unter dem Titel *The Werwolf in a Girls Dormitory* sehen, *Escape from East-Berlin*, *The Light of a Friendly Star* und noch andere Streifen, bei denen ich früher mitgewirkt habe. Kein Wunder, daß ich große Publicity genieße.

Ende des Jahres können wir dann endlich mit Wolfgang Borcherts Theaterstück in Dana Point beginnen. Parallel dazu muß ich den Film *Hollywood 70* in fünf Sprachen kommentieren und synchronisieren. Am 4. Dezember 1967 gründen wir die Dana Point International Theatre Organisation und gleichzeitig die Schell Academy of the Performing Arts – eine Schule, in der Schauspieler in den Fächern Rollenstudium, Sprechtechnik, Tanz und Gesang eine Ausbildung nach europäischem Muster bekommen sollen.

Wir wählen ein Direktionskollegium, einen Präsidenten, einen Rat mit Vizepräsident, einen Schatzmeister und eine Sekretärin, einige Räte und eine Vorsitzende des Lehrerkollegiums. Damit ist sichergestellt, daß alles so weiterlaufen kann, wie von mir erdacht, auch wenn ich wieder mehr in Europa zu tun haben werde.

In den nächsten Wochen wird das Projekt mit Leben gefüllt: Lehrer werden eingestellt, Eignungsprüfungen durchgeführt, und gleichzeitig proben wir mit professionellen Schauspielern das Stück *The Man Outside / Draußen vor der Tür*.

Am 29. Februar 1968 ist Premiere vor ausgewähltem Publikum aus der Umgebung von Dana Point und Los Angeles, darunter die Generalkonsuln von Deutschland, der Schweiz und Frankreich.

Die Presse reagiert sehr positiv. Der Direktor des Chamber of Commerce, Reverent Wheele, erklärt:»Das ist das Beste, was je in Dana Point passiert ist!«

Schnell muß ich nach Europa zurück. Das Stück *Die Millionärin* von George Bernard Shaw im Theater »Die kleine Freiheit« in München unter der Regie von Trude Kolman wartet auf mich.

Meine amerikanischen Freunde in Dana Point geben eine große Abschiedsparty für mich. Wer weiß, wann wir uns wiedersehen werden. Immer wenn ich Abschied nehmen muß, fühle ich mich zerrissen. Ich möchte gerne bleiben und in Dana Point weitermachen – der Job als künstlerischer Leiter bei der Kay Lewis Enterprises in den Goldwyn-Studios hat durch finanzielle Probleme der Firma ohnehin ein »natürliches« Ende gefunden –, aber es zieht mich auch nach Europa, zu meinen Kindern und der euopäischen Lebensart.

Wir gehen mit der *Millionärin* auf Tournee – tingeln durch Deutschland, Österreich und die Schweiz. Meine Partnerin ist Ruth Stephan. Viel Zeit für meine Kinder habe ich nicht. Ich bin kurz in Bern, nur um zu erkennen, daß Candida längst ihr eigenes Leben lebt, ihre eigenen Freunde gefunden hat.

Mit dem Bus fahren wir mit unserer *Millionärin* von Theater zu Theater, und eine Redakteurin der Frauenzeitschrift »Für Sie«, Liselotte Millauer, begleitet uns, um eine Reportage zu schreiben. »…und das Lampenfieber fährt mit« heißt ihr Bericht. Ich werde Liselotte, die mir überaus sympathisch ist, bald anläßlich eines zweiten Interviews wiedersehen. Und diese Begegnung wird Folgen haben.

Aber zunächst muß ich mich auf quälende Verhandlungen mit Candida und den Scheidungsanwälten einlassen. Alles soll für die Kinder so schonend wie möglich vor sich gehen, in dieser Hinsicht sind wir uns glücklicherweise einig. Noch während dieses nervtötenden Prozesses erreicht mich ein neues, herausforderndes Angebot aus Großbritannien: Die Rolle eines Formel-1-Piloten, männliche Hauptrolle in dem Film *The Professional Touch* mit Filmpartnerin Shirley Ann Field und Kollegen wie Eva Wishaw und Keith Baxter. Robin Cecil Wright führt Regie. Drehort ist Mexico City.

»Und jetzt halte dich fest«, sagt der Agent, als ich dabei bin, über das Angebot nachzudenken, »deine Maschine geht schon morgen mittag.«

»Eher nicht?« gebe ich trocken zurück.

»Ich brauche jetzt nur noch deine Zusage«, kommt es aus dem Hörer, »dann entlasse ich dich zum Kofferpacken.«

Mein Agent kennt mich und weiß genau, daß das eine Rolle für mich ist. Pünktlich um 12 Uhr 25 sitze ich in der Maschine nach London. Dort steige ich in einen Flieger nach New Orleans und von da weiter in eine Maschine nach Mexico City. Die Dreharbeiten sollen schon am nächsten Morgen beginnen.

Fliegen ist – seit meinem Erlebnis im Luftraum von Dakar – nicht gerade meine Leidenschaft. Ich mache keinen Hehl daraus. Diesmal läßt sich ein Flug nicht vermeiden, aber ich halte tapfer durch. Ohne Zwischenfälle landen wir in der 20-Millionen-Stadt, und ich bin froh, daß ich heil angekommen bin.

Am nächsten Tag drehen wir bereits auf der faszinierenden Rennbahn außerhalb der Stadt, wo der Große Preis von Mexico ausgetragen wird.

Dann geht's weiter, und ich muß noch mal in die Luft.

Wir fliegen nach Chicén Itza, auf der Halbinsel Yukatan. Schon kurz nach dem Start wird mir klar, daß ich mich wieder auf ein Abenteuer der besonderen Art eingelassen habe. Das Flugzeug macht Bocksprünge, sackt ab und wird wieder nach oben gerissen: Die Hitze im Tiefland verursacht Luftströmungen – an den kleinen Wolken um uns herum kann man die meteorologische Situation gut ablesen.

Ich beobachte die Stewardessen, die mit eingefrorenem Lächeln ihre Arbeit tun. Das Flugzeug tänzelt, rüttelt, schlingert. Jetzt wird eine Tageszeitung verteilt, lächelnd, und als ich die Titelseite aufschlage, sticht mir ein gräßliches Foto von einem Flugzeugabsturz in die Augen. Als ich die Stewardeß erschrocken anblicke, erklärt sie mir freundlich, daß die Unglücksmaschine das Schwesternflugzeug unseres Fliegers ist. Dann werden Tüten verteilt …

Wir sind heruntergekommen, irgendwie.

Aber die Aufregung ist noch nicht vorbei. Unser Hotel liegt mitten im mexikanischen Dschungel, der von einer reichen Tierwelt bewohnt wird. Ein großer Teil davon sind offensichtlich Nachttiere. Mit lautem Schreien verständigen sie sich untereinander – unmöglich, nachts auch nur ein Auge zuzutun. Die Hitze im Zimmer – Air condition gibt es nicht – erledigt den Rest. Aus purer Erschöpfung falle ich kurz vor Tagesanbruch in einen leichten Schlaf – im Takt mit den Nachttieren, die dann allmählich zur Ruhe kommen –, doch dann reißt mich mein Wecker jäh aus den Träumen. Wie mag es echten Rennfahrern ergehen angesichts solch schwieriger Umstände. Nun, sie erleben wohl nicht so eine außergewöhnliche Liebesgeschichte wie ich in meinem Film.

An einem der freien Tage mache ich einen Ausflug nach Cozumel, eine Insel westlich Yukatans, in der Yukatanstraße oberhalb des Karibischen Meers. Die Schönheit dieser Landschaft entschädigt mich für alle durchlittenen Strapazen: einsame Strände, verträumte Lagunen – so muß es im Paradies gewesen sein.

An jenem Tag auf Cozumel nehme ich mir ein Versprechen ab: Wo immer ich einst in der Zukunft seßhaft werde – meine Heimat soll ein wenig von diesem Paradies widerspiegeln.

Ich gehe ins Wasser, um mich zu erfrischen und schwimme mit den exotischsten und farbenfrohesten Fischen um die Wette, als seien wir Freunde. Angst vor Menschen scheinen sie nicht zu kennen. Ich könnte sie mit der Hand fangen.

Aber das ist nicht meine Absicht.

Weihnachten 1968 wird das traurigste Fest meines Lebens. Kaum aus dem Paradies der Karibik zurück, muß ich eine meiner schwersten Rollen spielen: die des glücklichen Familienvaters, der gemeinsam mit der Mami auf das Christkind wartet.

Am 19. Dezember wird die Ehescheidungsvereinbarung aufgesetzt. Innerlich bin ich schwer angeschlagen, äußerlich muß ich jubeln und fröhlich sein. Dennoch erklären wir den Kindern, daß der Papi fortan noch weniger zu Hause sein wird. Sie nehmen es erstaunlich gut auf. Es schmerzt mich mehr als sie. Draußen geht ein Kinderchor vorbei, um in den verschneiten Berner Straßen »Stille Nacht, Heilige Nacht« zu singen.

Mir ist zum Heulen zumute.

Daß ich ausgerechnet um diese Zeit für eine Rolle in dem Stück *Die Heimkehr* von Harold Pinter im Berner »Atelier-Theater« verpflichtet werde, macht die Angelegenheit für mich nicht leichter. Dieses Stück mit seiner düsteren Philosophie unterstreicht nur noch meine seelische Verfassung. Ich stelle mir Fragen, vor denen ich bisher meist davongelaufen bin. Fragen nach dem Sinn des Lebens. Nach der Rolle, die ich in diesem Leben zu spielen habe. Im wirklichen Leben.

Das Scheidungsurteil räumt mir ein, jederzeit meine Kinder besuchen zu dürfen.

Glücklicherweise reißen lebensfrohe Nachrichten mich aus den tiefsten Tiefen heraus: Das Dana-Point-Projekt an der kalifornischen Küste wächst und gedeiht. Ich höre von Erfolgen, die Schüler durch große Filmrollen verzeichnen können. Ich bin stolz, Geburtshelfer gewesen zu sein.

Aus Frankreich kommt das Angebot für eine Hauptrolle in der französischen Fernsehserie *Sebastian et la Mary Morgan*. Cécile Aubry führt Regie. Ich kenne sie aus ihrer Zeit als bildhübsche und hervorragende Schauspielerin und erfahre nun, daß sie eine gute Regisseurin geworden ist. Wir werden Freunde.

Das schreibt auch eine französische Zeitung, und da wir uns in der Nähe des französischen Landsitzes von France Darly – Miß France mit dem Revolver! – befinden, hoffe ich inständig, daß meine Ex-Geliebte diesen Zeitungsbericht nicht zu Gesicht bekommt. Es bleibt mir jedoch eine weitere Begegnung mit ihr erspart. France scheint sich über den Verlust hinweggetröstet zu haben.

In dem berühmten Benediktinerkloster von Fékamp, in dem seit Hunderten von Jahren der bekannte Benedektiner-Likör hergestellt wird, bekomme ich anläßlich eines Besuchs an einem drehfreien Tag eine besonders gute Flasche geschenkt. Ich bewahre sie auf, wohl wissend um ihre Besonderheit, und nehme mir vor, sie erst dann zu öffnen, wenn der Anlaß den Wert des Flascheninhalts rechtfertigt. Zwanzig Jahre später wird diese Flasche von meiner jetzigen Frau Stella zum Punsch verwendet. Auch in die Soße zum Fleisch hat sie kräftig davon hineingeschüttet. Unsere Gäste gingen an diesem Abend etwas schwankend nach Hause ...

Im Herbst 1969 wirke ich in England in der ATV-TV-Sendung *Nite Line up* mit. Kaum bin ich dort fertig, reise ich nach Basel zurück, um dort am Theater die Rolle des Sergeant Trotter in Agatha Christies *Mausefalle* zu spielen. Ich kann jetzt meine Kinder öfter besuchen.

Ich mache ein paar Tage Urlaub und reise in die Berge nach Grächen in den Wallis. Mutti kommt auch dorthin, und wir können uns nach langer Zeit einmal wieder so richtig über das Erlebte austauschen. Zum Wochenende sagt sich die Journalistin Lilo Millauer an. Sie möchte einen weiteren Bericht über mich schreiben.

Ich freue mich, sie wiederzusehen, und Mutti bietet ihr an, im Gästezimmer des Ferienhauses zu übernachten. Sie bleibt zwei Tage, und es ist, als kenne man sich seit Jahren. Wir sind einander vertraut wie langjährige Freunde.

Am Sonntagmorgen geht Mutti zur Messe. Sie versäumt an keinem Sonntag, die Kirche zu besuchen, wo immer sie auch gerade ist. Mutti ist tiefgläubig. Das Hochamt beginnt um zehn Uhr, und die Glocken begleiten sie den ganzen Weg bis zur Kirche.

Lilo und ich schlafen länger. Am Abend zuvor haben wir uns bis spät in die Nacht miteinander unterhalten; ein schönes Gespräch, in dem wir viel Persönliches voneinander erfahren haben. Die Glocken wecken mich, Mutti ist verschwunden, und ich höre, wie Lilo durchs Haus tappt – auch sie ist gerade eben wach geworden. Verschlafen krieche ich aus dem Bett, um in der Küche ein Frühstück zuzubereiten. Da begegnen wir uns, zwischen Bad und Küche, Lilo in einem Negligé und ich mit nacktem Oberkörper. Wir schauen uns in die Augen und na ja …

Mit dem Frühstück warten wir noch.

Als Mutti nach Hause kommt, sind wir gerade dabei, den Tisch zu decken. Sie blickt mich mit ihren aufmerksamen Augen prüfend an.

Ein paar Wochen später ruft Lilo mich an. Sie ist schwanger. Ich höre, wie glücklich sie ist. Der Arzt habe ihr früher mitgeteilt, daß sie unfruchtbar sei. Das Gegenteil sei ja wohl der Fall!

Hatte der Arzt einen Fehler gemacht mit seiner Diagnose, oder ist es ein Wunder? Ich tippe auf ein Wunder. Mutti hat immer gesagt, daß ein Kind das Wunder des Lebens sei und ein Geschenk Gottes.

Mein viertes Kind ist unterwegs.

Ein Freund aus Hollywood ruft mich an, um mich nach St. Moritz zu verpflichten, wo der Film *Snowjob* gedreht werden soll. Ich soll die Rolle eines spionierenden russischen Offiziers spielen. Meine Partnerin: Gina Lollobrigida! Das Drehbuch ist großartig, die Rolle gefällt mir – aber es scheint Probleme mit der Finanzierung zu geben. Die Dreharbeiten verzögern sich. Unruhig warte ich darauf, daß die Produktion grünes Licht gibt.

Inzwischen aber meldet sich Hamburg: Mir wird angeboten, in einer

Episode der Fernsehserie *Dem Täter auf der Spur* unter der Regie von Jürgen Roland eine Hauptrolle zu spielen. Der Titel der Episode: »Frau gesucht«.

Ich sage zu – damit ist die eventuelle Zusammenarbeit mit der »Lollo« gestorben. In Hamburg kann ich bei Lilo wohnen, deren Bauch sich schön gerundet hat: In diesem Monat soll sie unser Kind zur Welt bringen. Ich möchte dabeisein, wenn es geboren wird.

Erster Drehtag ist der 13. Januar 1970, ein Dienstag. Daß ich mich an das Datum noch so genau erinnere, liegt an den Ereignissen, die dieser Tag mit sich bringt und die mein ganzes folgendes Leben nachhaltig bestimmen werden.

Stella

Als ich um acht Uhr ins Fernsehstudio komme, sind meine deutschen Kollegen Barbara Rütting, Günther Neutze und Werner Peters schon in der Maske. Fertig angezogen und geschminkt plaudern wir ein wenig miteinander. Jürgen Roland gibt uns zu verstehen, daß wir gleich mit dem Drehen beginnen werden und daß meine Partnerin, die ich noch gar nicht begrüßt habe und die noch in der Maske zurechtgemacht wird, gleich von einem oberen Raum aus die lange, steile Studio-Wendeltreppe herunterkommen wird.

Wie man weiß, werden die Szenen beim Film oft nicht in der chronologischen Reihenfolge des Drehbuchs aufgenommen. Wir beginnen die Dreharbeiten mit Szene 22.

»Du stehst unten und bist sauer auf sie. Sei barsch, wenn du mit ihr sprichst«, erklärt Roland mir meinen Part.

»Kamera ab!« – »Kamera läuft!«

»Ton ab!« – »Ton läuft!«

Der Kollege mit der schwarzen Klappe springt vor das Objektiv der Kamera und ruft: »*Dem Täter auf der Spur*, zweiundzwanzig, die erste!«

Ich stehe am unteren Absatz der Treppe und blicke nach oben. Ich höre das Klack-klack ihrer Schritte. Ich stelle mir vor, daß ich böse auf sie bin. Absurd, denn in Wirklichkeit habe ich die Kollegin noch gar nicht gesehen. Sie hat in München in dem Musical *Hair* erfolgreich mitgespielt – das weiß ich von ihr.

Ein paar schlanke Füße, gefolgt von langen Beinen, schreiten Stufe für Stufe hinab. Sehr lange Beine. Wunderschöne, sexy Beine. Ihr schlanker Körper ist wohlproportioniert und so ungemein reizvoll, daß ich meine vorgeschriebene Wut vergesse. Schließlich blicke ich in ein Augenpaar, das so groß ist, daß ich von dem übrigen Gesicht nichts mitbekomme. Ich sehe nur noch Augen und wunderschönes, langes Haar.

Laut Drehbuch soll sie auf mich zugehen. Aber am unteren Treppenabsatz bleibt sie stehen. Ich soll sie barsch anfahren. Aber ich lächle sie an.

»Kamera aus!« ruft Jürgen Roland.

Er geht auf uns zu. »Darf ich vorstellen: Stella Mooney – Carl Schell.« Wir geben uns die Hand. »Und jetzt gleich noch einmal, Kinder«, drängt Roland. Das Leuchtschild an der Studiowand wechselt von Grün auf Rot: Ruhe bitte!

»*Dem Täter auf der Spur*, zweiundzwanzig, die zweite!« – »Klappe!« – »Und: Action!«

Stella schreitet die Treppe hinab, ich starre sie an. Sie blickt zurück, wie hypnotisiert.

»Kamera aus!«

»Herr Schell, Frau Mooney!« kommt es aus der Flüstertüte. »Sagen Sie uns bitte, wenn Sie soweit sind.«

Die nächste Klappe, die dritte, will uns zu professioneller Aufmerksamkeit zwingen. Vergebens. Wir sind voneinander verzaubert.

»Okay«, sagt Jürgen Roland, »sollen wir die Arbeit fortsetzen, oder möchtet ihr einen Tag Pause haben?«

»Es geht schon.« Meine Stimme ist belegt. Ich reiße mich zusammen, doch es kostet mich unendliche Mühe.

Nach Drehschluß warte ich mit dem Taxi am Eingang auf Stella. Ich habe einen kühnen Plan. Mein Vater ist mir in den Sinn gekommen und wie er einst um meine Mutter geworben hat.

Ich bitte Stella einzusteigen. Sie lächelt mich an. Wir fahren zu einem großen Schmuckgeschäft in der Innenstadt. Ich nehme Stella bei der Hand und führe sie in den Laden. »Haben Sie Eheringe?« frage ich, noch ehe der Geschäftsinhaber etwas sagen kann. »Ich möchte mich mit dieser jungen Dame hier und jetzt verloben.«

Stella blickt mich mit ihren großen Augen erschrocken an. Hätte ich sie fragen sollen? schießt es mir durch den Kopf. Aber da hat der Juwelier schon ein paar wunderschöne Ringe vor uns ausgebreitet. Nervös und etwas zittrig – doch so überzeugt wie nie zuvor in meinem Leben – streife ich Stella einen der Ringe über den Finger. Zu groß. Alle sind zu groß für sie. Auch der schönste von allen ist für Stellas zarten Ringfinger noch zu groß. Am Zeigefinger paßt er jedoch. Sie behält ihn gleich an.

»Ich liebe dich!« höre ich mich sagen. Dann küsse ich sie so zärtlich ich es vermag auf den Mund. Sie wehrt sich nicht.

Ich bin verlobt mit Stella Mooney.

Ich bin zweiundvierzig, sie ist zweiundzwanzig Jahre alt.

Am nächsten Morgen muß Stella nach München fliegen. Wir bleiben einfach zusammen, ohne Gefühl für Raum und Zeit. Aber irgendwie muß sie zum Flughafen, und irgendwie muß ich danach ins Studio, denn irgendwie muß ich noch wichtige Szenen mit Günther Neutze, dem Kommissar, drehen. In Gedanken bin ich unentwegt bei Stella. In der Drehpause telefoniere ich mit ihr, um zu hören, ob sie gut angekommen ist, und um ihr zu sagen, wie sehr ich in sie verliebt bin. Einige Zeit später werde ich ans Telefon gerufen. Mein Herz macht Luftsprünge, ich freue mich schon auf ihre Stimme.

Aber es ist nicht Stella.

Es ist Lilo, die im Krankenhaus liegt und unser Kind erwartet.

Nach Drehschluß eile ich zur Entbindungsstation.

»Es dauert nicht mehr lange, Carl«, sagt Lilo.

»Wie lange?« frage ich sie und halte ihre Hand.

»Vielleicht drei, vier Tage. Man weiß ja nie …«

Was bin ich für ein Mensch! Konnte ich mit dem Verlieben und Verloben nicht warten, bis mein Kind geboren ist und die Verhältnisse geklärt sind? Schuldgefühle überkommen mich. Aber da ist sie wieder, diese blinde, leidenschaftliche Sehnsucht nach Stella, die mich treibt und mich jetzt dazu bringt zu sagen: »Lilo, ich muß für ein paar Tage nach München. Ich hab eine wichtige Besprechung …«

Ich schäme mich. Denn ich hasse Lügen! Aber ich spüre, daß ich Lilo jetzt nicht die Wahrheit zumuten kann und daß ich unbedingt Stella wiedersehen muß.

Sie erwartet mich am Bahnhof in München. Wir können nicht aufhören uns zu küssen. Ich denke flüchtig an Lilo, ihre Wehen, das Kind, aber dann denke ich an gar nichts mehr.

Erst am Nachmittag des nächsten Tages sind Stella und ich in der Lage, vernünftig miteinander zu sprechen. Die Zeit des Beichtens ist gekommen. Wir erzählen einander unsere Lebensgeschichten. Stella hat von befreundeten Kollegen schon erfahren, daß Lilo und ich ein Kind erwarten. Vertrauensvoll hört sie mir zu.

Wenig später verlasse ich München, um in Hamburg weiter zu drehen und um noch rechtzeitig im Krankenhaus zu sein. Der Abschied fällt mir unendlich schwer. Aber Stella wird ja auch noch ein paar Szenen in unserem Krimi drehen, und so werden wir uns bald wiedersehen.

Am 19. Januar wird meine Freundin Lilo Millauer von einem kleinen Mädchen entbunden. Wir entscheiden uns für den Namen Alexandra. Lilo ist überglücklich, und auch ich freue mich über das Neugeborene – wenn mich nur nicht entsetzliche Gewissensbisse quälen würden. Ich möchte gerne klare Verhältnisse schaffen, bringe es aber einfach noch nicht übers Herz, Lilo von Stella zu erzählen.

Doch dafür sorgt schon die Presse: »*Hair*-Mädchen angelt sich Carl Schell«, heißt es in den Zeitungen oder »Ist Stella Mooney eine neue Schell?«

Ich bringe Lilo und das Baby nach Hause, und nun gibt es kein Zurück mehr. Lilo erfährt von mir, daß ich Stella liebe und daß ich mit ihr zusammensein will. Daß ich aber für die kleine Alexandra ebenso sorgen will wie für meine Kinder aus der Ehe mit Candida. Es ist ungeheuer schwierig, all das über die Lippen zu bringen, aber ich bin erleichtert, als es gesagt ist.

Lilo ist eine selbstbewußte Frau, die sich nicht in falschen Träumen wiegt. Sie weiß, daß unsere Beziehung eher auf Freundschaft basiert. Es gilt nun für uns, diese Freundschaft zu pflegen.

Die Liebe zwischen Stella und mir beginnt gleich mit einer Trennung. Nachdem uns erst ein paar gemeinsame Tage in Hamburg »geschenkt« werden – der Krimi muß zu Ende gedreht werden –, fliegt sie zu Dreharbeiten nach Tunis, und ich muß nach New York, um wegen einer Rolle in einem Musical zu verhandeln. Die Zeit ohne Stella ist entsetzlich. Wir telefonieren für ein kleines Vermögen. Nach unserem Wiedersehen begleite ich sie nach München, wo sie für den Fernseh-Operettenfilm *Die Blume von Hawaii* unter Vertrag steht und den Song »Ich halt zu ihm« aufzunehmen hat. Ein passender Titel, finden wir beide. Die Presse verfolgt uns auf Schritt und Tritt.

Die Vorstellung, aus beruflichen Gründen von Stella immer wieder getrennt sein zu müssen, so wie ich es mit Candida erlebt habe, macht mich ganz krank. Diese Liebe darf nicht scheitern!

Stella kann sich vor Angeboten nicht retten. Das »Theater an der Wien« – derzeit *das* Musical-Theater in Westeuropa – winkt mit einem Mehrjahresvertrag. Vom Südwestfunk wird ihr angeboten, in der 24teiligen Fernsehserie *Butler Parker* die Rolle einer Detektivin à la Emma Peel zu spielen. Zwei riesige Chancen für sie. Aber beide Angebote bedeuten für uns Trennung. Denn ich muß zurück nach New York, um in dem Musical mitzumachen.

Da erfährt Stella von dem Regisseur der TV-Serie, er sei sehr daran interessiert sei, die Rolle des Gangsters mit mir zu besetzen. »Aber Carl Schell werden wir wohl nicht bekommen können«, meint er. Er weiß nicht, daß Stella mich inzwischen kennengelernt hat.

»Wie wär's, wenn ich die Verhandlungsgespräche mit ihm führen würde?« schlägt Stella vor.

»Und Sie glauben, das hilft?«

»Wissen Sie«, sagt Stella schmunzelnd, »ich bin mit ihm verlobt.«

Stella entscheidet sich also gegen Wien und für die TV-Serie. Und ich lehne New York ab und sage ja zum Südwestfunk.

Wir lassen uns auf ein ungeheures Projekt ein: Zwei Jahre lang an verschiedenen Orten drehen, in vierundzwanzig Folgen mitwirken. Unsere Partner werden unter anderen Eckart Dux, Dirk Dautzenberg und Edgar Hoppe sein. Aber das wichtigste bei alldem ist, daß wir zusammen sind. Stella dreht noch in einer Folge von *Der Kommissar* mit Erik Ode, nimmt Schallplatten auf und arbeitet bei *Grüezi wohl, Frau Stirnemaa* mit, an der Seite von Rex Gildo und Heinz Erhardt – leider dem letzten Film des großen deutschen Komikers –, bevor wir uns gemeinsam auf die TV-Serie vorbereiten.

Am 27. Juni 1970 heiraten Stella und ich in Oberiberg im Kanton Schwyz in einer winzigen Bergkapelle.

Unsere Flitterwochen verbringen wir auf der Familienalm in Kärnten. Die Presse kann uns hier nicht finden, und das ist gut so, denn zur Zeit werden wir regelrecht gejagt. Ganze Seiten werden mit unserer Geschichte gefüllt: Unsere Liebe – unsere Arbeit. Wir haben uns in die sogenannte hintere Hütte zurückgezogen, in der auch Maria schon ihre Flitterwochen verbracht hat.

Zeit füreinander haben.

Stella ist genau zwanzig Jahre jünger als ich. Und dennoch sind wir Partner, geistig ebenbürtig. Sie ist bei weitem keine Anfängerin auf der Bühne, hat das Showgeschäft von der Pike auf gelernt und bereits eine Menge Bühnen- und Kameraerfahrung. Ich erfahre viel von ihr in diesem Sommer auf der Alm, auch über die Zeit, als sie noch ein kleines Mädchen war und schon davon träumte, ein Musical-Star zu werden. Schon mit dreieinhalb Jahren hat sie Ballettunterricht bekommen, bei Margit Oswald in München, aber nicht, weil ihre Eltern sie dazu zwangen, sondern weil sie es unbedingt wollte. Heidi Brühl, die später mit den *Immenhof*-Filmen ihre Karriere begann, tanzte ebenfalls bei Margit Oswald, und Stella und sie wurden dicke Freundinnen.

Mit fünf Jahren hat Stella schon Akkordeonspielen gelernt. Später kamen Klavier und Gitarre dazu. Sie wollte Musik studieren, um Musiklehrerin zu werden. Aber dann bekam Heidi Brühl im Berliner Theater des Westens die Hauptrolle in dem Musical *Annie Get Your Gun!* Stella saß im Parkett. Da erwachte in ihr wieder der Traum, zur Bühne zu gehen. Jetzt wollte sie zur Schauspielschule.

Aber wie sollte sie das Ganze finanzieren? Stellas Vater war gegen ihren Berufswunsch. Doch dank ihrer langen Beine und ihres phantastischen Aussehens gelang es ihr, das Studium mit Aufgaben als Fotomodell bei Annemarie Hanschke zu verdienen. Dann reiste sie für ein paar Monate nach Amerika – wer weiß, ob wir dort einmal aneinander vorbeigefahren sind – und kehrte mit dem festen Vorsatz zurück, ins Showbusineß zu gehen. Aber sie bekam nur kleine Rollen bei Film und Fernsehen. Zum Glück waren die Ratschläge ihrer

Mutter weise: »Dem Tüchtigen lacht das Glück«, sagte sie immer dann, wenn Stella schon kurz davor war, alles hinzuwerfen. Und siehe da, Mama hatte recht: Eines Tages wurde Stella für die deutsche Produktion des Musicals *Hair* entdeckt und stellte auf der Bühne des Theaters in der Brienner Straße in München die Sheila dar – mit großem Erfolg. A star was born.

Danach folgten Plattenverträge bei CBS, Fernsehrollen, Live-Auftritte, Gala-Shows und schließlich Hauptrollen in Musicals und Operetten. Ich bin froh, daß meine frischgebackene Ehefrau kein Neuling in der Branche ist, sondern, im Gegenteil, schon weiß, wie der Erfolg schmeckt, was Karriere bedeutet, im guten wie im schlechten. Eine solide Basis für eine feste Bindung zwischen Künstlern.

Nur das Rauschen des Waldes und die Laute von Rehen und Hirschen umgeben uns hier oben auf der Alm; wir verzichten auf elektrisches Licht, waschen uns vor der Hütte an einem Brunnen mit kristallklarem Bergwasser. Hier hat sich bereits Prinzessin Soraya gewaschen, als sie mit meinem Bruder Maximilian in dieser Hütte eine zärtliche Woche verbracht hat.

Auch das WC ist Meter entfernt in einem Häuschen unter Bäumen. Wir sind wie Adam und Eva. Die Kinder des Pächters versorgen uns mit frischer Butter, Milch, selbstgebackenem Brot und herrlichem Waldhonig. Beim Spazierengehen pflücken wir uns Heidelbeeren und Preiselbeeren. Wir legen uns in die Wiese vor dem Hof, in blühende Arnika hinein, und manchmal lassen wir uns in der unteren Hütte blicken – der Jagdhütte der Familie Nordberg und Schell –, wo Mutti uns etwas zu essen macht.

Ein unbeschwerter Sommer tiefen Glücks.

Casa Esperanza – Haus der Hoffnung

In der Silvesternacht zum Jahr 1971 geben Stella und ich uns ein Versprechen: Wir wollen von nun an immer zusammenarbeiten oder den anderen begleiten.

Wir stehen in Baden-Baden vor der Kamera, die Serie *Butler Parker* ist in vollem Gang. Wir sind von dem Projekt überzeugt, die Drehbücher gefallen uns, aber die Produktion tauscht einen Regisseur nach dem anderen aus – und jeder meint, das Drehbuch wieder umschreiben zu müssen. Zur Zeit hat man die Regieaufgaben dem Kameramann übertragen, der ein sehr guter Kameramann ist und ein sehr netter Mensch – für die Aufgabe des Regisseurs eines solchen Projektes aber aus meiner Sicht noch zu jung. Ganz Jungfilmer, hat er sich in den Kopf gesetzt, daß in jeder Szene eine Rose stehen müsse, ob es zur Handlung paßt oder nicht.

Zu Außenaufnahmen reisen wir nach Arosa. Das Thermometer zeigt minus dreißig Grad an. Und wieder eine Rose vor der Kamera! Wenig später drehen wir im Tessin – nur hundert Kilometer Luftlinie entfernt – bei zwanzig Grad Wärme. Da fühlt sich das Röschen schon wohler, aber zur Szene paßt es trotzdem nicht.

»Hier möchte ich leben«, sagt Stella eines Morgens auf dem Weg zum Drehort. Der Lago Maggiore liegt silbrig schimmernd in der Ferne, die Luft ist weich wie Samt. Sie hat recht, das Tessin, die italienische Schweiz, ist als Wohnsitz ideal: Seine Mentalität verbindet italienischen Charme und deutsche Gründlichkeit mit französischer Eleganz. Und warm ist es auch.

Aber erst müssen wir noch nach Holland reisen, um weiterzudrehen. Und dort – in Amsterdam und Alkmaar – ist es kalt und das nicht nur in meteorologischer Hinsicht: Die Holländer begegnen allen Deutschsprechenden noch immer sehr feindlich.

Im Sommer haben wir serienfrei, aber Stella und ich spielen mit Peter Frankenfeld in *Sie und er im Kreuzverhör*, machen einen Abstecher nach Hessen zum *Blauen Bock* mit Heinz Schenk und Lia Wöhr. Das Tessin geht uns nicht mehr aus dem Sinn.

Wir reisen nach Brissago am Lago Maggiore und mieten uns eine Ferienwohnung. Sie trägt den Namen Casa Fortuna. Als ich Mutti davon am Telefon erzähle, sagt sie: »Das bringt Glück. Verlaßt euch drauf.«

Im Spätsommer reisen wir nach Bern zu Candida. Michaela, meine Zweitgeborene, inzwischen schon zehn Jahre alt, feiert ihre Erstkommunion. Die Beziehung zwischen Candida und mir ist entspannt. Daß Stella nun zu mir gehört, scheint kein großes Problem mehr für sie zu sein. Auch Candida ist wieder in festen Händen.

Zurück im Tessin, sehen wir uns verschiedene Häuser und Grundstücke an, aber es ist schwer, etwas zu finden. Eines Tages entdecken wir etwa hundert Meter unterhalb einer Höhenstraße einen winzigen Bungalow. Steile Stufen führen den Hang hinunter. Brombeerhecken versperren uns den Weg, überwuchern das Grundstück. Auf einem verwitterten Schild steht: »Da vendere! – Zu verkaufen!« Ein verwunschenes Schloß? Schläft Dornröschen darin? Aber die wichtigste Frage ist: Sind hundert Jahre schon vorbei?

Stella muß zurückbleiben, sie hat nur leichte Schuhe an. Ich kämpfe mich durch das messerscharfe Gestrüpp. Die spitzen Dornen stechen in Hände und Beine, versuchen, mich an der Kleidung zurückzuhalten. Zweihundertundeine Stufe habe ich gezählt, als ich endlich vor dem Bungalow stehe. Die Eingangstür ist verschlossen. Ein kleiner Weg führt um das Haus herum. Und dann entdecke ich sie: die schönste Aussicht, die ich je in meinem Leben gesehen habe. Der See liegt perlmuttfarben vor mir wie ein breites Geschenkband, und es scheint, als habe er sich nur uns zu Ehren dort niedergelassen.

Brombeersträucher und Hunderte junger Kastanien verdecken eine kleine Terrasse, die sich ängstlich an das Gebäude schmiegt – kein Wunder, denn dahinter geht es steil den Hang hinunter. Von der Terrasse aus wirkt der See noch größer, ich kann bis nach Italien hinübersehen. Der Lago Maggiore wirkt hier wie eine Meeresbucht, die sich scheinbar im offenen Ozean verliert. Fasziniert von dem Anblick beginne ich zu träumen: Die Kastanienbäume verwandeln sich in Palmen und die Brombeeren in eine Blütenpracht tropischer Pflanzen. Bin ich in der Südsee? Die Stille. Kein Haus weit und breit. Nur Wasser, Himmel und Palmen …

Ich habe mein Paradies gefunden.

Das Haus ist in gutem Zustand, vielleicht zehn Jahre alt. Es steht zur Hälfte auf Pfeilern und ist offensichtlich in einen Felsen hineingebaut worden. Wie hat man das wohl geschafft? Und wie hat man die Baumaterialien hierher transportiert? Das muß Stella sich ansehen!

Am 16. Juli 1971 kaufen wir Haus und Grundstück. Bis Ende August haben wir uns provisorisch darin eingerichtet. Und das Treppensteigen trainiert die Beinmuskulatur …

Anschließend reisen wir nach Paris, um eine neue Episode von *Butler Parker* zu drehen. Aber Stella ist erschöpft. Haben wir uns mit Haus und Dreharbeiten zu viel zugemutet?

Der Grund ist ein anderer: »Wir sind bald zu dritt, Carl«, sagt sie eines Morgens zu mir.

Stella ist schwanger! Ich könnte die ganze Welt umarmen.

Doch dann ist uns klar, daß es mit der Produktion Probleme geben wird – schließlich spielt Stella eine Hauptrolle. Glücklicherweise übernimmt Gaby Dohm Stellas Part. Und die Presse schreibt: »Baby stoppt Ganovenjagd – Stella erwartet ein Sternchen – Christkind für Carl Schell?«

Schon müssen wir unseren Silvesterschwur brechen: Es ist unmöglich für uns, die ganze Zeit zusammenzusein. Stella braucht Ruhe und Schonung, und ich muß drehen. Sie reist nach München zu ihren Eltern, während ich in St. Moritz in dem ZDF-Film *Schneetreiben* einen Skilehrer spiele, an der Seite von Christiane Krüger, der Tochter des deutschen Kollegen Hardy Krüger. Anschließend reise ich für *Butler Parker* ins Tessin, um neben Barbara Valentin vor der Kamera zu stehen. Dann kommt der ersehnte Anruf aus München. Ich rase sofort hin.

Am 20. Dezember 1971 halten wir unseren Sohn Marco Claudio Alexander im Arm. Am 1. Januar wird Marco in der Münchner Bonifatiuskirche getauft, anschließend geht's gleich zurück nach Brissago auf unser verwunschenes »Schloß«.

Wir sind eine Familie.

Drei Tage später erreicht uns die Nachricht, daß mein Vater gestorben ist. Es trifft uns völlig unvorbereitet. Wer hat damit jetzt schon gerechnet?

Ich fahre allein zum Begräbnis. Nach langer Zeit treffe ich die ganze Schell-Familie wieder. Mutti ist völlig verzweifelt – Vaters Tod ist für sie schwer zu verkraften. Trotz seiner Seitensprünge hat sie ihn sehr geliebt und immer zu ihm gestanden. Bis zu seinem Ende ist sie ihm treu geblieben. Immy, die Jüngste, ist unsagbar traurig. Sie, die feinfühligste von uns Geschwistern, kann nicht fassen, daß ihr geliebter Vater nicht mehr lebt.

Ich bin mir nicht ganz im klaren über meine Gefühle. Mein Vater hat mir viel Schmerz zugefügt. Habe ich ihm verziehen? Ich habe mir nie Zeit dafür genommen, habe immer nach vorne geblickt in dem Bemühen, ein gutes Leben zu führen, Erfahrungen zu sammeln, Erfolge zu haben, Geld zu verdienen. Ich habe nie mit ihm über das gesprochen, was er mir als Kind angetan hat. Meine Zuflucht war immer Mutti, sie ist es, der ich unumwunden vertraue. Vater ist mir immer etwas fremd geblieben. Bedaure ich das jetzt, da ich an seinem Grab stehe?

Nachdenklich fahre ich nach Brissago zurück. Dort wartet Stella auf mich mit unserem Neugeborenen.

Von jetzt an sind wir zu dritt unterwegs. Stella ist bei *Butler Parker* wieder dabei, wir drehen in Schottland, England und Dänemark. Marco wird abwechselnd von Mama oder Papa versorgt. Inzwischen ist auch der Jungfilmer gefeuert worden, weil nach dem Schnitt vom Inhalt der Episoden nicht mehr viel zu erkennen war; als nächster und letzter wird ein ehemaliger Zahntechniker an das Projekt herangelassen, der überhaupt nichts vom Filmen versteht. Rosen gibt es auch nicht mehr. Zu Weihnachten 1973 ist der Spuk vorbei, und wir können uns auf neue Aufgaben konzentrieren.

Mutti besucht uns zum ersten Mal in Brissago. Ich mache mir Sorgen wegen der vielen steilen Stufen, aber sie ist ja die Hanglage der Alm gewöhnt.

»Gibt der Herr das Häschen, dann gibt er auch das Gräschen«, sagt sie und macht sich auf den Weg, zweihundertundeine Treppenstufe den Abhang hinunter. Sie schafft es, und sie ist überwältigt von dem Ausblick, als wir sie auf die Terrasse führen. »Willkommen auf Casa Esperanza, Mutter!« begrüßen wir sie, und Mutti nickt: Der Name gefällt ihr.

Auch Immy und ihr Mann Walter Kohut, der ebenfalls Schauspieler ist, besuchen uns. Die beiden haben eine wunderbar innige Beziehung. Endlich hat Immy den Menschen gefunden, der ihr Halt gibt. Den ganzen Nachmittag und die halbe Nacht sitzen Immy und Walter eng umschlungen auf der Terrasse und blicken über den See.

Ich muß zu Proben des Stückes *Revanche* von Anthony Shaffer, das im Herbst in Basel herauskommen soll. Zwischenzeitlich drehe ich in Italien eine Episode der Serie *Les Grandes Detectives*. Zur Aufführung in Basel kommen Stella und Marco mit, denn auch Stella ist beruflich eingespannt. Es wird anstrengend, denn abends spiele ich, und tagsüber proben wir gemeinsam am nächsten Stück – *Handicap* von William Douglas Home –, in dem jeder von uns eine Hauptrolle spielt. Und dann geht's nach Düsseldorf, wo ich am »Theater an der Berliner Allee« zum zweiten Mal das Stück *Es bleibt in der Familie* inszeniere.

Ich kann die Besetzung frei wählen und entscheide mich natürlich dafür, daß es »in der Familie« bleibt: Stella und Mutti spielen die weiblichen Hauptrollen. Mutti hat immer den Wunsch gehabt, gemeinsam mit ihren Kindern auf der Bühne zu stehen. Leider haben Maria und Maximilian das nie ernst genommen. Um so glücklicher ist Mutti jetzt, kann sie doch wieder etwas von ihrem großen schauspielerischen Können unter Beweis stellen. Mit diesem Stück, das uns einen Riesenspaß macht, gehen wir auch nach Mallorca auf Tournee – Marco, inzwischen über ein Jahr alt, immer mit dabei.

Auf Mallorca gibt es genau die Pflanzen, die ich mir in unserem Garten wünsche: Palmen und andere tropische Gewächse. Ich bin sicher, daß sie im Tessiner Klima ohne Probleme gedeihen werden. Auf der Rückfahrt in die Schweiz fahren wir mit der Fähre bis Genua. Mutti hat den Zug genommen. Trotzdem bleibt uns im Auto nur noch wenig Platz: Auf Vorder- und Rücksitz, im Kofferraum und überall, wo noch ein freies Fleckchen vorhanden war, tummeln sich Pflanzenkinder für unseren Hang. Jeden Morgen müssen wir sie im Auto gießen, und bald beginnt es, muffig zu riechen. Für die Zollformalitäten an der Schweizer Grenze haben wir vorgesorgt, aber was wird der italienische Zoll zu unserer Fracht sagen?

»Passaporti, per favore!« Der Zöllner streckt die Hand aus.

Ich reiche ihm unsere Papiere. Der Beamte starrt in meinen Paß, offenbar beeindruckt von den vielen Stempeln, die sich inzwischen darin angesammelt haben.

»Sie sind Schauspieler?« fragt er streng. Ein Vorwurf?

Sicherheitshalber nicke ich gequält.

Sein Gesichtsausdruck verfinstert sich. »Welche von unseren italienischen Stars mögen Sie lieber, Gina Lollobrigida oder Sophia Loren?« kommt es jetzt in strengem Ton.

Ich fühle mich überrumpelt. Was soll ich sagen? Gina kenne ich, die Loren habe ich nie getroffen. Was will er hören? Was geschieht, wenn ich das Falsche sage? Müssen wir dann unsere Pflanzenkinder hergeben? Und oben auf dem Auto thront zu allem Überfluß noch ein perfekt befestigter, wunderschöner antiker mallorcinischer Schrank – der Beamte könnte auf die Idee kommen, daß ich ihn herunterwuchten soll.

»Also, die Gina, die kenne ich ...«, taste ich mich vor.

Weiter komme ich nicht. »Gina«, schreit er und wirft die Hände in die Luft, »la nostra Gina Nazionale – benissimo – puo passare!«

Er salutiert, winkt uns aus der Kolonne, und wir dürfen weiterfahren. Danke, Gina!

Die Palmen werden sofort eingepflanzt. Sie gewöhnen sich schnell an ihre neue Umgebung, wachsen und gedeihen.

Auch in Zürich am »Bernhard-Theater« wird *Es bleibt in der Familie* ein großer Erfolg. Dann geht es mit diesem Stück auf Bädertournee:

Alle Kurbäder des deutschsprachigen Raums sind gebucht. Manche Kurorte haben bildschöne kleine Theater. Zum Beispiel Bad Kissingen, dessen Publikum der besten Gesellschaft angehört. Es ist immer wieder eine Freude für mich, die Zuschauer mit meiner Dreifachrolle als Sohn, Vater und Großvater zu verblüffen und mich selbst mit dem blitzschnellen Maskenwechsel herauszufordern.

In einem der kleinen Kurbäder bittet man uns, das recht lange Stück doch in zwei Stunden durchzuspielen. Wir sollen »keine unnötigen Pausen« machen, da sich im Publikum viele ältere Kurgäste befinden, die früh ins Bett müssen und die Sanatorien und Kurhotels um zehn Uhr Bettruhe vorschreiben.

Der Vorhang hebt sich, das Stück beginnt. Mutti und die Kollegen treten auf. Hinter der Bühne warte ich auf mein Stichwort und lausche dem, was auf der Bühne gesagt wird. Ich traue meinen Ohren nicht! Mutti spricht so schnell wie noch nie in ihrem Leben. Die anderen versuchen, es ihr nachzumachen und rattern ihren Text im Schnellgang herunter. Ich blicke auf die Uhr: Wir haben tatsächlich schon ein paar Minuten eingespielt. Die Situation ist so absurd, daß ich hinter der Bühne zu lachen anfange. Ich halte mir den Mund zu, damit mich keiner hört.

Da – mein Stichwort. Ich öffne die Tür zur Bühne.

Schon rast Mutti wie eine Besessene auf mich zu: »Großpapa, da bist du ja endlich«, rasselt sie ihren Text herunter, umarmt mich hastig, zerrt mich »alten« Mann hektisch quer über die Bühne. Ich bringe kein Wort heraus.

Erst jetzt begreifen die anderen, was mit mir los ist; sie kämpfen auch gegen Lachanfälle. Mir laufen die Tränen die Wangen herunter, ich rede mit gequetschter Fistelstimme, um meinen Text im Griff zu behalten, und ich schwitze wie nie zuvor. Der Großvaterbart droht sich von meiner Gesichtshaut abzulösen.

Jetzt tritt Stella auf. Sie hat hinter den Kulissen alles gehört und kommt schon mit zuckenden Mundwinkeln auf die Bühne. Um ihr zu helfen, improvisiere ich: »Du mußt doch nicht weinen, mein Kind!«

Das reizt Stella nur noch mehr zum Lachen. Ich nehme sie in die

Arme, klopfe ihr auf die Schulter und sage: »Beruhige dich, mein Kind. Es gibt nun mal Situationen, die sind eben traurig. So, und nun weine nicht mehr.«

Stellas Gesicht ist voller Lachtränen. Mühsam stammelt sie ihren Text herunter, natürlich so schnell sie kann.

Am Ende des ersten Aktes haben wir eine Viertelstunde eingespielt. Wir schaffen es, das Stück um eine halbe Stunde kürzer zu machen, ohne auf ein Wort zu verzichten. Dafür sind wir schweißgebadet und haben Krämpfe in den Gesichtsmuskeln. Während die ersten älteren Herrschaften aufstehen, um in ihre Betten zu kommen, applaudiert der Rest begeistert.

Bevor wir mit *Es bleibt in der Familie* nach München und Hamburg weiterreisen, stehen Stella und ich in Düsseldorf in *Ehe zu dritt* gemeinsam auf der Bühne. Ein turbulentes, wenn auch eher harmloses Stück von Christina Kövesi, das beim Publikum sehr gut ankommt. In Hamburg spielen wir dann unser *Familien*-Stück vor begeistertem Publikum, und auch da gilt es wieder, vor den Zuschauern etwas zu verbergen:

Stunden vor der Premiere mußte mir ein vereiterter Zahn gezogen werden. Bei der Premiere habe ich noch höllische Schmerzen. Ich dürfte eigentlich gar nicht sprechen.

Wie war noch das Sprichwort von dem Unglück, das selten allein kommt? Als wir an jenem Tag in unser gemietetes Haus zurückkehren, stellen wir fest, daß Diebe dort waren. Wir hatten das idyllisch gelegene kleine Häuschen außerhalb der Stadt gemietet, um der Natur näher zu sein! Stellas und Muttis Schmuck fehlen, auch Kleider, Pelzmäntel. Der Kühlschrank wurde ausgeräumt, Fleischstücke liegen überall auf dem Boden verteilt. Polizei und Presse sind sofort zur Stelle, und im Theater werden wir mit Fragen überschüttet. Ich besorge mir ein Gewehr, das von nun an in jeder Nacht neben unserem Bett liegt.

Die Ruhe der Natur genießen wir danach wieder zu Hause. Ich habe unseren Hang in Klimazonen eingeteilt, wie in einem botanischen Garten. Inzwischen sind Samen von Pflanzen aus aller Welt einge-

troffen, und bald zeigen sich zu unserer großen Freude erste Triebe.
Die Presse verfolgt meine schrittweisen Erfolge und berichtet in unzähligen Artikeln über mein Bemühen, seltene exotische Pflanzen zu bewahren und zu verbreiten.

Im Mai 1975 erhalte ich für meinen Einsatz für die Erhaltung der Natur einen Preis, den Europapreis »Leader d'Opinione«.

An unserem neuerworbenen Flügel improvisiere ich und finde dadurch Ruhe und Entspannung. Während meine Phantasie mich von Melodie zu Melodie trägt, genieße ich die überwältigende Aussicht auf unseren »Fjord« Lago Maggiore. Marco kräht mit seinem hellen Stimmchen dazwischen: »Essen kommen, Papi!« Stella ist eine großartige Köchin.

Kann ich mir mehr wünschen?

»Meine Geschwister wollen mich umbringen!«

Ich bin auf der Suche nach einem neuen Stück. Eines mit ähnlichem Potential wie *Es bleibt in der Familie*, das uns ungeheuer populär gemacht hat. Zwischen Gartenarbeit und Haus-Ausbau blättere ich Manuskripte von fertigen und unfertigen Theaterstücken durch. Und ich werde fündig.

Das Stück *Les Bâtards* des französischen Autors Robert Thomas fasziniert mich sofort, obwohl der Inhalt recht grausam ist. Aber es ist natürlich eine Komödie. Von der Familie eines französischen Adligen wird erzählt, der sein Vermögen seinen ehelichen und nichtehelichen Nachkommen vererbt, falls sein Sohn sterben sollte, ohne Kinder zu hinterlassen. Natürlich wird der Sohn ermordet und anschließend einer der Erben nach dem anderen. Alle acht Erben müssen von ein und demselben Schauspieler dargestellt werden. Genau das richtige für mich!

Ich übersetze das Stück und nenne die deutsche Fassung *Die acht Millionäre*. Ich ahne noch nicht, daß dieses Stück der größte Theatererfolg meiner Karriere werden wird. Daß Stella mitspielt, versteht sich von selbst.

Peter Richner, der beim Schweizer Fernsehen ein beliebter und vielbeschäftigter Nachrichtensprecher ist, übernimmt die Rolle des Kommissars, die Kostüme werden von dem Mailänder Spezialisten Gianni Fiori geschneidert, der auch für die Scala und für die Freilicht-Opern- und Ballettaufführungen in Verona arbeitet. Fiori sagt dazu später in einem Interview: »Die Kostüme für dieses Stück haben mehr Probleme aufgeworfen als manche Regie, aber mit einem Schauspieler zu arbeiten, der es fertigbringt, sich innerhalb von Sekunden in acht Personen zu verwandeln, macht die Arbeit Spaß.«
Stellas Kostüm entwirft und fertigt der Couturier Joseph Poular aus

Paris, die Masken der Zürcher Max Furrer. In welche Rollen muß ich schlüpfen? Ich bin ein Priester, ein Homosexueller, ein alter Notar, ein Gigolo und ein Motorradrennfahrer, ein Glatzkopf und, besonders reizvoll für einen Schauspieler, zwei verschiedene Frauentypen. Premiere ist im Oktober 1977 im Theater »Die kleine Freiheit« in München. Die Crème de la crème von München sitzt im Parkett, Kritiker, Presse – und die gesamte Familie Schell. Ich habe Lampenfieber. Alles klappt perfekt, aber irgendwann, mitten im Verlauf der Aufführung, muß ich als Jacques, der Millionärssohn, in panischer Angst meinem Freund, dem Polizeikommissar, zurufen: »Sie wollen mich umbringen!«

Erwartungsgemäß reagiert das Publikum erschrocken. Der Kommissar blickt auf, schaut mich ruhig an und sagt dann: »Wer will dich umbringen, Jacques?«

»Meine Geschwister!« rufe ich verzweifelt.

Schallendes Gelächter im Parkett.

Was ist los? Mir bricht der Schweiß aus. Bin ich im falschen Kostüm?

Szenenapplaus, aber auch der kann mich nicht beruhigen.

Das Publikum soll an dieser Stelle um mich bangen, nicht über mich lachen! Ein prüfender Blick ins Parkett, und ich sehe, wie sich die Zuschauer nach meinen Geschwistern umdrehen.

Glücklicherweise kann ich die Aufmerksamkeit des Publikums sehr schnell wieder auf mich ziehen. Ein Schuß fällt, ich breche hinter einem Fenster tödlich getroffen zusammen. Eilig krabble ich hinter die Kulissen, bin Sekunden später schon wieder als betrunkener Hafenarbeiter mit Glatze auf der Bühne und mache mich des Mordes an mir selbst dringend tatverdächtig. Die Situation ist gerettet.

Monatelang spielen wir die *Acht Millionäre* vor ausverkauftem Haus. An zwei Tagen der Woche setzen wir sogar je zwei Zusatzvorstellungen aufs Programm, das bedeutet an zwei Tagen der Woche drei Aufführungen. Das geht an die Substanz.

Eines Tages beschließen Stella und ich, uns freizunehmen, und es läßt sich tatsächlich einrichten. Wir stehen früh in München auf und fahren nach Wasserburg zu Maria, die uns dort ihr Gästehaus zur Verfügung stellt. Maria selbst ist auf Tournee.

253

Am Abend trinken wir Wein, kochen ein schönes Essen. Früh klettern wir die Wendeltreppe hinauf zum Schlafzimmer mit dem großen französischen Bett. Nachts stehe ich auf, um auf die Toilette zu gehen. Da ich Stella nicht wecken will, schalte ich kein Licht an. Ich bin noch schlaftrunken, und ich meine, in unserem Haus in Brissago zu sein. Doch dort, wo zu Hause der Durchgang zur Toilette ist, beginnt hier die Wendeltreppe. Ohne Geländer.

Ich stürze in die Tiefe. Schlage ein paarmal hart auf den Treppenstufen auf und dann auf dem Steinfußboden im unteren Raum.

Ich bin tot, denke ich.

Stella wird wach und sieht mich dort unten liegen. Bald ist ein Arzt da. Wie durch ein Wunder habe ich mir nichts gebrochen, aber ich habe schwere Prellungen am ganzen Körper. Der Arzt verordnet drei Monate Bettruhe. Ich stöhne vor Schmerz.

Aber die Aufführungen! Wir müssen weiterspielen!

Noch am selben Tag besorge ich mir acht Krücken. Und abends, kurz vor Beginn der Vorstellung, trete ich vor das Publikum und teile ihm mit, daß ich einen Unfall gehabt habe. »Aber ich habe keine Schmerzen«, lüge ich.

Beifall. In die Vorgeschichte des Stücks flechte ich ein, daß alle Familienmitglieder unter einer Erbkrankheit leiden: Sie müssen auf Krücken gehen.

Vor jeder Vorstellung bekomme ich Spritzen gegen die Schmerzen. Der Kostümwechsel dauert länger, ist teilweise fast unmöglich, aber um so mehr mache ich Witze und Extraeinlagen auf der Bühne. Schließlich bessert sich mein Zustand, wir gehen mit dem Stück nach Hamburg und Stuttgart, wo ich endlich auf die Krücken verzichten kann.

Der Erfolg bleibt uns treu. Die Presse überschlägt sich. Das »Hamburger Abendblatt« schreibt: »Das ist Schauspiel, Groteske, Komödie, Tragödie, Farce und etliches mehr zusammen. Bravo, Carl Schell.«

Die »Münchner Theaterzeitung«: »Der Schauspieler verkörpert die Verwandlungen so perfekt, daß der Zuschauer erst im 4. Akt merkt, daß er überhaupt mitspielt.«

»Bild« verleiht fünf Sterne – für eine Komödie selten. Sie schreibt: »Im Spiel beweist der Vollblutmime, daß er sein Handwerk gelernt hat. Irre komisch.«

In München spiele ich anschließend eine Verwandlungsrolle in dem TV-Film *Tödliche Freiheit*. Unter anderen Preisen bekommt der Film die Auszeichnung des Festival du film court in Nizza. Ich genieße es, für das Umschminken zwischen den Rollen am Drehort in der Maske richtig viel Zeit zu haben – jedenfalls im Vergleich zu meinen Blitzverwandlungen am Theater. Die können sich schon fast mit Zauberei messen.

New York! Im Herbst des Jahres 1978 stehen wir mit unserem Erfolgs-Stück *Es bleibt in der Familie* im New Yorker »Marymount Manhattan Theatre« auf der Bühne. Das Gastspiel – unter dem Patronat des Schweizer Generalkonsuls und der Goethe-Gesellschaft – ist auf zwei Wochen befristet. Mutti ist überglücklich. Sie, die immer stolz davon erzählt hat, daß ihre Tochter Maria so berühmt sei, daß sie in New York spiele, nimmt mich nach der Premiere in der Garderobe zärtlich bei den Händen und sagt leise: »Kinder, seid ihr euch bewußt, wir spielen in New York!« Freudentränen schimmern in ihren Augen.

Unser Stück kommt beim Publikum hervorragend an. In dieser Zeit treffe ich Jack Lemmon wieder und viele andere Freunde und Bekannte aus Hollywood, darunter Theodore Bikel und Laurence Luckinbill.

Ein Jahr später wird in Stuttgart unser Stück *Die acht Millionäre* wiederaufgenommen. Damit touren wir ein halbes Jahr lang durch Deutschland, Österreich und die Schweiz. Zu Weihnachten können wir nur drei Tage zu Hause sein, wo uns schon Stellas Eltern und unser inzwischen achtjähriger Marco erwarten. Marco, der seine Schulzeit im Internat verbringt, ist glücklich, die ganze Familie um sich zu haben. Wir sind es auch, aber wir sind übermüdet. Und wir ahnen nicht, daß die nächste Zeit für uns eine sehr schwierige sein wird.

In Zürich gerät unser Gastspiel mit den *Acht Millionären* zum Fiasko. Fast alles mißglückt auf der Bühne. Die Presse geizt nicht mit Kritik. Ausgerechnet in der Schweiz! Wir sind sehr niedergeschlagen.

Als nächstes erreicht uns im März die Nachricht, daß Stellas Vater gestorben ist. Stella ist tieftraurig. Es gilt jetzt, ihrer Mutter beizustehen.

Und drittens überrascht uns die Mitteilung, daß Immys Ehemann, Walter Kohut, der seit einiger Zeit schwerkrank ist, ins Koma gefallen ist. Einige Zeit später stirbt er. Es tut mir unendlich leid für meine jüngste Schwester, zumal sie in Walter einen Menschen gefunden hatte, mit dem sie sich seelenverwandt fühlte. Ich versuche, ihr Trost zu spenden, aber ich spüre, daß ich sie nicht erreiche. Sie arbeitet weiter, spielt Filmrollen. Wir treten in Frankfurt gemeinsam im *Blauen Bock* auf. Aber Immys Lebenswille, so scheint es, ist gebrochen.

Wir haben einen Vertrag für ein neues Stück und müssen uns darauf konzentrieren. Das ist gut so. Wir gehen mit Elke Sommer und dem *Mandarinenzimmer* auf Tournee, ebenfalls eine Komödie von Robert Thomas, aber nicht zu vergleichen mit den *Millionären*.

Im Sommer blüht der Garten in den schönsten Farben. Aber es gibt noch so viel zu tun. Ich schlüpfe in die Rolle des Hausgärtners und frage mich, ob unser Paradies wohl jemals fertig werden wird. Je mehr ich mich mit der Gestaltung des Hanges beschäftige, desto höher schraube ich meine Ansprüche. Perfekt soll es werden! Die Recherchearbeit nach seltenen Pflanzensamen hat aus mir schon einen Botanik-Experten gemacht.

Zum Jahresende verkündet Stella, daß unsere Familie sich vergrößern wird. Marco schlägt einen Purzelbaum vor Freude, und ich bin überglücklich. Aber ich muß nach Hamburg; die Proben zu *Revanche* beginnen. Wir sind wieder getrennt. In Hamburg kann ich endlich etwas Zeit mit Alexandra verbringen, meiner inzwischen zwölfjährigen Tochter, und mit Lilo Millauer. Wichtige Familienkontakte, die nicht abreißen dürfen.

Am 13. Juli 1983 in Brissago ist es dann soweit: Die gepackten Koffer in der einen Hand, Stella am anderen Arm, geht es die zweihun-

Es war Liebe auf den ersten Blick: Mit meiner Frau Stella Mooney.

71 Mit Stella bei den Dreh-
arbeiten zu dem Musical
»Mein Freund Bunbury«,
Gelsenkirchen 1970, ...

72 ... und wieder gemeinsam
»Handicap« von William
Douglas Home im Basler
Theater »Vis-à-vis«, 1973

73 Mit meiner Mutter
– unserer »Omutti« –
und Immy, 1973

74 Als Großvater mit meiner
Mutter und Stella in »unserer«
Komödie »Es bleibt in der
Familie« nach Motiven von
Louis Verneuil, Theater »Die
kleine Freiheit«, München
1975. Mit dieser Produktion
gastierten wir im Herbst 1978
in New York.

75 Privat (oben links) und in den verschiedenen Rollen der ebenfalls von mir bearbeiteten französischen Kriminalkomödie »Die acht Millionäre« von Robert Thomas, die ich mit Stella seit 1977 in verschiedenen Städten und auf Tourneen über 600mal spielte.

Nach der Uraufführung
»e acht Millionäre« im
nchner Boulevardtheater
e kleine Freiheit« am
Oktober 1977: Stella, Maria,
., Mutti, Maximilian mit
gmar Hirtz, Immy mit
ter Kohut

Rechts: Mit Elke Sommer
ich 1980 mit einer weiteren
nödie von Robert Thomas,
s Mandarinenzimmer«, auf
rnee.

Ehepaar Schell/Mooney mit
erem Sohn Marco

79 Mit Heide Ke
in dem Lustspiel
»Ankomme Dien
– stop – Fall nich
in Ohnmacht« vo
Jean Stuart, »The
im Park«, Bonn 1

80 Meine eigene
regionale Fern-
sehstation TVi
gründete ich 198
Mit Marion Crec
die mich währen
der Dreharbeite
vor laufender
Kamera zeichnet

81 … und auf
der Terrasse bei
Interview

2 Mit Stella in unserem
Zweipersonen-Komödienhit
»Bei mir zu Haus ... um
fünf?« von Pierre Chesnot,
den wir auch unter dem
Titel »Ein scharfer Cocktail«
spielten. Gala-Premiere war
am 16. Januar 1987 im Stutt-
garter Renitenz-Theater.

3 Mit unserem Töchterchen
Caroline im Winter 1990 in
unserem Garten

84–86 Unser
Tessiner Tropen-
paradies
in Brissago am
Lago Maggiore

dertundeine Stufen hinauf zum Wagen und dann in rascher Fahrt ins Spital.

Caroline erblickt das Licht der Welt.

Stellas zweites, mein sechstes Kind. Ein Mädel – zum Anbeißen. Ich bin vernarrt in das Kind! Aber wie immer können wir nicht lange ungestört Familie spielen: Ich muß nach Bonn, um dort im »Theater im Park« in dem Stück *Ankomme Dienstag – stop – fall nicht in Ohnmacht* von Jean Stuart aufzutreten. Stella soll eigentlich meine Partnerin sein, aber durch das Baby ist es noch nicht möglich. Heide Keller übernimmt ihre Rolle. Gegen Ende des Jahres aber ist Stella soweit, und wir können die Tournee gemeinsam fortsetzen.

Zum Jahresende wird Caroline getauft; Maria ist Patin, und Mutti hält den Familienzuwachs glücklich im Arm.

In den letzten Wochen des Jahres denke ich viel über meine Pläne nach. Was wird das neue Jahr 1984 bringen, was will ich, was will ich nicht? Ich sitze am Flügel, improvisiere und blicke dabei durch die Fensterfront im Wohnzimmer hinaus auf den See. Ich bin jetzt sechsundfünfzig Jahre alt, und ich suche eine neue Herausforderung.

Ein eigener Fernsehsender

Das, was ich mir für das neue Jahr wünsche, ist eine eigene regionale Fernsehstation. Ein abwegiger Gedanke?

Ich sehe es so: Hier im Tessin leben hunderttausend Menschen, deren Muttersprache Deutsch ist, und rund zwanzigtausend englischsprechende Menschen; zehn Millionen Touristen übernachten jedes Jahr am Lago Maggiore und in der Umgebung. Für all diese, so stelle ich mir vor, sollte ein regionales Programm gemacht werden, in englischer und deutscher Sprache. Es gibt derzeit noch kein Satellitenfernsehen und nur ganz wenige Kabelanschlüsse; die Zuschauer sind auf die einheimischen Sender angewiesen, die auf italienischen Kanälen senden. Mit englischsprachigen Kurznachrichten, englischen und amerikanischen Filmen in Originalversion sollte man beginnen und später ein komplettes englischsprachiges Programm ausstrahlen – neben dem kompletten deutschen.

TVi wird mein Sender heißen – TeleVision international! Das Besondere an TVi wird aber sein, daß es aufbauend wirken soll auf seine Zuschauer. TVi sendet gute Nachrichten! Ich habe genug davon zu sehen, wie die TV-Industrie das Elend einzelner Menschen und ganzer Bevölkerungsgruppen für ihre finanziellen Zwecke ausschlachtet. Schluß mit Vermarktung von Terror, Gewalt, Verbrechen, Porno, Krieg und anderen Verletzungen der Menschenwürde.

Es geht alles sehr schnell: Ich spreche verschiedene Menschen an, die ich für kompetent halte, ein solches Projekt mit aufzubauen. Wir arrangieren uns mit einem örtlichen christlichen Radiosender und schaffen gemeinsam einen Übertragungswagen und zwei Fernsehkameras an. In Ascona und Locarno richte ich Büros mit je einer Sekretärin ein. Dann werden Programme ausgearbeitet und gedruckt.

Ein Sendeplan muß aufgestellt werden. Zuerst sollen die Werbesendungen anlaufen mit ihren Tests, damit Geld hereinkommt. Bis dahin bleibt das meiste an Stella und mir hängen. Einen kleinen Teil übernehmen die Partner vom Rundfunksender. Wir telefonieren mit sämtlichen Botschaften, um Kulturfilme zu bekommen, doch das meiste müssen wir selbst produzieren, denn Raubkopien wollen wir auf keinen Fall senden.

Die Titelmusik, den Jingle für unseren Sender, schreibt uns kein Geringerer als Frank Duval, der die Musik für *Derrick, Der Alte* und viele, viele Filme mehr komponierte. Er schenkt uns die Musik – in Erinnerung an frühere Zeiten der Zusammenarbeit.

Da wir kein Studio haben, gehen wir in Restaurants oder Privathäuser mit unseren Talk-Shows. Das ist viel interessanter als in einem sterilen Studio. Stella ist für die Ressorts Jugend und Frauen verantwortlich. Wir produzieren Modetalks, und Marco, der inzwischen dreizehn ist, übernimmt die Sendungen für die Kinder und animiert die Zuschauer, Italienisch zu lernen.

Am 1. Januar 1984 ist es soweit: Ich sitze, meine Familie um mich versammelt, um Punkt acht Uhr vor dem Fernseher. Frank Duvals Melodie erklingt, und das große Signet von TVi erscheint auf dem Bildschirm. Dann halte ich eine Begrüßungsrede. Wir haben sie ein paar Tage vorher aufgenommen:

»Liebe Zuschauer, das ist eine Testsendung von TVi, TeleVision international, dem ersten unabhängigen Fernsehsender in deutscher Sprache. Unsere Idee ist, der vorwiegend pessimistischen Berichterstattung anderer Sender Aspekte der Hoffnung und des Positiven entgegenzusetzen. Ansprechen wollen wir zunächst Touristen und deutschsprachige Einwohner am Lago Maggiore. Dann die im norditalienischen Raum und Tessin, mit der Hoffnung, später über das sich bildende europäische Kabelfernsehnetz auch weitere Kreise zu erreichen. Vorgesehen ist ein reichhaltiges Unterhaltungsprogramm mit lebensbejahender Tendenz und viel Humor, Talk-Shows mit open end und Erweiterung auf Vierundzwanzig-Stunden-Betrieb.

Publikumswünsche zu erfüllen ist uns natürlich ein Bedürfnis, genauso wie die Zusammenarbeit mit unseren Zuschauern. Schreiben

Sie uns deshalb, was Sie sehen möchten, denn wir sind für Sie da, unter dem Motto: ›TVi … damit wir wieder mehr Freude am Leben haben.‹«

Es folgen die Vorstellung der Mitarbeiter und eine Talk-Show, die wir vorher aufgenommen haben.

Das Echo ist überwältigend. Die Resonanz beim Publikum ist groß, wir bekommen viel Post. Stars und Prominente senden Glückwünsche, wie Professor Karl Heinz Stroux, Karin Dor, Heide Keller, Christine Uhde, Eckart Dux. Und auch Maria schickt Grüße.

Star einer unserer ersten Sendungen ist Mutti. »Omutti«, wie sie inzwischen liebevoll genannt wird. Für das Kinderprogramm interviewt Marco seine Großmutter, die Schauspielerin Margarethe Schell Noé von Nordberg. Gemeinsam blättern sie in einem Fotoalbum, während die Fernsehkamera läuft.

»Schau mal, Schatzele«, sagt Mutti und zeigt auf ein Foto von mir, »das war dein Vati, als er noch ganz klein war, viel jünger als du jetzt.«

»Süß«, stellt Marco fest, »süß sieht er da aus.«

»Und die Frau daneben, das war ich damals.«

Marco zeigt keinerlei Kamerascheu. Munter plaudert er drauflos: »Grüß Gott, liebe Zuschauer von TVi. Ich sitze hier heute mit der Omutti, so nennen wir unsere Omi, und wir haben uns das Buch da angeschaut. Die Omutti hat mir gerade dieses wunderschöne Bild gezeigt, und das möchte ich Ihnen jetzt auch mal vorführen. Mein Papi war damals noch ganz klein. Er hatte als kleiner Junge viel Ähnlichkeit mit meinem Schwesterchen heute …«

Und so gelingt es Marco, dank des Gesprächs mit seiner achtzigjährigen Omutti, in den Zuschauern Interesse an vergangene Zeiten wachzurufen. Und Mutti – Vollblutschauspielerin – entwirft für das Publikum ein faszinierendes Bild aus alten Tagen: Ihr verbales Familienfoto der Schell-Dynastie.

»Meine Vorfahren hießen noch Noé«, fährt Omutti fort. »Das ist ein französischer Name, er stammt aus der Hugenottenzeit. Du mußt wissen, daß unsere Familie ursprünglich aus Frankreich stammte. Anfang des 18. Jahrhunderts wanderten sie nach Österreich aus. Als der Kaiser von Österreich fast hundert Jahre später meinen Urgroßvater als seinen Vertreter nach Frankreich schicken wollte, nahm der Urahn diesen ehrenvollen Auftrag mit Freuden an, wollte aber nicht gerne mit seinem französischen Namen als Gesandter in Paris auftauchen. Er war ja Österreicher und der Vertreter des österreichischen Kaiserhauses.

Als er seine Bedenken bei Hof vorbrachte, schlug man ihm vor, doch den Namen Nordberg anzunehmen. Später dann, als er von Franz dem Ersten geadelt wurde, hat er tatsächlich diesen Namen Noé von Nordberg als Adelsprädikat bekommen. In der Urkunde steht geschrieben, daß er für seine Verdienste an seinem Vaterland Österreich am französischen Hof in den Adelsstand erhoben wurde. Seitdem heißt die ganze Familie Noé von Nordberg. Der Titel ist über beide Geschlechter, über Frauen und Männer, vererbbar.

Als mein Urgroßvater später von Paris zurückkam, wurde er bis zu dessen Abdankung die rechte Hand von Metternich. Er war der letzte Stadthauptmann von Wien. Heute ist das Amt mit dem eines Polizeipräsidenten zu vergleichen.«

Marco lauscht den Erzählungen der Omutti gespannt.

»Wenn er in die Hofburg kam«, fährt Mutti fort, »mußte die ganze Wachkompanie antreten, strammstehen, und es erklang ein Trommelwirbel. Als er dann mit seinem Enkel, mit meinem Vater – also deinem Urgroßvater – an der Hand, das erste Mal hineinging – der Bub war gerade fünf Jahre alt –, da hat er das ganze Spiel vor ihm ablaufen lassen. Der Bub hat sich unwahrscheinlich gefreut und ist stolz an der Seite des Großvaters geschritten. Er hat mir das später oft erzählt, als ich noch ein kleines Mädchen war.

Zur damaligen Zeit war ein Polizeipräsident der Großstadt Wien, der Hauptstadt des ehrwürdigen österreichischen Reiches, wegen seines Amtes sehr angesehen. Deshalb war sein Sohn von Geburt an schon ein angesehenes Mitglied aus bestem Wiener Haus und wurde, als er es beim Militär zu Rang und Würden gebracht hatte, zum Adjutanten des Grafen Palffy ernannt. Er machte Geschichte bei der Schlacht von Solferino in Norditalien. Dort leistete die österreichische Seite im Kampf gegen die anstürmenden Truppen Napoleons III. einen entscheidenden Beitrag.«

Mutti hat mir die Geschichte schon oft erzählt. So wie Marco jetzt vor laufender Kamera Omuttis Geschichten gierig in sich aufsaugt, habe auch ich immer große Freude an ihren Erzählungen gehabt. Mein Urgroßvater, so erzählte sie mir einmal, wurde in jener berühmten Schlacht am Arm verletzt und hat aus dem Feldlazarett einen Brief an seine Eltern diktieren lassen, indem er seine Erlebnisse in der Schlacht schildert. Diesen Brief besitzen wir noch.

Als sich mein Urgroßvater vom Militär zurückgezogen hatte, erkannte er eine Marktlücke: Er gründete einen Fahrverein mit Pferdekutschen und eröffnete nach wenigen Jahren die Pferdepost von Wolfsberg.

Die Ur-Urgroßmutter – also die Frau des Polizeipräsidenten – brachte eine von ihren Vorfahren ererbte künstlerische Begabung mit in die Familie. Auch ihr Sohn, der Adjutant, heiratete eine Künstlerin: Sie war Opernsängerin. Der Sohn der beiden, Karl Noé von Nordberg – unser Großvater – studierte Medizin, spezialisierte sich auf Geisteskrankheiten und wurde ein über die Grenzen Österreichs hinaus bekannter Psychiater. Ich erinnere mich noch an ihn, er konnte sehr gut mit Kindern umgehen. Karl verliebte sich in Elisabeth – wieder eine Künstlerin –, die als Harfenistin schon berühmt und mit bedeutenden Musikern wie Anton Bruckner, Franz Liszt und Richard Wagner befreundet war. Bruckner verehrte meine Großmutter Elisabeth auch; er bedauerte immer wieder, daß sie mit meinem Opa einen so »schlechten Geschmack« gezeigt hätte.

Drei Kinder – Mädchen – bekamen Karl und Elisabeth. Trotz der häuslichen Belastung gab sie oft im Sanatorium ihres Mannes Konzerte, die sie aber nach und nach zugunsten der Erziehung ihrer Kinder aufgab. Unsere Mutter Margarethe und ihre zwei Schwestern wuchsen zunächst sorglos auf. Aber dann starben beide Schwestern: eine an einer schweren Infektionskrankheit, die andere ertrank beim Baden im See. Elisabeth gebar später noch einen Sohn, Carl Noé. Aber sie starb viel zu früh, und der Großvater trauerte lange um sie. Kurz vor seinem Tod heiratete er noch einmal: eine Patientin, Anni. Mutti hatte von ihrer Mutter die künstlerische Begabung geerbt und gab sie an uns weiter.

Und Vater? Seine Vorfahren stammen aus einem alten Schweizer Geschlecht, das vorübergehend nach Deutschland ausgewandert war. Der Bruder unseres Großvaters väterlicherseits brachte den Namen Schell Mitte des 19. Jahrhunderts weltweit ins Gespräch. Im Großen Brockhaus kann man seinen Namen nachschlagen. Er war Professor für Apologetik, christliche Kunstgeschichte und vergleichende Religionswissenschaft in Würzburg.

Von dem anderen Urgroßvater väterlicherseits, Fridolin Holdener, erzählt man im Familienkreis eine Anekdote. Als er elf Jahre alt war, wollte er am Fest Christi Himmelfahrt, einem örtlichen Brauch folgend, Christus für alle, die in der Wohnstube zum Gebet versammelt waren, sichtbar in den Himmel auffahren lassen.

Er kletterte auf das Dach des Wohnhauses, um die an einem dünnen Faden befestigte kleine Christusfigur durch den Kamin nach oben entschweben zu lassen.

Während nun alle gebannt zum Kamin schauten, wo die Figur eben hineingeschwebt war, vernahmen sie plötzlich ein dumpfes Poltern. Die Jesusfigur sauste mit einer erheblich größeren Geschwindigkeit zurück, als sie entschwebt war und schlug auf dem Boden des Kamins auf, wo sie zerschellte. Von draußen hörte man einen dumpfen Aufschlag und dann Geschrei. Die Leute sprangen auf, liefen vor die Tür und fanden Fridolin auf dem Boden liegend. Sein Bein war gebrochen. Er war auf dem Dachfirst abgerutscht und etliche Meter in die Tiefe gestürzt.

Natürlich war kein Arzt in der Nähe, und Geld, einen kommen zu lassen, hatte man nicht. Daher wurde das Bein, so gut es ging, zurechtgezogen und gedreht, wobei der Junge entsetzlich schrie. Dann wurden Holzscheite um das Bein gebunden, und der Bub mußte liegen.

Als die Schienen nach Wochen entfernt wurden, stellte man fest, daß Fridolin hinkte. Hinken und humpeln wurde damals eher als ein Schönheitsfehler angesehen und weniger als Makel wie heute. Fridolin wurde Schneider, denn bei dieser Arbeit konnte er meist sitzen. Als er älter wurde, entschloß er sich, nach Paris zu gehen. Die Eisenbahn war erst im Bau, also machte er sich zu Fuß auf den Weg. Er träumte davon, Pariser Schick schneidern zu lernen, von dem die Welt schon damals sprach. Zurück kam er dann mit dem Zug, der inzwischen feriggebaut worden war.

Fridolin brachte Pariser Mode nach Schwyz. Und daheim traf er nun auch seine Liebe. War es ein Zufall, daß sie auch hinkte? Ihre Eltern hatten ihr eine Imbißbude eingerichtet, wo man täglich frischgekochtes Essen kaufen konnte. Später eröffnete sie gemeinsam mit Fridolin eine Gaststätte, weil damit doch eher Geld zu verdienen war als mit dem Schneidern. Aus dem Gasthaus wurde ein Hotel, und als sie starben, waren sie reiche, angesehene Bürger des Ortes.

Drei Kinder hinterließen sie: Unsere Großmutter Anna Holdener, Fridolin junior und Tante Elise. Unsere Großmutter Anna, die Älteste, heiratete den Musikdirektor in Schwyz, unseren Großvater Ferdinand Schell. Leider war Ferdinand krank und starb schon nach vier Jahren Ehe an Lungentuberkulose, die ja damals noch unheilbar war. Aber inzwischen war unser Vater geboren worden, Hermann Ferdinand Schell, und die Familie hatte ihren Stammhalter.

Vater verlebte seine Jugend in Schwyz und besuchte das Internat des Kollegiums Maria-Hilf, genau das Internat, in dem ich selbst später Jahre verbrachte und von Heimweh gepeinigt wurde. Worunter er besonders litt, war die Tatsache, daß seine Mutter nach dem Tod ihres Mannes bald wieder heiratete, einen älteren Herrn namens Probst, und mit ihm nach Basel übersiedelte, während Vater in Schwyz im Internat bleiben mußte. Vater hat mir einmal erzählt, daß er sich zurückgesetzt fühlte. Seine Mutter in den Armen eines fremden Mannes – das war für ihn nur schwer zu ertragen. In den Ferien besuchte er seine Mutter und Herrn Probst. Die Erziehung war streng. Vater mußte auch schon früh sehr schwer arbeiten. Nach und nach wurde er eigenbrötlerisch. Im Grunde wuchs er ohne Liebe auf.

Vielleicht war das der Grund, warum er so unvorstellbar hart sein konnte. Besonders ich habe das zu spüren bekommen. Und Maria, aber sie hatte den Vorteil, ein Mädchen zu sein. Ich dagegen sollte so werden, wie er selbst nie werden konnte, aber immer sein wollte.

Doch zurück zur Fernsehstation, Omutti und dem kleinen Marco. Die *Familienstunde* von TVi kommt beim Publikum gut an. Und doch muß ich irgendwann erkennen, daß ich mich mit dem Projekt übernommen habe. Das Betreiben des Senders stellt sich als eine äußerst anstrengende Arbeit heraus. Ich stehe um fünf Uhr auf, verbringe fast den ganzen Tag mit Dreharbeiten, mache zwischendurch Talk-Shows vor geladenen Gästen, kümmere mich um Interessenten für die Werbung, sehe mir zu Hause die Sendungen an bis nach Mitternacht, analysiere sie danach selbstkritisch und erledige bis etwa zwei Uhr nachts noch wichtige Schreibarbeiten. Nun, später wird man mehr Arbeiten delegieren können. Aber bis dahin brauche ich einen langen Atem. Habe ich den? Ich beginne zu zweifeln. Denn schon jetzt fangen die sogenannten christlichen Partner an, Schwierigkeiten zu machen. Mein Programm ist ihnen zu weltlich. Und einige Politiker protestieren im Tessiner Fernsehen dagegen, daß wir in deutscher Sprache senden. Das größte Problem ist aber, daß mir durch die Überlastung nicht genügend Zeit bleibt, um Sponsoren aufzutreiben. Finanziell wird die Sache jetzt langsam brenzlig für mich.

Ich gebe auf.

Nach langwierigen Verhandlungen mit den christlichen Partnern einigen wir uns darauf, daß die ehemaligen Betreiber den Sender übernehmen, ich aber das Recht behalte, täglich zu einer guten Zeit eigene Sendungen zu integrieren.

In der letzten Sendung erkläre ich dem Fernsehpublikum die Lage, zeige eine Auswahl aus unseren besten Talk-Shows und verabschiede mich in der Hoffnung, irgendwann einmal unter besseren Bedingungen weitermachen zu können. Aber die christlichen Partner werden sehr bald vertragsbrüchig: Sie vermieten den Sender an eine italienische Station, die auch Pornofilme ausstrahlt. Ich verzichte darauf, zu prozessieren, denn ich bin total erschöpft.

Wieder einmal mußte ich einen Wunschtraum ad acta legen.

The Show must go on

Aus unserem Beton-Bungalow machte ich allmählich eine Traumvilla. Zwei Kamine innen, einer außen, drei Terrassen, eine zweite Ebene im Wohnraum aus Holzbalken, auf der ein gemütlicher Arbeitsplatz eingerichtet wird, Gästetrakt, Schwimmbad im Haus mit Whirlpool – bald bleiben keine Wünsche mehr offen. Auch der Garten wächst zu einem Paradies heran. Bei der Erfindung der Namen für die verschiedenen Klimazonen, die lauschigen Ecken und Wege, haben wir unserer Phantasie freien Lauf gelassen:
Vom Haus aus passieren wir als erstes Tropical Corner, das ist unsere halbüberdachte Sitzecke mit einem runden Steintisch, an dem wir immer, wenn es das Wetter erlaubt – und das ist im Tessin fast das ganze Jahr über –, Wein trinken und Pläne schmieden; von Tropical Corner aus durchqueren wir California, das rechts und links von kalifornischen Palmen und blühenden Wüstenpflanzen gesäumt ist. Rechter Hand führt nun eine Steintreppe hinauf zur Morgenterrasse des Gästetraktes. Aber wenn man dort nicht hinaufsteigen will, kann man die Holiday Road entlanggehen und sich nach ein paar Metern entscheiden, ob man rechts zu Stellas Corner hinaufklettert – dort wachsen verschiedene wilde Blumen und ein Küchengarten –, der von dem Romantic Way umschlossen wird. Man kann auch geradeaus flanieren, vorbei an Marcos Spielhaus, in Richtung Bamboo Forest, einem echten Wald aus dichtem, hohem Bambus; dann weiter auf der China Road, die steil hinabführt. Hier endet das Grundstück im Süden, und wir müssen senkrecht klettern, bis wir in Tahiti wieder aus dem Dickicht auftauchen. Was für ein Ort! Tahiti ist unser Glanzpunkt. Er besteht aus einem in den Fels hineinmodellierten großen Wasserbassin aus Beton, der farblich dem Naturstein angepaßt wurde – doch ich will nicht von dem Schweiß und den Mühen erzählen, die

mich der Bau dieser Anlage gekostet hat. Von Tahiti aus hat man einen traumhaften Blick hinüber nach Italien, dem wirklichen Italien, und im Sommer vergißt man hier, daß man sich in der Schweiz befindet und nicht in der Südsee. In der Nähe von Tahiti, in Banana Corner, wachsen echte Bananenpflanzen, die sogar Früchte tragen. Über Tunis Place und Argentina mit den entsprechenden, wohlausgesuchten Pflanzen kommt man nach New Zealand. Hier ändert sich die Vegetation – wir gehen gen Norden. Und tatsächlich, hier entlang der Canadian Road wachsen kanadische Fichten. Bis hinauf nach Sibirien können wir gehen, wenn wir die Vegetation des hohen, kalten Nordens erleben wollen. Eine Almhütte gibt es natürlich auch, auf halbem Weg, in Kärnten, unterhalb des Wallis. Diese Hütte habe ich für Caroline gebaut.

Das ist aber noch nicht alles! Wir haben die Schlaraffia Road, die durch das Children's Paradise for fruits führt. Aber gleich ändert sich die Stimmung wieder, denn wir sind nun auf der Wüstenstraße in Richtung Mexiko und Arizona – die entsprechende Bepflanzung findet sich hier. Der Weg endet in Little Jungle, und man muß umkehren, um durch Australia, South-Amerika, am Eukalyptus-Wood vorbei wieder Richtung Norden gehen zu können, diesmal vorbei an Italia-Mediterranean und Norwegen … Unser Garten – ein Mikrokosmos.

Die empfindlichsten Pflanzen wachsen direkt am Haus, in Tropical Corner. Im Falle eines kalten Winters sind sie hier geschützter und können außerdem noch mit Stoffen zugedeckt werden.

Im Jahr 1985 verkaufen wir einen Teil des Grundstücks oberhalb unseres Hauses. Dort werden Eigentumswohnungen gebaut, die mit einem Lift mit der Straße verbunden sind und den wir natürlich auch benutzen dürfen. Jetzt müssen wir nicht mehr die zweihundertundeine Treppenstufen den Hang hinaufsteigen, um zur Straße und zum Auto zu gelangen. Der Schräglift – er ist rot wie ein englisches Telefonhäuschen – fährt auf steilen Schienen den Berg hinauf und hinunter – in neunzig Sekunden von der Wohnung bis direkt an den Carport. Einen Sitzplatz gibt es auch.

Und noch einen Wunsch erfüllen wir uns: Ferien machen. Trotz unseres herrlichen Zuhauses haben wir das Bedürfnis, einmal etwas völlig anderes zu sehen. Wir fliegen nach Mauritius und La Réunion, zwei Inseln im südlichen Indischen Ozean. Die Kinder bleiben bei Stellas Mutter; sie sind dort am besten aufgehoben.

Zurück in Brissago, suche ich nach einem neuen Theaterstück für unsere nächste Tournee. Nach den *Acht Millionären* etwas zu finden, was ebenso erfolgreich sein könnte, ist ein schwieriges Unterfangen. Aber ich finde doch ein Stück, in dem auch Stella in mehreren Rollen brillieren kann.

Chez moi à cinque heures heißt die neue Herausforderung, eine Komödie von Pierre Chesnot. Wir nennen es *Bei mir zu Haus... um fünf?* bzw. *Ein scharfer Cocktail*.

Die Geschichte: Jean-Marc und Cécile, zwei Singles aus Paris, die im selben Haus in übereinanderliegenden Wohnungen leben, sind auf Partnersuche. Beide treffen die unterschiedlichsten Typen. Der liebestolle Jean-Marc beschäftigt sich mit einer eleganten Pariserin, einer feurigen Politesse, einer sexy Amerikanerin, einer strengen Ärztin und einer verführerischen Madame. Cécile dagegen trifft einen Skilehrer, einen verrückten Engländer, einen melancholischen Gentleman, einen seriösen Leichenbestatter und einen dubiosen Playboy. Zum Schluß lernen sich Jean-Marc und Cécile näher kennen und finden heraus, daß sie es sind, die füreinander bestimmt sind. All diese verschiedenen Charaktere sollen von mir und Stella in entsprechenden Kostümen und Masken dargestellt werden.

Während ich noch dabei bin, das Stück aus dem Französischen zu übersetzen, erreicht mich ein Anruf von RTL: Der Sender will eine Serie über die Schell-Familie drehen. Sie porträtieren Mutti, Maria, Maximilian, Immy und mich, jeden unabhängig vom anderen.

Schließlich bin ich mit meiner Übersetzung der neuen Boulevard-Komödie fertig, und ein Ort für die Weltpremiere des Stücks ist auch schon gefunden: Stuttgart. Als Regisseur scheint mir unser Freund Helmut Froschauer der Richtige zu sein, mit dem ich auch *Ankomme Dienstag ...* in Bonn geprobt habe. Froschauer und seine Frau kommen zu uns nach Brissago, um im milden Klima des Tessin an unserem Steintisch Regiebesprechung zu machen.

Am letzten Tag – es ist wunderbar warm gewesen – ziehen wir uns in bester Stimmung zum Schlafen zurück. Stella und ich müssen noch lange über die witzigen Regieeinfälle kichern, die aus Helmut nur so herausgesprudelt sind. Besonders zu der Szene, in der ein Sarg transportiert wird, waren ihm etliche makaber-komische Gags eingefallen.

Obwohl wir uns schon alle vor Lachen kringelten, war Froschauer nicht so ganz zufrieden gewesen und hatte mir beim Gute-Nacht-Sagen versprochen: »Morgen früh bekommst du von mir noch einen besseren Vorschlag. Nachts fallen mir immer die schönsten Sachen ein.«

Wir wollen gerade das Licht löschen, als Frau Froschauer an unsere Tür klopft und uns um Hilfe bittet – ihrem Mann gehe es nicht gut. Stella, die schnellere von uns beiden, springt auf und beeilt sich, ins Gästezimmer zu kommen.

Helmut Froschauer lebt nicht mehr.

Der Arzt stellt Tod durch Herzversagen fest. Eine österreichische Firma überführt die Leiche unseres Freundes nach Salzburg, wo er beerdigt wird. Immer wieder rufen wir uns den letzten Abend in Erinnerung und die Scherze, die Froschauer im Zusammenhang mit der Sargtransport-Szene gemacht hatte. Es tröstet uns, trotz allem, daß unser Freund – so kann man wirklich sagen – lachend gestorben ist.

Michaela, meine Zweitälteste, lädt uns zu ihrer Hochzeit nach Zürich ein. Sie ist jetzt fünfundzwanzig Jahre alt. Ich treffe Candida, Pia, Mutti, Immy und natürlich meinen jüngsten Sohn René, der inzwischen vierundzwanzig ist.

Um René mache ich mir Sorgen. Es ist schwer, mit ihm zu kommunizieren. Vor einigen Monaten ist er in den USA gewesen und durch einen sogenannten Freund in die Drogenszene hineingeraten. Irgend jemand muß ihm LSD in einen Drink getan haben, jedenfalls hat er von einem Tag auf den anderen angefangen, sich merkwürdig zu verhalten. Freunde von mir, bei denen er wohnte, riefen mich an und teilten mir mit, daß er sich verändert habe, und wir holten ihn in die Schweiz zurück.

Carl-René hat schon früh Interesse an der Schauspielerei gezeigt und bereits in zwei Filmen in Deutschland Rollen gespielt. In meinen Augen war er auf dem Weg zum Erfolg. In den USA wollte er seine Karriere ausbauen. Seitdem er wieder in der Schweiz ist, bekommt er psychotherapeutische Behandlung, teilweise in längeren Klinikaufenthalten.

Wir sitzen bei Michaelas Hochzeit am Tisch, und Carl-René erzählt mir, daß er gern ein Antiquitätengeschäft eröffnen wolle. Die Schauspielerei, so erklärt er, sei doch nicht seine Welt. Ich bin anderer Meinung, da ich von seinem Talent überzeugt bin, aber wenn er unbedingt einen neuen Weg einschlagen wolle – so sage ich ihm –, würde ich ihn dabei unterstützen.

Unser neues Stück braucht einen neuen Regisseur. In München und Wien, wo wir uns umsehen, finden wir keinen, der als Nachfolger für unseren verstorbenen Helmut Froschauer in Frage käme. In München proben wir für ein paar Tage in der »Kleinen Komödie« und engagieren unseren Freund Gunther Philipp, den Komiker, um von ihm Anregungen zu bekommen. Wir spielen ihm das Stück vor und diskutieren mit ihm die schwächeren Stellen. Gunther gefällt das Stück sehr, und er rät uns, ohne neuen Regisseur weiterzumachen.

Die Gala-Premiere ist für den 16. Januar 1987 im »Renitenz-Theater« in Stuttgart angesetzt. Wir proben bis ins kleinste Detail, scheuen keine Anstrengung. Die Gäste sind bereits geladen – Persönlichkeiten des öffentlichen Lebens aus Kultur, Kunst, Politik. Der Minister für Kultur und Sport, Gerhard Mayer-Vorfelder und Oberbürgermeister Dr. Manfred Rommel haben uns Ehrungen ins Programmheft geschrieben. Natürlich ist auch die ganze Schell-Familie eingeladen.

Da erreicht mich die Nachricht, daß Carl-René gestorben ist. In einem Zustand der Umnachtung soll er Löffel, Gabeln und Messer verschluckt haben. Man habe versucht, ihn zu retten, vergeblich.

Fassungslosigkeit.

Entsetzen, Ohnmacht, Schuldgefühl.

Die Premiere steht unmittelbar bevor. Es scheint mir unmöglich, alles abzusagen. Unmöglich auch die Vorstellung, in Candidas Augen zu sehen. Carl-René, auf den wir beide so stolz gewesen sind.

Und so hebt sich der Vorhang von *Ein scharfer Cocktail* zum ersten Mal, ohne daß ich der Beerdigung beiwohnen kann. Ich muß auf die Bühne, gleichgültig, in welcher seelischen Verfassung ich mich auch befinde. Stella hat spielen müssen, als ihr Vater starb, meine Mutter, als ihr Vater starb. Spielen und lachen, die Menschen unterhalten, das ist die Aufgabe des Schauspielers. Oder soll ich sagen – sein Los? The show must go on.

Die Presse zollt uns großen Beifall. Die »Westdeutsche Allgemeine« schreibt: »Unglaublich, was beide Schauspieler leisten. Ein Feuerwerk der guten Laune.«

Und die »Deutsche Presse-Agentur (dpa)«: »Carl Schell und Stella Mooney haben ihr Publikum voll überzeugt. Es gab Arme voll Blumen für die Protagonisten.«

Auf Stellas Leistung bin ich besonders stolz. Es ist ihre erste Verwandlungsrolle, und sie hat es großartig gemacht.

Nach der Vorstellung setzen wir uns zu unserer Familie. Maximilian ist auch gekommen und hat seine Freundin Natalija mitgebracht, eine Russin. Immy ist da, Maria und Mutti.

Mutti hat an meiner Stelle René zum Grab begleitet; sie ist sehr schweigsam. Natalija dagegen gibt sich fröhlich und gelassen. Immy kommt mir verändert vor, reifer zwar, aber doch auch melancholischer. Maria spielt – wie immer – Mittelpunkt.

Bis zu Pfingsten spielen wir unser Stück in Stuttgart. Dann geht's zurück nach Brissago. Blühende Büsche und Palmen empfangen uns, und bevor wir alles ausgepackt haben, setzen wir uns erschöpft, aber froh, zu Hause zu sein, in Tropical Corner an den Steintisch, um ein Glas Wein zu trinken. Die Fahrt über haben wir wunderbares Sonnenwetter gehabt, als sollten wir für die Mühen der letzten Wochen belohnt werden.

»Siehst du, wenn Engel reisen, lacht der Himmel«, hat Stella gesagt. Aber es soll anders kommen.

Vom nächsten Tag an regnet es. Es regnet nicht nur stark, es schüttet sintflutartig. Am Morgen des 9. Juni fange ich an, die Koffer für unser Gastspiel in Düsseldorf zu packen. Wir werden den *Scharfen Cocktail* auch dort spielen und anschließend damit auf Tournee gehen. Gedankenverloren stelle ich mich ans Fenster im Wohnzimmer. Ich überlege, ob ich auch an alles gedacht habe und blicke dabei über die Terrasse hinaus auf den See.

Der Garten ist verschwunden!

Ich trete auf die Terrasse, reibe mir die Augen, wünsche, aus einem Traum aufzuwachen. Aber es ist kein Traum. Von der Terrasse an abwärts ist alles verschwunden. Die blühenden Büsche, die seltenen Palmen, alles ist weg. Der ganze Hang ist abgerutscht. Meine Pflanzenfreunde, die ich jahrelang gehegt habe, liegen da, mit der Krone schräg nach unten, entwurzelt. Stella, die mir gefolgt ist, legt den Kopf an meine Schulter und weint.

Ich eile zum Telefon und rufe einen Bauunternehmer an. Was ist, wenn plötzlich das ganze Haus absackt! Ich muß eine noch größere Katastrophe verhindern.

Der Bauunternehmer bekommt den Auftrag, eine Mauer zu ziehen und damit den Rest des Hanges zu sichern. Die Versicherung, die ich benachrichtige, bedauert: sie sei für den Schaden nicht zuständig. Der Garten ist nicht Teil des Hauses.

Am nächsten Morgen müssen wir fahren. Aber ich vereinbare mit der Tourneeleitung, daß der Rest der Aufführungen verschoben wird, damit wir uns um die Wiederherstellung unseres Abhanges kümmern können.

Nach unserer Rückkehr schuften die Bauarbeiter und ich Tag und Nacht. Immer noch schüttet es wie aus Eimern. Aber Mitte Juli ist der Palmengarten zum großen Teil schon wiederhergestellt. Dennoch, von einigen Pflanzen muß ich mich für immer verabschieden.

Am 17. Juli regnet es immer noch. Das beständige Trommeln der Regentropfen auf der Terrasse dröhnt durchs ganze Haus; wir haben uns schon daran gewöhnt. Mein Körper schmerzt von der harten Arbeit im Garten. Ich krieche aus dem Bett, strecke mich und trete langsam ans Fenster, um unser Werk zu begutachten.

Wieder glaube ich an einen Alptraum, als ich hinaussehe.

»Stella!« Ich brülle, als halte mir jemand ein Messer an die Kehle. Sofort ist Stella bei mir.

Wieder ist ein Stück des Gartens verschwunden. Diesmal die zweite Hälfte, mit den noch intakten Palmen und Zierbäumen. Ein zweiter Erdrutsch. Wieder liegt alles kreuz und quer herum, Wurzeln strecken sich uns entgegen, Äste und Stämme sind abgeknickt.

Sofort alarmiere ich Bauunternehmer und Versicherungsvertreter. Was ist mit dem Haus, überlege ich verzweifelt, wird es nun doch noch absacken? Sind wir in Gefahr? Aber die Experten versichern uns einhellig, daß es auf Fels gebaut ist, und irgendwann entscheiden wir uns, darauf zu vertrauen.

Stella weint still vor sich hin. Jetzt werden auch Rechtsanwälte eingeschaltet. Sie beschuldigen sich gegenseitig. Die Unternehmer und Architekten der Häuser, die in den letzten Jahren hinter unserem Haus erbaut worden sind, lehnen die Verantwortung für falsch gelegte Abwasserleitungen ab. Schuldige scheint es nicht zu geben. Glücklicherweise kann der Bauunternehmer, der noch dabei ist, die erste Hälfte des Gartens abzustützen, gleich weitermachen und die verschütteten und abgesunkenen Wege wiederherstellen, so daß nicht allzuviel Zeit verlorengeht.

Es ist deprimierend, noch einmal ganz von vorn beginnen zu müssen. Dennoch schufte ich mit den Arbeitern, tagtäglich, monatelang. Allmählich wird das Geld knapp. Die Versicherung bezahlt fast nichts. Einen Hang fachgerecht zu befestigen verschlingt Hunderttausende. Soll ich Mutti ansprechen und sie fragen, ob ich vielleicht auf den mir später durch die Erbschaft zustehenden Teil der Alm eine Hypothek aufnehmen könnte?

Ich zögere lange, diesen Schritt zu tun. Aber dann muß ich mich dazu überwinden. Mutti ist sofort einverstanden. Sie will es nur noch mit den anderen Geschwistern besprechen.

Alle sind einverstanden.

Nur Maria nicht.

Warum ausgerechnet Maria, die bei weitem Reichste von uns allen?

Die Familie zerbricht, und unser Paradies versinkt im Erdrutsch

Warum Maria?

Ist sie neidisch? Habe ich in ihren Augen zuviel? Hier geht es lediglich um eine Anleihe, abzurechnen mit Zins und Zinseszins. Ihr würde nichts verlorengehen, sie würde mir nichts schenken müssen. Ende Oktober kommt Maria in die Schweiz, wo sie nach vielen Jahren wieder mit O. W. Fischer dreht. Sie wohnt im feudalsten Hotel in Lugano. Wir fahren zu ihr, um die Angelegenheit mit ihr zu besprechen.

»Die Alm ist Familienbesitz«, erklärt sie mir, »darauf kann man keine Hypothek aufnehmen.« Meine Mutter habe ihr ganzes Leben gespart, um den Besitz zu erhalten. Er sei unantastbar. »Außerdem sind die anderen Geschwister nicht einverstanden«, behauptet sie. Mutti hat mir das Gegenteil gesagt.

»Könntest du mir vielleicht ein Privatdarlehen geben?« frage ich meine Schwester. »Ich muß meinen Garten retten. Du hilfst damit nicht nur mir, sondern auch der Natur.«

Maria lächelt. »Dann mußt du dein Haus eben verkaufen«, sagt sie ungerührt.

Ist das wirklich Maria, meine Schwester, die Millionen verdient hat? Max frage ich nicht, obwohl er nun auch von unserem Unglück weiß. Er, der meist in den USA unterwegs ist, telefoniert mit mir einige Male. Aber da er seine Hilfe nicht anbietet, widerstrebt es mir, ihn zu bitten.

Und Immy? Immy will sofort helfen. Aber ihre finanziellen Möglichkeiten sind allzu beschränkt, ich könnte es nie zulassen.

Stella und ich sind also auf uns allein gestellt.

Ende des Jahres wirke ich bei einer großen Mondovision-Sendung zugunsten Aidskranker mit. Ohne Gage selbstverständlich, denn es handelt sich um eine Benefiz-Gala. Rund sechshundert Menschen erleben die Veranstaltung live mit, außerdem wird sie von zahlreichen Fernsehsendern später noch einmal ausgestrahlt. Mir wird die Moderation anvertraut. Ich bin stolz darauf, in einer so wichtigen und international verbreiteten Sendung mitwirken zu dürfen. Der Spendenaufruf, den ich ausspreche, verhallt nicht ungehört. Eine riesige Summe kommt zusammen, damit Aidskranken in aller Welt geholfen werden kann.

Anfang des Jahres 1988 touren wir mit unserem Stück durch ganz Deutschland, nachdem wir in Bonn mit einem Gastspiel begonnen haben. Zwischendurch besuche ich Maria in Köln, die dort zu einer Talk-Show bei Alfred Biolek geladen wurde, und mache noch einmal einen Versuch, sie bezüglich eines Darlehens positiv zu stimmen. Sie bleibt bei ihrem Nein.

Doch nun brauchen wir sie auch bald nicht mehr. Wir haben durch unsere lange Tournee recht gut verdient. Nun freuen wir uns auf zu Hause, zumal Caroline bald Geburtstag hat. Im Juni wird gefeiert – unsere Jüngste wird fünf Jahre alt –, und ich nutze die Zeit, um die Schäden der beiden Erdrutsche weiter zu beheben.

Und wieder regnet es. Ich stehe am Fenster, blicke in den Himmel, der grau und schwer über dem See hängt, und muß mich gegen das aufkeimende Gefühl von Panik wehren. Die Erfahrung der zwei Erdrutsche hat bei mir ein Trauma hinterlassen. Jetzt will ich nur positiv denken: Unsere Arbeit am Hang wird erfolgreich sein, wir werden es schaffen.

Es ist der 20. August 1988. Ich steige im Wohnzimmer die stabile Holztreppe hinauf zur zweiten Ebene, dem Arbeitsplatz, und nehme mir die Post vor. Briefe müssen beantwortet werden. Ich lasse meinen Blick aus dem kleinen Fenster hinüber zur Mauer schweifen und zu den neu gepflanzten Palmen. Ganz unten, am Fuße des Hanges, bevor der See beginnt, wird unser Grundstück vom Lago Maggiore durch eine Straße getrennt, der einzigen Straße, die diesseits des Sees nach Italien führt. Das dichte Laubdach des Kastanienwaldes schirmt unser Haus gegen die Straße ab. Ich liebe das Rauschen des Waldes, dort ganz unten, am Fuße des Abhangs; nachts im Bett lausche ich so lange, bis ich eingeschlafen bin. Es beruhigt mich, besänftigt mich, tröstet mich.

Heute aber ist alles anders. Das Rauschen klingt fremd, das Wiegen der Kronen im Wind sieht anders aus. Sie bewegen sich zur Seite, aber nicht mehr zurück wie sonst. Ist da unten jemand, der meine Bäume fällt? Ich springe vom Schreibtisch auf.

Und dann passiert es. In Wellenbewegungen wird der Wald erschüttert, erst langsam, dann schneller, und schließlich signalisiert mir ein unheilvolles Knistern, daß hier gerade etwas Entsetzliches passiert.

Während ich nach unten eile, vernehme ich von allen Seiten Krachen und Donnern. Steine rollen dröhnend den Abhang hinab, Baumstämme brechen knackend und splitternd.

Dann ist es still.

Nur das harte Prasseln des Regens ist zu hören.

Stella begegnet mir im Hausflur: »Was war das?« Wir treten ans Küchenfenster. Die Küche liegt unter dem Wohnzimmer. Man hat auch von hier eine Aussicht weit über das Grundstück bis hinunter zum See.

Der See scheint viel näher gekommen zu sein. Der Wald ist weg.

In Sekundenschnelle bin ich draußen.

Die Mauer hat gehalten. Die gesamte neue Anlage hat standgehalten. Aber unterhalb der Mauer, am unteren Teil des steilen Hanges, ist alles abgerutscht. Und dort, bei Tahiti, wo in einen Vorsprung das Felsenbassin eingearbeitet ist, gähnende Leere – wie abrasiert. Nur das Becken hat gehalten.

Es dauert lange, bis ich begreife, was ich sehe.

Von der Straße nach Italien höre ich Stimmen. Autos hupen. Ich ahne Fürchterliches. Liegen die abgestürzten Bäume etwa auf der einzigen Durchfahrtstraße nach Italien und blockieren sie? Ich rase ins Haus, springe in den Lift, stürze, oben angekommen, ins Auto und sause, so schnell es die abschüssige Serpentinenstraße erlaubt, hinunter.

Meine Kastanien versperren die Straße, sie sind bis hinunter an den See gerutscht. Die Verbindung nach Italien ist verschüttet. Was, wenn ein Bus gekommen wäre, als das passierte? Er wäre in den See gedrückt oder unter den Geröllmassen begraben worden. Alle Insassen wären vermutlich tot. Was für ein schrecklicher Gedanke! Ich stehe vor den Überresten meines Kastanienwaldes und zittere. Dabei ist heute ein besonders warmer Tag.

Feuerwehr und Polizei treffen ein, Straßenarbeiter beginnen, das Geröll beiseite zu räumen. Die Polizei untersucht, ob sich Verschüttete darunter befinden. Mir ist übel. Gemeinsam mit den drei Straßenarbeitern bemühe ich mich, die Straße freizuschippen. Der Verkehr muß einen großen Umweg um das halbe Seebecken machen zu einer Fähre, die beide Seeufer miteinander verbindet. Erst nach zwei Tagen ist die Straße wieder frei.

Sollen wir aufgeben? Unser Paradies verlassen, das zur Hölle geworden ist?

Ich ziehe Bilanz: Der Gesamtschaden ist diesmal höher als vorher. Aber von den teuren Pflanzen ist keine beschädigt worden. Und Haus und Badebecken stehen stabil im Fels. Kein Grund zu kapitulieren.

Wieder die Frage: Wer ist schuld? Das Wetter? Noch nie zuvor hat es hier in der Gegend so viel geregnet. Wieder streiten sich die Rechtsanwälte. Ingenieure des Kantons, Gutachter, Förster und Straßenbauingenieure geben sich von nun an bei uns die Klinke in die Hand. Nachdenklich betrachte ich die Inschrift über dem Eingang unseres Hauses: Casa Esperanza ...

Wo ist meine Hoffnung geblieben? Ich befürchte, am Ende meiner Kräfte angekommen zu sein. In meiner Verzweiflung rufe ich Maria an. Sie sagt: »Macht euch keine Sorgen, es geht schon mal wieder aufwärts!«

Nette Worte. Ich telefoniere mit Mutti, und sie verspricht mir, etwas mit der Alm zu unternehmen, damit sie in der Lage ist, uns helfen zu können.

Dann eines Tages: Brustschmerzen. Ein Herzanfall.

Der Arzt verordnet mir Ruhe. Keine Aufregung, keinen Streß.

Leicht gesagt! Die Tournee muß weitergehen, wir sind auf die Einnahmen angewiesen. Ich versuche, alles leichter zu nehmen, aber das fällt mir schwer, unendlich schwer. Gegen Ende des Jahres ereilt uns ein Triumph: Kanton und Bund werden den Löwenanteil der Befestigungsarbeiten meines Grundstückes zahlen. Wir sind gerettet.

Jeden Morgen nach dem Aufwachen werfe ich als erstes einen Blick auf den Garten. Und jeden Morgen ist da dieses leichte innere Zittern, das erst vergeht, wenn ich mich vergewissert habe: Die Pflanzen stehen noch. Die Mauer hält. Ich weiß, es wird lange dauern, bis sich diese Anspannung in mir wieder verlieren wird.

Anfang des Jahres 1990 bekomme ich einen Anruf der »Badischen Kammerschauspiele« in Karlsruhe: »Wir lieben Sie als Komödianten. Aber hätten Sie auch einmal Interesse, ein heißes Eisen anzupacken?«

Ich soll ein Theaterstück über Chemie und Umwelt inszenieren. Keine leichte Aufgabe. Aber kommt sie nicht genau zur rechten Zeit? Bin ich nicht gerade selbst dabei, verzweifelt um die Erhaltung der Natur zu kämpfen, und sei es auch nur auf meinem eigenen Grundstück? Ich sage zu.

Das Stück heißt *Auftritt für Bläule*, der Autor ist Willy Georgi. Nach einer Betriebsstörung in einem Chemiewerk gelangt ein giftiger Farbstoff durch ein Leck in der Kläranlage in das Abwasser. Die Bevölkerung gerät in Panik, als sich der Fluß rot färbt. Die Behörden stellen sich zunächst taub. Schließlich soll Ministerialrat Bläule vom Referat für Umweltschutz die Panne aufklären. Die Aussage des Stückes ist, daß der Umgang mit Chemie heute besonderer Verantwortung und Kontrolle bedarf, daß aber ohne Chemie unser Leben nicht mehr denkbar ist. Für die Inszenierung besuchen wir die Firma Bayer in Leverkusen und lassen uns unter anderem ihre riesigen Gewässerschutzanlagen zeigen.

Wo immer wir mit *Bläule* auftreten – wir gehen damit auf Tournee –, entbrennen heftige Diskussionen. Es ist ein gutes Gefühl, mit einem Theaterstück dazu beizutragen, daß wichtige umweltpolitische Fragen diskutiert werden. Aber so eine Tournee fordert von allen Beteiligten eine enorme Kraft. Mein Herz ist seit jenem Anfall im letzten Jahr geschwächt.

Vera Kálmán, Ehefrau des Komponisten Emmerich Kálmán und eine gute Freundin von uns, bittet mich, ein Stück über ihr Leben zu schreiben. Sie ist eine faszinierende Frau, einer der Menschen, die bis ins hohe Alter jung wirken. Vera Kálmán soll dem Seitensprung eines Mitglieds der Zarenfamilie entstammen. Ihre Mutter kannte Rasputin.

»Ich wünsche mir ein Musical, Carl«, sagt sie, »schreib mir ein Musical über mein Leben.«

Ihr Mann, Emmerich Kálmán, war, wie sein Landsmann Franz Lehár, einer der großen Komponisten der »silbernen« Operettenära nach 1900. Der 1882 in Ungarn geborene Kálmán hat einen eigenen Typ der ungarisch-wienerischen Operette geschaffen, so wie seine Kollegen Paul Lincke die Berliner und Johann Strauß die Wiener Operette entscheidend prägten. Seine Glanzwerke sind *Die Csárdásfürstin* und *Gräfin Mariza*, die weltweit gespielt werden. Kálmán ist schon 1953 gestorben.

Wir besuchen Vera an ihrem Wohnsitz bei Monte Carlo. Sie erzählt mir ihr Leben. Ein Teil der Musik soll von ihrem Sohn Charles geschrieben werden, die übrige Musik wird aus Werken ihres Mannes bestehen. Ich ziehe mich für einige Wochen in mein Paradies zurück und beginne zu schreiben. Vera gefallen meine Entwürfe sehr gut, aber es gibt Schwierigkeiten mit Verlegern. Das Projekt wird auf Eis gelegt.

Im Mai gehen wir wieder auf Deutschlandtournee mit unserem derzeitigen Erfolgsstück *Ein scharfer Cocktail*. Pfingsten verbringen wir in Wasserburg bei Maria. Mutti feiert ihren fünfundachtzigsten Geburtstag und möchte all ihre Lieben um sich haben. Sie lebt jetzt bei Maria und ist nur noch selten auf der Alm. Wir ahnen nicht, daß es das letzte Mal sein wird, daß die ganze Schell-Familie sich privat trifft. Kurz nach Muttis Geburtstag streikt mein Herz, und ich muß für mehrere Wochen nach Zürich in die Klinik.

Parallel zu unserem Erdrutsch in Brissago hat es auch einen großen politischen Erdrutsch in Europa gegeben: Die Berliner Mauer ist gefallen und damit die Grenzen zwischen West und Ost. Im September 1990 gehen wir daher mit unserem *Scharfen Cocktail* auf Tournee durch die ehemalige DDR. Wir übernachten in Hotels mit katastrophalem Standard und in modernen ehemaligen Wohnungen von Staatsfunktionären. Die Wende erleben wir hautnah.

Anschließend geben wir ein Gastspiel in Hamburg – eine willkommene Gelegenheit, um Lilo und Alexandra wiederzusehen.

Im Spätherbst dürfen einmal wir im Theaterparkett sitzen: Unsere Jüngste, Caroline, spielt in einem Kindertheaterstück mit. Sie geht jetzt in die erste Grundschulklasse. Wir sind stolze Eltern. Vor Weihnachten fahre ich noch nach Karlsruhe, um in dem neuesten Stück von Bernd Späth Regie zu führen. Umweltkabarett. Der Titel: *Fenster auf – durchatmen.*

Inzwischen habe ich mehrmals mit Mutti telefoniert, und ihre Stimme klingt immer müde. Sie wirkt apathisch, fast gequält. Stella und ich beschließen, sie zu besuchen. Maria ist gerade unterwegs, um eine neue, auf sie zugeschnittene Fernsehserie, *Eine glückliche Familie,* zu drehen, als wir in ihrer neuer Münchner Wohnung eintreffen. Mutti begrüßt uns freudig, aber unendlich müde.

Wir schauen uns um. Eine teure, aber unpraktische Wohnung. Alle Zimmer gehen von einem zentralen Wohnraum aus. Das heißt, wenn Mutti von ihrem Zimmer aus zum Bad muß und Maria im Wohnzimmer sitzt und Besuch hat, gibt es für Mutti keine Privatsphäre. Marias Freund, Rodion Schtschedrin, ein Komponist aus Rußland, ist zur Zeit nicht in der Stadt. Sein Zimmer ist groß und feudal eingerichtet. Prunkstück ist ein sehr wertvolles Piano, das Maria ihm geschenkt hat – und das man auch mit Kopfhörern spielen kann.

Muttis Zimmer dagegen ist klein und ungemütlich.

Ich frage Maria, was ihrer Einschätzung nach mit Mutti los sei. Sie habe Halluzinationen, ist die knappe Antwort. Halluzinationen? Mutti, die immer mit beiden Beinen im Leben stand?

Während Stella ein Gespräch mit Mutti führt, sehe ich mich ein wenig im Zimmer um. Auf dem Nachtkästchen finde ich Beruhigungs- und Schlaftabletten.

Ich bitte Maria, darauf zu achten, daß Mutti diese Tabletten absetzt, und darum, sie auf die Alm nach Kärnten zurückzubringen, wo sie sich immer am wohlsten gefühlt hat. Ich muß lange auf Maria einreden, bevor sie mir endlich verspricht, Mutti nach Kärnten zu bringen.

Das Thema Anleihe bringe ich Maria gegenüber nicht mehr zur Sprache. Dadurch, daß Bund und Kanton sich nun beteiligen, bin ich nicht mehr darauf angewiesen. Um so überraschter bin ich, als am 22. Februar 1991 bei uns in Brissago das Telefon klingelt und Maria von sich aus auf das Thema zu sprechen kommt. Sie hat Mutti zur Alm zurückbegleitet.

»Ich habe recherchiert, Carl«, sagt sie, »und ich weiß jetzt, daß die Alm rund zwei Millionen Franken wert ist.«

»Du willst dich also doch darauf einlassen, Maria?«

»Ich will euch doch helfen.«

Ich zögere. »Weißt, Maria, es ist eigentlich gar nicht mehr ...«

»Wenn du einverstanden bist«, unterbricht Maria mich, »würde ich dir in den nächsten zehn Jahren deinen Anteil ausbezahlen, also eine halbe Million Franken auf zehn Raten verteilt.«

»Auf zehn Raten ...«, wiederhole ich.

»Ja. Und damit sind dann deine Anrechte auf die Alm erloschen.«

»Ich werde darüber nachdenken, Maria.«

Ich rechne nach. Mir gehört ein Viertel der Alm. Wenn Maria 500 000 Franken als Festgeld zu 10 Prozent Zinsen anlegen würde, bekäme sie pro Jahr 50 000 Franken allein an Zinsen. Diese Zinsen würde sie mir dann überweisen – als meinen »Anteil« an der Alm – und besäße am Ende noch immer die 500 000 Franken, das Festgeld, ohne daß es um einen Franken weniger geworden wäre.

Ein gutes Geschäft – für Maria!

Meine Antwort bekommt sie schriftlich, am nächsten Tag, dem 23. Februar 1991. Natürlich lehne ich ab.

Aber Maria hat schon einen Vertrag aufgesetzt. Was ich zu diesem Zeitpunkt nicht weiß, aber wenig später natürlich erfahre, ist, daß Maria bereits einen Tag, bevor sie mich anrief, am 21. Februar 1991, mit Mutti im Schlepptau einen Vertrag mit einem Notar gemacht hat. Darin bin ich als Empfänger des Geldes vorgesehen, so wie sie es mir sagte, über zehn Jahre verteilt. Muttis Unterschrift ist kaum zu lesen. Ich bin schockiert.

Maria hat Mutti also in der Zwischenzeit das Einverständnis entlockt, die Alm zu Lebzeiten an uns Kinder zu übergeben. Sie selbst – so weist es der Vertrag aus – sollte die Hälfte der Alm, Max und Immy je ein Viertel bekommen, und ich von ihr eine Auszahlung ohne Zinsen und ohne Grundbuchrechte.

Was wird hier gespielt? Wut überkommt mich. Daß Maria es übers Herz bringt, unserer Mutter ihren einzigen Besitz abzuluchsen, sie, die eben noch behauptete, die Alm dürfe nicht angetastet werden, macht mich rasend.

Was tun? Mit Mutti telefonieren? Nein. Ich will sie, die mir sehr geschwächt vorkommt, nicht noch mehr belasten. Die Gelegenheit ergibt sich einige Wochen später, nach einer Gastspielreise in Deutschland, als Maria mich anruft und uns fragt, ob wir Mutti nicht für eine Weile nach Brissago holen könnten. Sie wolle gern einmal mit Schtschedrin alleine sein. Natürlich sage ich sofort zu. Wir freuen uns, Mutti einmal bei uns haben zu können.

In Lugano am Flughafen schließe ich sie in meine Arme. Sie macht einen erschöpften, abwesenden Eindruck. Zu Hause bekommt sie das schönste Zimmer im Gästetrakt, das sie sich früher einmal als ihr Zimmer ausgesucht hat. Sie soll sich richtig ausruhen. Ich bitte sie, von jetzt an keine Beruhigungsmittel mehr zu nehmen.

Statt dessen gebe ich ihr verschiedene Vitamintabletten, die mir mein Arzt für Mutti empfohlen hat. Nach ein paar Tagen wird sie wieder zu der Frau, die ich seit meiner Kindheit kenne. Umsorgt von Stella, beginnt sie, das Leben in unserem wiederhergestellten Paradies zu genießen.

Eines Tages setze ich mich zu ihr in den Garten und spreche über den Almvertrag.

Mutti blickt mich erstaunt an. »War das denn nicht dein Wunsch?«

»Wie sollte ich so etwas wünschen, Mutti?« frage ich überrascht. »Ich wollte lediglich, daß du für mich auf meinen Anteil eine Hypothek aufnimmst.«

Und ich erfahre, daß Maria behauptet hat, ich wolle meinen Anteil ausgezahlt bekommen. Es habe ihr sehr weh getan, sagt Mutti, daß ich mich so sang- und klanglos von der Alm habe zurückziehen wollen. Das Schriftstück habe sie unterschrieben, ohne es vorher durchzulesen. Sie habe sich so verwirrt gefühlt.

Wir einigen uns darauf, den Vertrag zu widerrufen und die Alm nicht schon zu Mutters Lebzeiten zu verteilen. Wenn Mutter die Alm aber als Erbteil aufteilen wolle, sage ich zu ihr, dann auf alle vier Kinder gleichmäßig. Dann könne jeder damit machen, was er wolle, und sie bliebe die Besitzerin. Mutti ist sichtlich erleichtert. Sie erholt sich von Tag zu Tag mehr. Und jetzt drängt es sie, auf die Alm zu fahren, um die Vertrags-Angelegenheiten in Ordnung zu bringen.

Marias dramatischer Selbstmordversuch
und Immys Tod

Am 20. April erreicht uns die Nachricht, Maria habe Selbstmord begangen. Ich erfahre es durch die Presse, die bei uns anruft, um nähere Einzelheiten von mir zu hören.

Es trifft mich wie ein Keulenschlag.

Reporter bombardieren mich mit Anrufen. Ich weiß selbst noch nichts Genaueres, kann gar keine Antworten geben. Von Marias Kindern Marie-Theres und Oliver, die ich in München anrufe, höre ich dann, daß Marie-Theres ihre Mutter in der Münchner Wohnung bewußtslos aufgefunden habe – mit einer Überdosis von Schlaf- und Beruhigungsmitteln. Sie sei aber am Leben. Man habe ihr den Magen ausgepumpt.

Ich verbringe den Abend an meinem Schreibtisch und lasse meine Gedanken schweifen. Maria, einst meine Lieblingsschwester, hat mich in den letzten Jahren oft enttäuscht und wütend gemacht. Aber sie ist meine Schwester. Natürlich mache ich mir Sorgen um sie.

Erinnerungen tauchen auf. Früheste Kindheit, die Jagdhütte auf der Alm in Kärnten. Die Kommode, auf die ein hölzernes Kinderbettchen mit Gitterstäben montiert ist. Die Kommode hatte eine große Schublade. Diese Lade wurde ebenfalls als Bettchen benutzt, von dem jeweils älteren Kind. Maria, die am 15. Januar 1926 als erstes Kind meiner Eltern geboren wurde, hat natürlich anfangs im Gitterbettchen gelegen. Im November 1927 kam ich dazu, und Maria zog in die Schublade um.

Irgendwann, als ich weinte – ich erinnere mich noch genau –, tauchte ein liebliches Gesicht zwischen den Gitterstäben auf und flüsterte mir zu: »Budale, sei bitte still!«

Es war Maria. Wie ein Engel. Bis zu Marias fünftem Lebensjahr waren sie und ich die einzigen Kinder in der Familie. 1930 kam Maximilian dazu, 1934 Immy. Aber Maria blieb immer meine Lieblings-schwester, weil uns vieles verband, was die anderen noch nicht mit-erlebt hatten. Wir waren unbeschwert, besonders auf der Alm, im Sommer. Wir kletterten auf Kirschbäume, sprangen von den Balken des Heustadels in frisches, duftendes Heu, streichelten die vielen Tiere: Katzen, Hunde, Kühe, Schweine. Gritli riefen wir Maria oder Mörele, wenn sie richtig lieb war. Erst mit sechzehn Jahren nannte sie sich Maria.

In der Pubertät – wir waren inzwischen in die Schweiz emigriert – mußte Maria für ein Jahr ins Internat eines elsässischen Klosters. Da-mals war mir nicht bewußt, daß Maria dort nicht glücklich war. Sie brachte perfekte französische Sprachkenntnisse mit nach Hause, was ihr bei ihrer späteren Karriere ungeheuer nützte. Aber sie selbst sagt zu dem Internats-Aufenthalt, daß man sie dort zwang, ihre aufkei-menden weiblichen Regungen und ihr Denken zu unterdrücken.

Maria ist wie ein Komet am Karrierehimmel aufgestiegen. Ich halte sie für eine der größten Schauspielerinnen der Nachkriegszeit. Über siebzig Kinofilme hat sie gedreht, von denen *Solange Du da bist, Die Ratten, Rose Bernd* und *Die Brüder Karamasow* am bekanntesten wurden. Auch *Der träumende Mund,* in dem sie in O. W. Fischers Ar-men liegt, oder *Bis wir uns wiederseh'n*, ein Film, in dem sie mich be-sonders begeistert hat. In *Die letzte Brücke* schluchzten Millionen mit ihr. Dann kamen Luchino Viscontis *Le notti bianche/Weiße Nächte* mit Marcello Mastroianni und Jean Marais – und *The Han-ging Tree/Der Galgenbaum* mit Gary Cooper, *Cimarron* mit Glenn Ford u. v. a.

An ihre Erfolge der fünfziger und sechziger Jahre konnte sie später nicht mehr recht anknüpfen. Sie hat herbe Kritik einstecken müssen. Aber es schien sie nicht zu irritieren. Mit sechsunddreißig Jahren, 1962, bekam sie ihren Sohn Oliver, der später Musiker geworden ist. Nach ihrer Scheidung von Horst Hächler heiratete Maria Veit Relin und war schon mit Marie-Theres schwanger, die 1966 geboren wurde und später schauspielerisches Talent zeigte. Die Ehe mit Veit ist 1988 geschieden; Veit und ich sind heute noch sehr gute Freunde. Maria lernte dann noch diesen und jenen Mann kennen, bis sie sich in den mit einer weltberühmten russischen Ballerina verheirateten Rodion Schtschedrin verliebte.

Ob er jetzt wohl bei ihr ist?

Ich bleibe bis zum Morgengrauen wach. Dann rufe ich im Krankenhaus in München an. Es geht ihr besser, sagt man mir. Warum könnte meine Schwester des Lebens überdrüssig sein? Ich sehe nur zwei Gründe: Entweder Schtschedrin hat sie verlassen – oder Maria hat sich finanziell übernommen. Aber wie soll sie das fertiggebracht haben? Sie hat immer Traum-Gagen bezogen, hat immer sehr viel Geld besessen, hat gerade noch vor kurzem die Erfolgsserie *Eine glückliche Familie* abgedreht und enorm daran verdient. Aber sie hat sich auch nie bescheiden können.

Maria erholt sich schnell. Wir spielen jetzt in München das Stück *Bei mir zu Haus ... um fünf?* und besuchen sie öfter. Aber wir sprechen weder über den Selbstmord-Versuch noch über den Vertrag. Auch Maximilian sehen wir gelegentlich, am häufigsten aber sind wir mit Immy zusammen, die bei unserer Premiere im Parkett saß.

Kaum sind wir wieder zu Hause in Brissago, erreicht uns die Nachricht, daß Immy in Wien einen schweren Verkehrsunfall gehabt hat und im Krankenhaus liegt. Maria, mit der wir telefonieren, sagt, sie wolle nach Immy sehen, es sei jetzt nicht nötig, daß wir kommen.

Ich kümmere mich wieder um meinen Garten und damit auch um meine Gesundheit, denn mein Herz braucht immer wieder Schonung, wie ich spüre. Stella und ich planen, Immy zu uns einzuladen, sobald sie wieder aus dem Krankenhaus entlassen ist.

Schließlich entscheiden wir uns nach einigen Wochen, Mutti auf der Alm in Kärnten zu besuchen und dabei auf dem Rückweg Immy im Krankenhaus zu überraschen.

Mutti hat den Vertrag storniert, und wir fahren gemeinsam zum Notar, um die besprochene Neufassung festzulegen. Wir verleben wunderschöne, entspannte Tage mit einer ausgeglichenen Mutter. Dann verabschieden wir uns und reisen nach Wien, um Immy zu sehen.

Als wir dort ankommen, ist Immys Zimmer leer. Sie sei mit einer Bekannten unterwegs, heißt es. Wir sind zwar enttäuscht, daß wir sie nicht sehen, aber erleichtert, daß es ihr wieder besser zu gehen scheint. Jetzt erfahren wir auch, daß bei dem Unfall ein betrunkener Autofahrer ihren Wagen seitlich gerammt hat – dort, wo Immy saß. Er habe ihre Vorfahrt nicht beachtet. Wir hinterlassen ein paar Geschenke für Immy und Grüße und machen uns auf den Heimweg ins Tessin.

In den darauffolgenden Monaten – erste Jahreshälfte 1992 – wird unser Garten noch besser befestigt. Bis zu dreißig Meter tiefe Bohrungen werden in den Stein getrieben. Die Mauer ist jetzt komplett. Aber der Abschluß ist noch unzureichend. Ich setze mich an den Schreibtisch und zeichne meine Wunschvorstellung von einem schönen Geländer auf – und finde einige Zeit später genau so eine klassische, aus Stein gehauene Abgrenzung in Italien.

Die Empore wird aufgestellt und zementiert. »Wie aus dem Märchen«, ruft Stella begeistert aus. Und ich muß ihr recht geben.

Zwischendurch telefoniere ich mit Immy in Wien, die aus dem Krankenhaus entlassen wurde. Es scheint ihr besser zu gehen. Ich lade sie ein, zu uns zu kommen, wenn wir die gröbsten Gartenarbeiten hinter uns gebracht haben.

Zum Geburtstag hatte mir Stella eine Dattelpalme geschenkt, die aus Tunis stammt. Ein Hubschrauber schwebt über unserem Haus, um den grünen Freund behutsam auf unser Grundstück niederzulassen.

Dann der Anruf von Maria: Immy gehe es schlechter, sie sei wieder ins Krankenhaus eingeliefert worden. Es ist der 11. August 1992. Sofort rufe ich Immy an. Sie ist anders als sonst, sehr unruhig.

In der Nacht zum 13. August klingelt gegen vier Uhr das Telefon. Ich bin sofort hellwach.

Maria ist am Apparat: »Immy ist tot.«

Ich bin wie gelähmt. Will es nicht glauben. Und muß es doch begreifen. Der Schmerz in meiner Brust wird unerträglich: Stella ruft einen Arzt, und ich muß in die Klinik.

Am 20. August fliegen wir nach Wien, um Immy das letzte Geleit zu geben. Wir nehmen Caroline mit. Es geht mir nicht gut, aber mein

Zustand ist nicht lebensbedrohlich. Maria hat in einem der besten Hotels von Wien für Max und Familie eine Suite reservieren lassen. Auch für uns, allerdings eine kleinere. Als ich höre, was die Suiten kosten, bin ich erstaunt – ein Vermögen. Auch das Dinner und ein Nachtessen für viele Gäste sind von erstklassiger Qualität.

Später muß ich erfahren, daß Maria alles von Immys Konto bezahlt hat. Am nächsten Vormittag – es ist Freitag – wird unsere Schwester beerdigt. Schweigend folgen wir dem Wagen mit dem Sarg bis zu der Stelle, wo ihr Mann Walter Kohut begraben liegt. Ich fühle mich hilflos, hatte gar keine Zeit, Abschied zu nehmen. Immy – warum?

Immy war die Zarteste von uns allen.

Als Immy am 11. Feburar 1934 in Wien geboren wurde, war die Welt in Aufruhr. Immy merkte davon natürlich nichts. Von uns Geschwistern wurde sie verwöhnt. Immely – Beeli – Pantschuli nannten wir sie, oder kurz: das Beeli. Jeder wollte mit ihr Baby spielen. Wenn wir im Sommer auf der Alm mit Mutti spazierengingen, waren Immys Mund und das Gesichtchen ganz schwarz von den Beeren, die wir ihr zusteckten. Sie lag meist in einem kleinen Korb, und jeder wollte sie gerne tragen. Beim Heuhupfen nahm sie immer einer von uns in den Arm und sprang an der tiefsten Stelle ins Heu.

Als wir aber 1938 in die Schweiz zogen, kam Immy in das Kinderheim Paradiesl in Brunnen. Sie war erst vier. Dort blieb sie viele Jahre. Sie hatte großes Heimweh, denn die katholischen Ordensschwestern gingen nicht gerade zimperlich mit ihr um. Sie hat mir das später einmal erzählt. Ich war zur gleichen Zeit im Kollegium in Schwyz und litt ebenfalls unter großem Heimweh. Irgendwann verlangte ich von meinen Eltern, daß sie mich nach Hause zurückholten. Anders Immely. Sie wagte es nicht, für sich zu kämpfen. Ich kann nicht verstehen, warum sie so lange im Kinderheim bleiben mußte. In den Sommerferien waren wir natürlich immer zusammen, in der Villa Wesendonck in Zürich. Immy hatte eine sehr warme, liebevolle Ausstrahlung. Ich erinnere mich an unsere damaligen Spiele: Wir saßen in den Bäumen, wenn die Kirschen oder die

Zwetschgen reif waren, und naschten um die Wette, oder wir spielten im Haus Eile mit Weile, Schwarzer Peter oder Mensch ärgere dich nicht.

Ich verließ dann die Familie, weil ich für mich unter dem väterlichen Druck keinen anderen Ausweg sah. Als ich Immy wiedertraf, war sie erwachsen geworden und dabei, auf der Bühne erfolgreich zu sein. Während ich in Brasilien war, hatte sie sich entschieden, die Schauspielerei zu ihrem Beruf zu machen. Nach der Schauspielschule bekam sie auch sofort eine Chance an der Basler Komödie. Die Hauptrolle in dem Stück unseres Vaters *Auf Befehl der Kaiserin* spielte sie brillant. Dann meldete sich das Stadttheater Luzern bei ihr mit einem Engagement. Kurz darauf spielte sie das Gretchen neben Leopold Biberti als Faust in Basel und bei den Bad Hersfelder Festspielen an der Seite von Ida Ehre die Beatrice in Schillers *Die Braut von Messina*.

Immy verstand sich mit allen Geschwistern gleich gut. Ihre große Schwester Maria verehrte sie, aber unweigerlich wurden sie zu Konkurrentinnen. Maria »riet« ihr, den Namen zu ändern, was Immy leider auch befolgte. Unter dem Namen Editha Nordberg erhielt sie ein Engagement am Düsseldorfer Schauspielhaus unter Karl Heinz Stroux und die Hauptrolle in dem Film *Nachtschwester Ingeborg*. In dem Fernsehfilm *Der Schwierige* spielte sie mit O. W. Fischer zusammen, der von Immy begeistert war. Außerdem in *Der Kidnapper*, *Der Fall Henschel* und *Wenige Schritte*, alles TV-Produktionen der ARD. Wie schon erwähnt nannte sie sich auf Anraten von uns allen später wieder Immy Schell.

Immy lernte den Schauspieler Walter Kohut kennen und blühte auf. Als Kohut aufgrund seiner schweren Krankheit ins Koma fiel, versuchte sie, kraft ihrer Liebe ihn wieder ins Leben zurückzuholen. Es gelang ihr nicht. Mit ihm starb alles, was Immy das Dasein lebenswert machte. Sie war erst achtundfünfzig Jahre alt.

Ich hatte Immy nach meiner Rückkehr aus Amerika anstelle Marias zu meiner Lieblingsschwester erkoren, nachdem ich sie – die mir zunächst fremder war als Maria – besser kennenlernen durfte.

Der Sarg wird in die Gruft gelassen. Musiker, die Maximilian engagiert hat, spielen Immys Lieblingslied, das Hobellied des österreichischen Dichters Johann Nepomuk Nestroy:

> … Holt mich der Tod einst mit Verlaub
> und sagt mir, Brüderl, geh,
> dann leg ich meinen Hobel hin
> und sag der Welt: Ade.

Ich sehe, wie Maximilian an den Rand des Grabes tritt und ihr zum Abschied noch etwas sagen möchte. Aber er bringt nur wenig über die Lippen. Mit tränenerstickter Stimme sagt er leise: »Immy, leb wohl.«

Wir verlassen die Grabstelle und bewegen uns in Richtung Ausgang. Die gesamte Schell- und Noé-Familie und viele Bekannte und Freunde aus der ganzen Welt sind gekommen. Auch der Friedhofsdirektor befindet sich im Zug der Trauernden. Immy hatte ihn kennengelernt, weil sie das Grab ihres verstorbenen Mannes so oft besucht hatte. Wir bleiben noch eine Weile stehen und sprechen mit ihm über Immy. Caroline schaut sich derweil ein wenig um und entdeckt die Katze des Direktors und ihre acht Wochen alten Jungen. Sie ist entzückt von den Katzenbabys und bittet uns, eines auf den Arm nehmen zu dürfen.

»Möchtest du es haben?« fragt der Direktor freundlich.

Carolines Augen leuchten auf. Fragend und bittend blickt sie mich an. Ich nicke.

Wir nehmen das Kätzchen mit ins Hotel, bauen dort aus Kleidungsstücken ein Bettchen und legen es zum Schlafen hinein. Anschließend fahren wir zum Essen in Immys Lieblingslokal nach Grinzing. »Maria und Maximilian Schell laden ein …«, heißt es auf der Karte. Warum werde ich ausgeschlossen? Die Rechnung des Abends wird dennoch, wie auch alles andere, aus Immys Nachlaß bezahlt, ohne daß ich das zu diesem Zeitpunkt weiß. Der Bissen wäre mir im Hals steckengeblieben.

In der Nacht schlafe ich schlecht. Vieles geht mir durch den Kopf. Als der Morgen dämmert, überfällt mich endlich der Schlaf. Um neun Uhr werde ich vom Läuten des Telefons aufgeweckt. Marias Sekretärin ist am Apparat. Sie bittet mich um eine Unterredung.

Was mag Marias Vertraute auf dem Herzen haben? Es ist doch wohl nicht schon wieder etwas Schreckliches passiert? Ich bin noch ein wenig schlaftrunken, als die Dame an unserer Suite klopft.

»Ich habe einen Advokaten auftreiben können, trotz des Wochenendes«, verkündet sie stolz.

Ich begreife nicht. Soll ich sie für etwas loben, das ich ihr nicht aufgetragen habe?

»Sie können jetzt den neuen Vertrag für die Alm unterzeichnen«, fährt die Besucherin unbeirrt fort und hält mir das Vertragspapier unter die Nase.

Ich muß mich setzen. Marias Pietätlosigkeit ist kaum zu überbieten.

»Senden Sie mir den Vertrag nach Brissago«, sage ich und muß mich sehr zusammenreißen. »Jetzt ist wirklich nicht der rechte Augenblick.«

Den letzten Tag in Wien möchte ich im Gedenken an Immy verbringen. Gemeinsam mit Mutti fahren wir zu Immys Lieblingsplatz, dem Prater, und anschließend in ihre Wohnung. Man sieht Immys Zuhause an, daß sie dort mit ihrem Mann glücklich gewesen ist. Kostbare Kleinigkeiten, liebevolle Geschenke, Liebesbeweise zieren die Zimmer. Schöne antike Möbel, wertvolle Bilder zeugen von Immys Kunstsinn und Geschmack. Maria erklärt, daß sie die Wohnungsauflösung in die Hand nehmen wolle und jedem ein Teil zur Erinnerung an Immy zukommen lassen würde. Ich ahne nicht, daß ich nie etwas davon zu Gesicht bekommen werde. Maria übernimmt Immys gesamten Nachlaß einschließlich ihres Vermögens.

Wir lassen das Kätzchen impfen und fliegen in den Tessin zurück. Der Arzt bescheinigt uns, daß es ein kleines Katerchen sei. Caroline transportiert das Tier in ihrer Tasche. Nur das Köpfchen schaut heraus mit zwei neugierigen Katzenaugen. Immy zu Ehren nennen wir ihn Nestroy. Monate später bringt Katerchen Nestroy fünf süße Kätzchen zur Welt. Ein biologisches Wunder?

Eines Tages, in einer ruhigen Stunde, nehme ich Marias Vertragsentwurf zur Hand. Und ich begreife, warum sie es so eilig hatte: Der Vertrag sieht immer noch alle vier Geschwister vor. Aber Maria ist im Besitz einer Vollmacht von Immy – das heißt, sie wird Immys Anteil verwalten –, und was das bei Maria bedeutet, das ahne ich schon. Wie hat sie es geschafft, so frage ich mich jetzt, Immy zu Lebzeiten zu dieser Unterschrift zu bewegen?

Ich beschließe, noch einmal mit Mutti über alles zu sprechen und besuche sie auf der Alm. Sie freut sich über unseren Besuch. Vorsichtig komme ich auf den Vertrag zu sprechen. Ich schlage vor, die Alm zu gleichen Teilen an uns drei Kinder aufzuteilen, und zwar so, daß jeder über seinen Anteil frei verfügen kann. Mutti ist einverstanden. Ihr ist Gerechtigkeit und Harmonie unter den Geschwistern wichtiger als alles andere.

Wieder fahren wir zum Notar. Und nach einigem Hin und Her unterschreiben auch Maria und Maximilian. Jetzt besitzt jeder der noch lebenden Geschwister Schell ein Drittel der elterlichen Alm in Kärnten. Ich bin sehr erleichtert über diese Regelung.

Zum Weihnachtsfest 1992 wollen wir Mutti wieder zu uns nach Brissago holen. Sie ist über unsere Einladung erfreut, denkt aber sofort wieder an Maria, die diesmal allein sein würde. Also laden wir Maria mit ein.

Sie kommen beide, und das Wunder geschieht: Es werden wunderschöne Festtage. Mutti und Maria sind sehr beeindruckt von unserem Paradies und davon, wie wir die Schwierigkeiten bewältigt haben. Maria verspricht uns eine männliche Dattelpalme, damit Stellas Palme – eine weibliche Pflanze – einmal wirklich Datteln tragen kann. Dieses Versprechen löst sie später auch wirklich ein, und wir erfreuen uns eines Dattelpalmenpärchens in unserem Garten.

Nur Maximilian fehlt noch, um dieses Weihnachtsfest perfekt zu machen.

Und unsere Immely.

Maximilian – und die seltsame Veränderung der Maria

Die ganze Welt in einem Garten« schreibt die Presse 1993 über unser Paradies. Und aus aller Welt kommen Besucher, um ihn sich anzusehen. Wo hat man schon die Möglichkeit, in einem in Klimazonen eingeteilten Garten Pflanzen vom Edelweiß bis zur Bougainvillea, von der sibirischen Fichte bis zur hochtropischen Palme anzutreffen? Wie die Pflanzen, so gedeihen auch die Kinder: Marco, jetzt zweiundzwanzigjährig, gibt in Bern ein Klavierkonzert zugunsten der Kriegsopfer in Jugoslawien. Caroline, zehn, tritt im hiesigen Gemeinde-Theater in ihrer ersten italienischen Schauspielrolle auf. Monate später ereilen uns Schreckensmeldungen aus den USA: Zuerst heißt es, Maximilian stehe eine Millionen-Klage wegen sexueller Belästigung bevor, kurz darauf hören wir, er habe Selbstmord verübt, indem er sich in New York aus dem Fenster eines Hochhauses in der Fifth Avenue in die Tiefe gestürzt habe. Ich weiß nicht, was ich der Presse sagen soll, die Tag und Nacht anruft, denn ich tappe selbst völlig im dunkeln. Ich habe das Gefühl, daß ich den Nachrichten keinen Glauben schenken sollte – aber dennoch mache ich mir Sorgen. Schließlich erfahre ich, daß ein Unbekannter beide Meldungen an die Presse gefaxt habe – ein böser Scherz. Ich bin erleichtert. Aber der Schreck, Maximilian könne sich das Leben genommen haben, sitzt mir doch in den Knochen. Wenn ich nun auch noch meinen Bruder verliere!
Ich schlendere durch den Garten und versetze mich zurück in meine Kindertage. Lange Zeit waren Maria und ich Prinzessin und Prinz der Familie Schell. Am 8. Dezember 1930 kam Max dazu. Vater war bei seiner Geburt nicht dabei. Nachdem er bei mir einen Schock erlitten haben muß, wollte er sich einer solchen Tortur wohl nicht mehr aussetzen. Um so größer war seine Freude, als er ihn das erste Mal sah.

293

Mutti schreibt in ihren Lebenserinnerungen über die Geburt von Max:

»Ich werde nie vergessen, mit welch verklärtem Gesicht mein Mann ihn vom ersten Augenblick an betrachtete. Ich wurde vom Kreißsaal zurückgebracht, und Hermann saß da mit dem Kind im Arm und schaute selig. Es durfte von Anfang an machen, was es wollte. Der Vater lauschte auf jeden Laut des Kindes. Sogar seine Stimme veränderte sich, wenn er mit ihm sprach. Er gab ihm den Kosenamen Widiwutz.«

Max wurde sich seiner Vorzugsstellung bald bewußt. Er verhielt sich entsprechend. Ich fühlte mich nie frei, wenn Max zugegen war. Unsere Beziehung war daher oft kühl.

Ich habe auch schöne Erinnerungen, trotz allem. Wir hatten als Kinder beim Theaterspielen viel Spaß miteinander. Beim Krippenspiel war Max meist der Esel. Er bestand darauf. Wir spannten ein großes Bettlaken als Vorhang in den Türrahmen. Ich spielte den heiligen Josef, Maria natürlich Maria, die Gottesmutter, und Immy war das Jesuskind in Marias Armen. Wichtig bei den Aufführungen waren die Karten: ausgeben, einreißen, die Zuschauer auf die Plätze geleiten – und vor allem: Geld einsammeln.

Max und ich waren einmal in das gleiche Mädchen verliebt, eine bildhübsche achtjährige Jüdin. Max war neun, ich zwölf Jahre alt. Wir spielten oft zusammen in Wien auf einem Spielplatz. Es gab keine Eifersucht zwischen uns – seltsamerweise. Ich erinnere mich, daß wir sogar über unsere Gefühle für das Mädchen sprachen.

Auf der Alm spielten wir oft Autobus: Wir sausten die Almwege hinauf und hinunter und versuchten uns gegenseitig zu überholen. Oder wir spielten Taxi. In unserem Wiener Zimmer krochen wir in unsere Nachtkästen, nahmen die Schubladen heraus – das waren die Windschutzscheiben –, und die Türen waren die Autotüren. Ich liebte dieses Spiel.

Nach unserer Umsiedlung in die Schweiz wurden Max und ich uns fremd – so wie ich auch Immy und Maria kaum noch zu Gesicht bekam. Ich war ja auf dem Internat. Max dagegen wollte mein Vater um sich haben. Später, als ich mein Elternhaus verlassen hatte, brach damit auch der Kontakt zu Maximilian ab. Erst als ich in Brasilien war, erhielt ich einmal einen langen Brief von ihm. Darin ließ er durchblicken, daß er für meine Flucht aus dem Elternhaus Verständnis gehabt habe. Ich bewahre den Brief noch heute auf.

Max hatte in seiner Jugend ein großes künstlerisches Vorbild: Horst Caspar. Als der Schauspieler 1952 starb, trauerte er um ihn. Vorher hatte Max Dozent an einer Universität werden wollen, aber nach dem Tod Caspars entschied er sich für den Beruf des Schauspielers. 1953 hat er am Stadttheater Basel sein Debut gegeben, aber nicht nur als Schauspieler, sondern auch als Dramaturg und Regisseur. 1955 begann seine Filmkarriere mit *Kinder, Mütter und ein General*, und bei den Salzburger Festspielen war er ein gefeierter Gaststar als Jedermann. Er hat viele Haupt- und Nebenrollen in unzähligen Filmen gespielt; auf der Bühne konnte er sich als Regisseur und Schauspieler profilieren. Auch Drehbücher und Prosa hat er geschrieben. Max hat einen Oscar bekommen und viele, viele Orden und Auszeichnungen. Er ist ein hervorragender Schauspieler, Regisseur, Autor.

Einmal hat er mir aus einer Patsche geholfen. Es war in den USA, beim Zahnarzt. Ich brauchte eine Brücke für zwei Backenzähne, aber der Doktor erklärte mir kurz vor Beendigung der Behandlung, er wolle zweitausend Dollar im voraus. Den Betrag hatte ich nicht flüssig, aber der Arzt ließ nicht mit sich reden: Erst das Geld – dann die Zähne! Ich brauchte meine Zähne aber dringend, schließlich steckte ich mitten in wichtigen Dreharbeiten. Ich bat Max um Hilfe, er schoß mir das Geld vor und erlöste mich damit aus dieser etwas peinlichen Lage.

Seit 1986 ist Max mit der Russin Natalija Andrejschenko verheiratet. Auch sie ist Schauspielerin und hat zum Beispiel in dem Monumentalfilm *Peter der Große*, in dem Max die Titelrolle spielte, die erste Frau des Zaren dargestellt. Sie haben sich bei den Dreharbeiten kennengelernt. Natalija hat einen Sohn aus erster Ehe, die gemeinsame Tochter Nastassija wurde 1989 geboren.

Max ist der einzige Bruder, den ich habe. Für mich ein ständiges Schwanken zwischen Vertrautheit und Distanz.

Es gibt Neuigkeiten von Maria. Sie hat beschlossen, ihr Appartement in München aufzugeben und auf die Alm zu ziehen. Sie will sich dort oben ein Haus bauen. Immy hatte immer gewünscht, daß die Alm so bleibt, wie sie ist. Nun, da Immy tot ist, glaubt Maria wohl freie Bahn zu haben. Werde ich nicht gefragt? Max verhält sich neutral.

Im Prinzip bin ich der gleichen Meinung wie Immy, aber dann betrachte ich voller Zärtlichkeit und Befriedigung meinen eigenen Garten. Habe ich mir nicht mittendrin inzwischen meine eigene kleine Alm geschaffen?

Dennoch stelle ich Maria zur Rede. Sie bietet mir an, mir meinen Teil der Alm abzukaufen. Im Frühjahr 1994, nachdem Stella und ich noch im Bernhard-Theater in Zürich und im Berner Corso-Theater mit *Ein scharfer Cocktail* Gastspiele gegeben haben, reisen wir gemeinsam mit Caroline nach Kärnten, um Mutti und Maria zu besuchen.

Wieder erscheint uns Mutti abwesend; wieder scheint es ihr Mühe zu machen, unseren Gesprächen zu folgen. In einem günstigen Augenblick nehme ich sie beiseite und frage sie, ob es ihr recht sei, wenn Maria meinen Anteil kauft. Sie meint, wir sollten tun, was wir für richtig halten. Und ich spüre, daß sie mit dem Problem nichts mehr zu tun haben möchte.

Maria läßt einen Notar auf die Alm kommen, wir einigen uns auf eine Verkaufssumme, alles wird Punkt für Punkt durchgesprochen, ein Vertrag aufgesetzt und unterzeichnet – mit der Auflage, daß die Zahlung innerhalb von vierzehn Tagen, spätestens aber bis zum 15. Juni des Jahres bei mir eingehen soll.

Weder vierzehn Tage später noch bis zum 15. Juni 1994 trifft Marias Zahlung auf meinem Konto ein. Sie trifft überhaupt nicht ein.

Ich telefoniere mit meiner Schwester. »Das Geld ist unterwegs, mach dir keine Sorgen!« ist die Antwort. Ich erfahre aber durch die Bank, daß Maria aufgrund unseres Kaufvertrages bereits Geld (auf meinen Anteil) von der Bank bekommen hat und fleißig mit dem Bau ihres neuen Hauses beschäftigt ist. Ich kann es nicht fassen! Maria finanziert also ihr Haus zum Teil mit dem Geld, das sie laut Vertrag an mich hätte zahlen müssen! Und das, obwohl sie kein Recht hat, mit dem Bauen zu beginnen, bevor sie mir gegenüber ihre Verpflichtungen erfüllt hat.

Ich setze mit Hilfe eines Notars einen neuen Vertrag auf, wonach Maria mir einen Teil sofort nach Unterzeichnung, den Rest in einem Jahr zahlen soll. Allerdings verliert dieser Vertrag seine Gültigkeit, wenn die Teilzahlung nicht umgehend eintrifft. Nun bezahlt Maria die erste Rate sofort.

Aber ich mache einen großen Fehler. Aus brüderlicher Rücksicht verzichte ich auf einen Eintrag im Grundbuch, lediglich Marias Anteil an unserem Elternhaus in Zürich wird mir als Sicherheit für die Restzahlung zugesichert, dessen Wert allerdings in keinem Verhältnis zur Schuld steht.

Zu Beginn des Jahres 1995 muß ich um meine tropischen Pflanzen bangen. In Brissago liegt Schnee. Das kommt selten vor, und ich beeile mich, meine grünen Lieblinge mit Spezialabdeckungen »unter die Haube« zu bringen. Auch ich selbst benötige offensichtlich besondere Pflege, denn mein Herz macht sich schmerzhaft bemerkbar. Wir müssen unsere Gastspielpläne zurückstellen, und ich muß nach Zürich in die Uni-Klinik. Die nötige Besserung bringt schließlich – o Wunder – wieder der Garten. Frische Luft und leichte Arbeit sind offenbar für mich die beste Medizin.

Muttis neunzigster Geburtstag naht, und ich möchte, daß wir diesen Tag ihr zu Ehren besonders schön feiern. Ich bitte Maria, sich mit Karl Moik in Verbindung zu setzen, damit er Mutti in seinen *Musikantenstadel* einlädt. Dazu könnte er einen Bericht über die Alm zeigen. Ich bin sicher, daß dies unserer Mutter die größte Freude machen würde, sie, die Publikumsauftritte so liebt und die es wert ist, für ihre Leistungen geehrt zu werden. Maria verspricht zwar, mit Karl Moik zu reden, aber es wird nichts aus der Idee. Ich erfahre nie, warum. Dennoch taucht an Muttis neunzigstem Geburtstag auf der Alm ein Fernsehteam auf, aber dieses Team ist mehr an Maria interessiert, die in einigen Monaten siebzig sein wird. Mutti scheint das auch zu spüren. Sie sieht traurig aus und muß bald auf ihr Zimmer im Bauernhof getragen werden. Marco spielt virtuos einige klassische

297

Stücke auf dem Flügel, was auch im Fernsehen später erscheint – jedoch als angebliche Einlage zu Marias siebzigstem Geburtstag.

Am nächsten Tag will ich mich in aller Ruhe mit Mutti unterhalten. Sie lächelt zwar, aber sie sagt nicht viel. Sie wirkt unendlich traurig, zerbrechlich und schaut mich mit großen, fragenden Augen an. Ich streichle sie, ihr Haar, ihr Gesicht, und sie schmiegt ihren so klein gewordenen Kopf an mich. Ich spüre, daß sie von mir Abschied nimmt, und dennoch will ich es nicht wahrhaben.

Diesmal nehme ich von der Alm ein paar kleine Fichten und Lärchen mit.

Zu Hause in der Schweiz wartet ein Einschreibbrief des Betreibungsamtes Zürich auf mich, worin mir mitgeteilt wird, daß Marias Anteilrecht an unserem Häuschen in Zürich durch die Steuerbehörden arretiert worden ist.

Das ist der Anteil, der mir zugesichert wurde als Garantie der fälligen Restzahlung für die Alm im September.

Ich schalte einen Rechtsanwalt ein. Gleichzeitig setze ich mich mit der Steuerbehörde in Verbindung, die mir zusichert, daß eine gütliche Regelung möglich sei, falls Maria sich umgehend melden würde. Auf etliche Mahnungen vorher habe sie allerdings nie geantwortet.

Selbstverständlich informiere ich sofort Maria und Max. Von beiden bekomme ich keine Antwort. Ich will einer Mitteilung im Amtsblatt zuvorkommen, um die garantiert folgende Kettenreaktion zu verhindern. Endlich erreiche ich Maria am Telefon. Sie lacht nur. »Es wird schon alles bezahlt«, sagt sie. Ich bemühe mich, ihr zu glauben; ihr Lachen klingt überzeugend. Sicherheitshalber aber lasse ich mir meinen Anteil am Zürcher Häuschen gerichtlich bestätigen, damit die Steuerbehörden darauf keinen Zugriff haben können.

September 1995. Marias zweite Zahlung an mich wird fällig. Nichts geschieht. Ich rufe sie an. Es handle sich nur um eine kleine Verzögerung, behauptet sie.

Im Oktober treffe ich Maria anläßlich einer Fernsehaufzeichnung über Max, bei der auch ich mitwirke. Bevor ich auf die Finanzen zu sprechen komme, erlebe ich im Zusammenhang mit den Dreharbeiten vor laufenden Kameras unvermutet eine Genugtuung: Maximilian erklärt zum ersten Mal nach fast vierzig Jahren, daß er seinen Oscar indirekt auch mir zu verdanken hat, weil er damals an meiner Stelle in dem Film *Die jungen Löwen* die mir zugedachte Rolle gespielt hat.

Später treffe ich Maria und schneide das Thema Geld an. Wieder hat sie Ausreden parat und vertröstet mich auf später. Als ich sie bitte, wenigstens die angefallenen Zinsen zu bezahlen, gibt sie mir einen Scheck mit der Bitte, ihn erst Mitte November einzulösen. Ich verspreche es ihr.

Als ich Mitte November den Scheck bei der Bank einlösen will, stellt sich heraus, daß er ungedeckt ist. Jetzt mache ich mir ernsthaft Sorgen um die Finanzlage meiner großen Schwester. Aber ich kann einfach nicht recht glauben, daß sie, die so viele Millionen verdient hat, plötzlich gar nichts mehr besitzen soll.

Den ungedeckten Scheck in der Hand, rufe ich Maria an. Wieder vertröstet sie mich auf später. Schließlich bekomme ich einen auf sie ausgestellten Scheck einer Filmfirma, der aber nicht einmal die Zinsen, geschweige denn die Ausgaben deckt, die ich bis jetzt schon gehabt habe. Aber ich nehme es als Ausdruck ihres guten Willens. Hoch und heilig verspricht Maria mir, den schuldigen Betrag bis Ende des Jahres zu zahlen.

Mutti stirbt –
Eine unbegreifliche Morddrohung –
Zusammenbruch oder Neuanfang?

Am 27. November erhalte ich einen Anruf von der Alm, daß es Mutti nicht gutgehe. Ich kann ihr durch den Hörer ein paar liebe Worte sagen, aber sie vermag nicht zu antworten. Wir bereiten uns auf eine Fahrt nach Kärnten vor. Am 29. wollen wir losfahren.

Am Morgen des 29. ruft Maria an: »Mutti ist eben gestorben.«

Weltuntergang.

Wir fliegen sofort hin. Ich stehe an Muttis offenem Sarg in der Aufbahrungshalle. Ihr Gesicht wirkt nicht friedlich. Als wir sie in die Erde senken, stürmt und schneit es.

In mir ist Grabesstille.

Es dauert Monate, bis ich begriffen habe.

Ich habe den Menschen verloren, der als einziger immer vorbehaltlos zu mir gestanden hat. Die Trauer um den Verlust meiner Mutter scheint mir meine letzte Kraft zu rauben.

Auf Stellas weises Anraten reisen wir gemeinsam mit den Kindern in die Karibik, um ein wenig Abstand von allem zu gewinnen. Diesen Urlaub haben wir bitter nötig, denn nach unserer Rückkehr in die Schweiz kommt alles noch viel schlimmer.

Ende 1995 erscheint Marias neues autobiographisches Buch. Wir erhalten auch ein Exemplar; sie schickt es uns mit einer freundlichen Widmung nach Brissago. Ich mache es mir in meinem Sessel bequem und beginne zu lesen. Der Schlag trifft mich. Nur sinnbildlich gesprochen, zum Glück, aber dennoch ist es heftig. Was Maria über mich schreibt und wie sie es schreibt, empört mich. Ich versuche, mich nicht allzusehr aufzuregen, um mein Herz zu schonen, aber das ist leichter gesagt als getan.

Kurz und knapp faßt Maria mein Leben zusammen in einem zum Teil geringschätzigen Ton. Wie kommt sie dazu, zu behaupten, daß Stella und ich uns zu einem Zeitpunkt kennenlernten, als ich noch verheiratet war? Ich sei »ganz blöd geworden«, schreibt sie, so groß sei meine Liebe zu Stella gewesen. Bosheit? Unkenntnis? Unbedachtheit? Es scheint ihr nicht zu reichen, daß sie ihre Schuldenzahlungen immer wieder verzögert – sie muß mir nun auch öffentlich weh tun. Muß ich mir das gefallen lassen? Ich rufe Maria an, und sie behauptet, sie habe »es nicht so gemeint«, und was das Geld betrifft, das würden wir »in den nächsten Tagen erhalten«.

Im Amtsblatt ist inzwischen eine Notiz erschienen.

Ich wende mich an einen Fotografen um Rat, der mit der ganzen Schell-Familie befreundet ist. Mein Vertrauen wird von ihm ausgenutzt: Ohne mein Wissen gibt er ein Rundschreiben an die Presse heraus, in dem er eine interessante Exklusivgeschichte über Maria anbietet. Jetzt steht mein Telefon nicht mehr still. Aber ich weigere mich, Stellung zu beziehen.

Bis ich eines Tages den Hörer abnehme, und die liebenswürdige Stimme meiner Schwägerin Natalija sagt: »Hallo, Carl, ich rufe aus Los Angeles an. Verstehst du mich gut?«

»Draste Mischka«, rufe ich erfreut. »Ja, ich verstehe dich gut. Was gibt's?«

»Bist du sicher, daß du mich gut verstehst?« fragt Natalija noch einmal mit süßer Stimme.

»Ausgezeichnet, Mischka«, sage ich.

»Dann hör mir genau zu!« Natalijas Stimme klingt plötzlich härter als vorher, böse und gefährlich. »Wenn du noch irgendwo ein Wort über Maria oder ein anderes Mitglied der Schell-Familie sagst, dann lasse ich dich durch die russische Mafia umlegen! Hast du mich verstanden?« Und um alle Zweifel auszuräumen, fügt sie hinzu: »Ich habe gute Beziehungen zur Mafia. Es sind meine Landsleute ...«

Ich bin sprachlos. »Mischka, was ist los ...«

Aber Natalija ist nicht zu bremsen. Messerscharf kommt ihre Stimme durch die Hörmuschel: »Du kannst dich darauf verlassen, daß ich sie dir und deiner Familie auf den Hals hetze und dein Haus und deinen Besitz zerstören lassen werde!«

Knack! Sie hat aufgelegt, ehe ich etwas sagen kann. Ich rufe sofort zurück. Niemand nimmt ab. Ich versuche es immer wieder, ohne Erfolg.

Auch der Fotograf hat Drohungen erhalten. Er sagt, er nehme die Sache sehr ernst.

Die Ehefrau meines Bruders droht mir mit Mord!

Ehe ich Stella davon erzähle, gehe ich in den Garten, um durchzuatmen. Was ist eigentlich los? Wie weit sind wir mit unserer Familie gekommen?

Am nächsten Morgen schreibe ich Maximilian einen Brief. Der Brief ist ernst, aber dennoch liebevoll. Ich informiere ihn über die Äußerungen seiner Frau und bitte ihn, die Sache umgehend zu bereinigen. Sicherheitshalber schicke ich Maria eine Kopie auf die Alm. Aber weder Max noch Maria antworten. Ich informiere meinen Rechtsanwalt und treffe Schutzmaßnahmen für meine Familie und mein Haus.

Der Stein ist ins Rollen gekommen.

Eine Gruppe von Gläubigern hat sich gebildet, um bei Maria eine gerichtliche Pfändung zu beantragen: scheinbar hat sie auch die Lieferungen für ihren Hausbau und die Inneneinrichtungen nicht bezahlt. Natürlich bekommt die Presse davon Wind, und jetzt breiten sich die Sensationsmeldungen sintflutartig aus: »Maria Schell – alles gepfändet« schreibt »Bild«, die sogar eine Fotografie der Pfändungsliste abdruckt. »Der Ausbau ihrer Familienalm sollte 600 000 Mark kosten. Aber Maria wollte alles vom Feinsten: Tatsächliche Kosten 1, 5 Millionen!« In ungezählten Tages- und Wochenzeitungen erscheinen ähnliche Artikel, die alle davon berichten, wie verschuldet Maria wirklich ist. (Woher sie das allerdings wissen, ist mir ein Rätsel.)

Ich bin wie erschlagen. Mutti hat ein Leben lang dafür gesorgt, daß die Alm für uns Kinder erhalten bleibt. Und nun ist es Maria in kürzester Zeit gelungen, alles aufs Spiel zu setzen und zu verschwenden. Ausgerechnet Maria, die sich so sehr dagegen gewehrt hatte, als ich ein Darlehen auf mein Erbteil aufnehmen wollte, damals, als die Erdrutsche unseren gesamten Besitz im Tessin vernichteten.

Glücklicherweise beginnt Anfang März unser Gastspiel an Bord des

Kreuzfahrtschiffes Arkona. Auf hoher See, in fernen Gewässern, können wir dem Medienrummel und den Familienzwistigkeiten wenigstens für kurze Zeit entfliehen.

Nach langer, langer Zeit bin ich wieder auf einem Schiff und kann den endlosen Sternenhimmel über mir betrachten. Menschliche Probleme schrumpfen, wenn man sich auf den Dialog mit der Natur einläßt.

Zurück in Europa, bricht der Tumult aufs neue aus.

Maria gehe es gesundheitlich nicht gut, höre ich. Ich schreibe ihr einen aufmunternden Brief, den sie nie beantwortet. Durch die Medien erfahre ich, daß Maximilian inzwischen »die Alm gerettet« hat, indem er die meisten Schulden von Maria bezahlt habe. Mein Rechtsanwalt versucht nun herauszufinden, welche Chancen ich auf Rückzahlung des mir zustehenden Guthabens überhaupt noch habe.

Ende des Jahres muß ich ins Krankenhaus und werde im Januar 1996 am Herzen dilatiert. Noch zweimal, im Abstand von einem halben Jahr, muß ich ins Krankenhaus. Mir wird deutlich, wie sehr ich mich um mich selbst kümmern muß und daß es notwendig ist, einen inneren Schlußstrich unter familiären Ärger, Enttäuschung, Wut und Angst zu ziehen. Meiner Frau Stella und meiner Kinder wegen.

Ich treffe mich mit Maximilian und Anwälten in Zürich, um die Angelegenheiten unseres Hauses dort zu regeln. Marias Anteil ist durch die Forderung der Steuerbehörden und als Sicherheit ihrer Almschulden mir gegenüber blockiert. Da es sich um eine Erbengemeinschaft handelt, gilt es jetzt, diese aufzulösen, indem einer das Haus übernimmt und den anderen auszahlt – wobei er allerdings für Marias Verpflichtungen aufkommen muß.

Wir einigen uns darauf, daß Maximilian, der eine engere Beziehung zu dem Zürcher Elternhaus hat als ich, dieses übernimmt. Im September 1997 machen wir schließlich einen Vertrag, nach dem ich nach Bezahlung einer bestimmten Summe auf alle meine Ansprüche an das Haus verzichte, meine Betreibung gegen Maria in Zürich zurückziehe und die Liegenschaft von der Pfändung mit meiner Forderung gegen Maria befreie. Ich unterschreibe, bekomme den Scheck und bin froh, die Sache abschließen zu können.

Noch offen sind Marias Almschulden, die sich zwar durch den Vertrag von Zürich reduziert haben, aber durch angefallene Spesen und Zinsen noch immer einen hohen Betrag ausmachen.

Ich habe also nach wie vor einen Anspruch auf die Alm, aber meine Schwester scheint noch immer zahlungsunfähig zu sein, und mein Bruder als »Alleinbesitzer« will nichts von meinen Problemen wahrhaben.

Die Morddrohung, die nicht nur mich, sondern auch meine ganze Familie in größte Ängste versetzt hatte – seine Frau Natalija hat sie nie zurückgenommen und sich auch nicht dafür entschuldigt. Sie steht immer noch zwischen uns. Wir sprechen nicht darüber – vielleicht ist es besser so.

Ich bin nicht nachtragend, aber doch sehr enttäuscht, daß die Ereignisse der letzten Jahre uns so auseinandergerissen haben. Vor allem tut es mir unendlich weh, daß meine Mutter dadurch ein schweres und trauriges Lebensende haben mußte, denn ich bin überzeugt, daß sie alles mitbekommen hat, wenn sie auch meist nur teilnahmslos in ihrem Bett lag.

Manches, was hier als Anschuldigung erscheinen mag, ist nicht so gemeint. Ich habe weder das Recht noch die Absicht zu urteilen … Es geht hier lediglich um die Schilderung von Tatsachen, die Klarheit verschaffen sollen. Natürlich habe ich selbst auch vieles falsch gemacht in meinem Leben, und selbstverständlich bereue ich es, obwohl dies nicht viel nützt. Aber es ist doch ein Ansporn zu versuchen, es besser zu machen in der vielleicht kurzen Zeit, die mir noch bleibt.

Wie konnte so viel Negatives geschehen?

Ich habe mir diese Frage immer wieder gestellt. Es gibt diese, es gibt jene Erklärung dafür, aber nie ist es der Weisheit letzter Schluß. Vieles mag in der Kindheit begründet liegen, darin, wie unterschiedlich die Verteilung der elterlichen Liebe von jedem empfunden wurde. Manches mag der Zeitgeist erklären; Normen von Leistung, Karriere, Konkurrenz beeinflußten auch unsere Familie, um so mehr, als wir alle die gleiche berufliche Laufbahn einschlugen.

Mutti versuchte, uns auf die wichtigen Dinge des Lebens in einfacher Weise vorzubereiten: Als Kinder saßen wir eines Tages auf der Wiese unserer Alm – drinnen konnten wir uns nicht aufhalten, weil wir ja leise sein mußten: Vati schrieb –, und Mutti gab jedem von uns ein Zündholzstäbchen in die Hand.

»Zerbrecht es!« forderte sie uns auf.

Knacks! Knicks! Keinem von uns machte das Zerbrechen des Stäbchens Mühe, im Gegenteil, wir lachten, so einfach war es.

Dann gab sie jedem vier Hölzchen und sagte: »Jetzt zerbrecht die vier auf einmal!«

Es gelang keinem.

»Seht ihr«, sagte Mutti, »ihr seid vier. Wenn das Schicksal hart zuschlägt, ist jeder einzelne von euch zu besiegen. Aber wenn ihr vier zusammensteht, dann seid ihr unverwundbar.«

Hätten wir doch ihren Ratschlag befolgt ... jetzt ist es zu spät!

Trotz allem tut mir Maria unendlich leid – eine der gewiß bedeutendsten Künstlerpersönlichkeiten dieses Jahrhunderts lebt nun einsam und apathisch auf einer entlegenen Alm. Aber vielleicht ist sie zufrieden so? Wenigstens sagt sie es, wenn man mit ihr telefoniert.

Und Max? Unsere Beziehung hat sich in der letzten Zeit verbessert. Mit einigen netten Gesten hat er dies untermauert.

Er scheint einen Film über Marias Leben machen zu wollen, unter Verwendung von Ausschnitten ihrer besten Rollen.

Eine gute Idee. Ich wünsche beiden viel Erfolg – und toi, toi, toi.

… und die Politik?

Politisch habe ich mich selten engagiert.
Ganz einfach deshalb, weil es die Partei, die ich unterstützen könnte,
gar nicht gibt … Meine Lebensprinzipien sind: ein nützliches Glied
der Gemeinschaft zu sein und meinen Platz in der Schöpfung voll
und richtig auszufüllen. Dafür sah ich in künstlerischer, karitativer,
ökologischer Hinsicht und auf vielen anderen Gebieten mehr Möglichkeiten als im Politischen.
Trotzdem konnte ich mich nicht immer von der Politik fernhalten,
vor allem wenn es um Dinge geht, die den üblichen Rahmen spren-
gen.
Das war der Fall, als ein Teil der amerikanischen Medien und Politiker plötzlich unvermutet, feige und grundlos über die Schweiz und
ihre Bürger herfiel.
Tenor: Die große Mitschuld der Schweiz am Holocaust. Ich habe die
Kriegs- und Vorkriegszeit miterlebt und damit auch den unglaubli-
chen Mut, mit dem die Schweizer Bevölkerung in Wort und Tat gegen den Naziterror Stellung nahm. Außerdem waren die meisten
meiner besten Freunde am Zürcher Schauspielhaus jüdische Kollegen. Darüber würde ich normalerweise kein Wort verlieren. Als jedoch diese beispiellosen Angriffe aus Amerika kamen, einer Nation,
für die ich mein ganzes Leben lang nur allergrößte Freundschaft und
Hochachtung empfand, bekam ich doch einen schweren Schock und
schrieb folgenden Brief an den Anführer und Initiator der Hetzkam-
pagne:

Senator d'Amato
Chamber of Congress
Washington DC
United States of America

14. Februar 1997

Dear Senator,

will you please stop insulting million of innocent people! (...)
Es war die abscheuliche Hetze der Nazis gegen die Juden, die zum
größten Verbrechen der Geschichte, dem Holocaust, geführt hat.
Wohin soll die Hetze gegen die Schweiz, die Sie seit Monaten auf
internationaler Ebene propagieren, führen?
Mag sein, daß einige Banken und vielleicht auch Politiker und
Sympathisanten der damaligen Zeit in unserem Land verwerflich
gehandelt haben und deshalb zu Recht auch die Konsequenzen
ziehen müssen.
Jedoch wenn es heißt: »The Swiss« (die Schweizer) und »Switzer-
land« (die Schweiz), ist das ein Angriff auf uns alle! *Also auch auf
mich.*
Und ich kann Ihnen versichern, daß unsere Familie während des
Krieges und bis heute mehr Gutes für unsere jüdischen Mitmenschen getan hat als viele Glaubensgenossen, aus dem einzigen
Grund, weil sie Menschen in Not waren. Jedoch das ist selbstverständlich, darüber möchte ich keine weiteren Worte verlieren.
Aber:
*Es ist untolerierbar, Millionen von unschuldigen Schweizer Bür-
gern in den Dreck zu ziehen, um so mehr, als Unzählige im Zweiten
Weltkrieg ihr Leben riskiert haben und bereit waren, für die Erhaltung der Freiheit, der Demokratie und damit auch des Juden-
tums zu kämpfen und nötigenfalls auch zu sterben ... und dies
lange bevor die USA sich am Krieg beteiligten.*
*Wir waren allein. Umgeben von der größten, stärksten und angriff-
bereitesten Armee.*

Als während des Krieges Schaffhausen und andere Städte der neutralen Schweiz von der US-Airforce versehentlich bombadiert wurden, wobei viele Opfer und Sachschaden zu beklagen waren, haben wir *nie* das amerikanische Volk dafür verantwortlich gemacht. Im Gegenteil. Die amerikanischen Bomberpiloten und Besatzungen wurden von unserer isolierten Bevölkerung wie Götter empfangen, als sie bei uns notlanden mußten, ganz einfach, weil sie für uns die Freiheit verkörperten. Ich glaube, daß es in unserem Jahrhundert keine andere Nation gibt, die eine so tiefe und durchgehende Freundschaft für die USA empfunden hat (auch in schweren Zeiten wie in Vietnam) und noch empfindet wie die Schweiz. *Zum Dank soll diese Freundschaft mit Füßen getreten werden?*
Senator d'Amato, was haben wir Ihnen getan?
1933 hieß es bei den Nazis: Kauft nicht bei Juden!
1996 heißt es: Boykottiert Schweizer Unternehmen!
Das erste war der Beginn des Holocaust. Das zweite? Die Antwort müssen Sie wissen. Aber was Sie auch wissen müssen, ist, daß der größte Teil des Schweizer Volkes (»The Swiss«) mit Ihren Anschuldigungen nichts zu tun hat. Weder damals noch heute. Und was Sie wissen sollten, ist, daß der Name »Switzerland« für unzählige *positive Werte* bürgt, darunter nicht zuletzt das internationale Komitee des Roten Kreuz, welches schon hundert Jahre vor der UNO und *bis heute Millionen von Menschen selbstlos geholfen hat*, darunter auch vielen Amerikanern. Und daß dieses Land nie eine andere Nation angegriffen hat.
Ich bin stolz darauf, Schweizer zu sein, genau wie Sie stolz sein dürfen, Amerikaner zu sein, sofern Sie endlich aufhören, eine kleine Nation zu diffamieren, anstatt sich direkt an die Schuldigen zu wenden.
In diesem Sinn bin ich mit der gebührenden Achtung
Carl Schell

Wieweit meine Stellungnahme mitgewirkt hat, die Wogen wieder zu glätten, weiß ich nicht. Ich weiß nur, daß Senator d'Amato nicht mehr im Amt ist und man eine Lösung – vor allem mit den Banken – gefunden hat, so daß die Gemüter inzwischen teilweise beruhigt sind. Die unverständliche Art dieser Attacke hat jedoch schmerzliche Narben hinterlassen.

Ich war wohl einer der ersten, der spontan reagiert hat. Erst mit der Zeit wurden auch andere kritische Stimmen wach. So zitiere ich den bekannten jüdischen Arzt Dr. med. Michael Vetstein, der sich in der »Neuen Zürcher Zeitung« vom 17./18. Mai 1997 empört und ausführlich zu diesem Thema äußerte und unter anderem schrieb: »Vergessen Sie denn alle, daß die USA ein Schiff mit 900 jüdischen Flüchtlingen aus dem besetzten Europa vor ihrer Küste gestoppt und nach Europa zurückgeschickt haben, in den sicheren Tod. Immerhin hat das kleinste und am meisten gefährdete Land Europas als einzigstes 28000 bedrängten jüdischen Menschen Zuflucht gewährt und Schutz geboten. In den schwierigen, entbehrungsreichen Kriegsjahren hat das Schweizer Volk 300000 Flüchtlingen Asyl und Schutz gewährt ...«

Doch kein Eigenlob!

Auch in Deutschland gab es viele Menschen, die unsäglich unter Krieg und Terror gelitten haben, obwohl sie unschuldig waren. Nur spricht kaum jemand darüber – leider.

Meine Mutter hat mich gelehrt, mich für die Schwächsten einzusetzen. Und in diesem Zusammenhang möchte ich darauf hinweisen, daß gerade meine Mutter, die immer wieder jüdischen Mitmenschen geholfen hat, die erste war, die gleich nach Kriegsende Theateraufführungen zugunsten der armen und leidenden Bevölkerung Deutschlands und Österreichs durchgeführt hat, wobei jeder Zuschauer ein Liebesgabenpaket mit Kleidung und Nahrung mitbrachte. Zur gleichen Zeit saßen noch Länder wie die Sowjetunion (!) etc. zusammen mit den USA und halb Europa selbstgefällig über Deutschland zu Gericht.

So lernte ich, daß man auch politisch handeln kann, ohne einer Partei anzugehören, was wiederum zeigt – last but noch least –, daß auch die Fünfprozentklausel in Deutschland fraglich ist.

»Es gibt mehr Dinge
zwischen Himmel und Erde …«

Im Oktober 1997 spricht Mutti zu mir aus dem Jenseits. Ja! Es mag unglaublich klingen, aber ich bekomme wirklich eine Botschaft von ihr übermittelt. Ich lerne die Engländerin Elsie Poynton im Haus der Familie Mühleisen in Hennef bei Köln kennen, ein Medium. Unser Treffen wird von Kameras des Senders SAT 1 aufgezeichnet. Ich bin ein wenig skeptisch, aber getreu der Auffassung des großen William Shakespeare »Es gibt mehr Dinge zwischen Himmel und Erde, als eure Schulweisheit sich träumen läßt« verhalte ich mich aufgeschlossen gegenüber dem Projekt: Mutter soll aus dem Jenseits durch Mrs. Poynton zu mir sprechen.

Aber es geschieht etwas Unerwartetes: Statt von Mutter zu erzählen, beginnt das Medium einen Herrn zu beschreiben, der an einem Tisch sitzt und Verse in ein kleines Büchlein schreibt. Ich erkenne meinen Vater wieder. Mein Vater, so übermittelt das Medium nun, bitte mich um Verzeihung. Es täte ihm leid, zu mir in meiner Jugend nicht die richtige Beziehung gehabt zu haben. Dann beschreibt das Medium Mutter. Sie übermittelt mir verschiedene Botschaften, spricht auch über den Zwist der Geschwister, bittet, sich gegenseitig nicht anzuklagen.

Dann kommt Immy. Das Medium spricht von Dingen, die außer mir keiner wissen kann. Höhepunkt ist jedoch der Kontakt, den Mrs. Poynton jetzt zu meinem Sohn Carl-René aufnimmt. Sie schildert die grausame Art, wie René ums Leben gekommen ist. Niemand außer Stella und mir wußte bisher davon. Zum Schluß kommt Mutter noch einmal: Sie wünsche sich den Familienfrieden.

Ich schließe mich ihrem Wunsch von ganzem Herzen an.

Eine große Operation scheint unumgänglich: Im Mai 1998 werden mir in einer Zürcher Klinik sechs Herz-Bypässe gelegt. Für mehrere Stunden steht mein Herz still, hält man mich künstlich am Leben. Die Operation scheint nicht ganz gelungen zu sein. Jedenfalls ist sie für mich das grauenhafteste Ereignis meines Lebens – wenn sie mir auch das Leben rettet.

Danach fühle ich mich verändert. Mir ist, als seien die natürlichen Energieströme, die den Körper durchfließen, durch den Eingriff zerstört worden. Abgesehen von großen Schmerzen, die erst nach und nach verschwinden werden, muß ich auch seelisch damit fertig werden, daß mein Herz eine Zeitlang außerhalb meines Körpers war.

Aber nicht genug. Auch diese schwierige Operation, ausgeführt von einem berühmten Arzt, hat das Übel nicht beseitigt. Wieder habe ich Angina-pectoris-Schmerzen, verursacht durch Engstellen im Blutfluß des Herzens, und erneut muß ich zur Untersuchung. Wo andere Glück im Lotto haben, habe ich Pech mit meiner Herzbehandlung, obwohl mich die besten Spezialisten betreuen. Nun ja, ich gebe die Hoffnung nicht auf. Auch die Erdrutsche in meinem geliebten Garten nahmen schließlich irgendwann ein Ende …

Man darf eben die Geduld nicht verlieren. So warte ich denn vertrauensvoll auf eine nochmalige Dilatation im März 1999 in Zürich.

Das Abenteuer läßt mich also nicht los, denn meine Krankheitsgeschichte ist doch auch ein faszinierendes Erlebnis, zwar schmerzhaft, aber doch verbunden mit phantastischen Momenten, wo ich das Pulsieren meines Herzens und das Einführen von Kathetern und Stents live am Bildschirm mitverfolgen kann.

Und das Bewußtsein, daß es so vielen Menschen auf dieser Erde noch sehr viel schlechter geht, läßt mein eigenes »Wehwehchen« weitaus kleiner erscheinen. Denken wir nur an die Opfer von Krieg und Katastrophen – Afrika, Mittelamerika und jetzt die Lawinenopfer in Europa und, und, und –, an all die unzähligen, die leiden müssen: die Blinden, Tauben, Stummen, die Gelähmten, die Leprakranken, die Krebskranken und Aidskranken …

Das läßt mich nachdenklich sein, und ich bin noch kritischer geworden mit mir selbst und meinem bisherigen Leben.

Wenn ich mich heute frage, worauf ich stolz bin, zögere ich. Früher hätte ich leichter Antworten gefunden.

Sicher, ich habe immer versucht, mein Bestes zu geben, ich habe Herausforderungen gesucht. Ich habe Grundsteine gelegt... Aber stolz? Vielleicht ein bißchen auf meinen botanischen Garten. Da habe ich etwas geschaffen, das der Natur nützt, das Menschen erfreut und das in seiner Art einmalig ist. Es wäre schön, wenn sich in der Zukunft jemand finden würde, der mit der gleichen Liebe und Fürsorge den Garten erhält, pflegt und weiterentwickelt, und noch schöner wäre es, wenn aus dem Garten einmal ein öffentliches Paradies werden könnte, zu dem viele Menschen Zugang haben. Warum ich darüber nachdenke? Nun, für Stella und mich wird es langsam zu viel. Es wird uns schwerfallen, unser Paradies zu verlassen, aber irgendwann wird mich die Gartenarbeit zu sehr anstrengen, werde ich mich nach einem kleineren Heim umsehen müssen.

Was bleibt?

Jedes meiner sechs geliebten Kinder ist zu einer eigenständigen Persönlichkeit herangewachsen. Pia und Michaela haben selbst schon Kinder – ich bin also bereits Opa. Daß Carl-René uns so früh verlassen hat, kann ich bis heute nicht verwinden.

Für die Liebe meiner Frau Stella Mooney bin ich unendlich dankbar. Sie ist nicht nur meine Geliebte, sie ist meine Freundin, meine mütterliche Ratgeberin, meine engste Vertraute.

Die Presse hat mir manchmal Liebesgeschichten und Affären angedichtet. Man wollte mich gern als eine Art Playboy sehen. Mir wäre ein solches Leben zu oberflächlich. Ein Don Juan war ich nie. Ich habe das Abenteuer gesucht, um die Welt zu entdecken.

Sorge macht mir die Zukunft der Erde. Ich hoffe, daß sie überlebt. Wir finden keinen ähnlichen Planeten im Weltall, auf den wir uns retten können. Warum vergessen wir das?

Wie sagten doch die ersten Astronauten bei ihrer Rückkehr? »Da schwebt er – der blaue Planet Erde. Wie ein Traum inmitten der Unendlichkeit, umgeben von einer kleinen, weißen Schicht aus Sauerstoff ... Und das ist alles, was wir haben! – Alles!«

Bewahren wir ihn! Wir plündern die Rohstoffe, und der Planet beginnt sich zu wehren, indem er Katastrophen produziert. Wann werden wir das endlich einsehen?

Ich weiß nicht, wieviel Zeit mir selbst noch bleibt. Dabei gibt es noch so vieles zu entdecken. Auch wenn man in die Jahre gekommen ist, wie ich.

Und meine Familie? Sie hat gewiß einen bedeutenden Beitrag geleistet in diesem letzten Jahrhundert vor der Jahrtausendwende. So bin ich trotz allem froh dazuzugehören – lasse die Narben verheilen – ohne Bitterkeit.

Die Zukunft?

Der Nachwuchs steht bereit.

Carl Schell auf einen Blick

14. 11. 1927	Geboren in Wolfsberg/Kärnten
Bis 1938	Aufgewachsen in Wien und Kärnten
1940–1942	Zusammen mit den Geschwistern Maria, Max und Immy Kinderrollen am Schauspielhaus Zürich
1946–1949	Stadttheater Bern mit Werner Kraut, Maria Schell Stadttheater Chur, Schauspielhaus Zürich mit Curt Goetz, Bertolt Brecht, Helene Weigel, Caspar Neher u. a. Théâtre des Champs-Elysées, Paris Hauptrolle in der ersten deutschsprachigen Theater- aufführung nach dem Krieg (Otto Indig, »Die Braut von Torozko«)
1947/48	Erster Film eines Schell-Familienmitglieds in Deutschland (»Kein Engel ist so rein«)
1951	Professor für Arte dramatica, Sprechtechnik etc. an der Academia de Arte de Sao Paulo
1952–1954	Gründer und Leiter des Clubs Internacional de Arte Dramatica, Sao Paulo Künstlerischer Leiter der Pan-American-Film Sao Paulo
1958/59	Gründer und Direktor der »Kammerspiele in der Kongreßhalle«, Berlin Erstes englischsprachiges Gastspiel in Worthing und London: »Winter in Ischia« von Robin Maugham mit Jean Kent

Seit 1983   Initiator und künstlerischer Leiter des »Television
              International« (TVi), erster privater FS-Sender
              in deutscher Sprache

              Diverse Drehbücher, Essays, Übersetzungen,
              u. a. »Les Bâtards/Die acht Millionäre« von Robert Thomas
              600 Vorstellungen in Europa und New York

1962   Ehrung: »Bande des Lâches« Vichy Referendum
              international du Cinéma

1965   Ehrengast Filmfestival Moskau

1975   Europapreis Rom

1979   Erster Preis für ausländischen Beitrag an der Biennale
              internat. du Film Court Nizza

1983   Ehrensenator Contacter Gerlingen

1997   Anw. Dr. h. c. Universidad de Sao Paulo
              Liebhaberei: Botanik (größte Freiland-Palmen-Sammlung
              Mitteleuropas und nördlichste der Erde)

Sprachen: Französisch, Englisch, Spanisch, Portugiesisch,
              Italienisch

Geschwister: Maria, Immy (†), Maximilian

Namenregister